राष्ट्रपुरुष सोमजीभाई डामोर
जीवनी एवं अन्य आलेख

राष्ट्रपुरुष सोमजीभाई डामोर
जीवनी एवं अन्य आलेख

संपादक

डॉ. अभय परमार

प्राचार्यश्री, आदिवासी आर्ट्स एण्ड कॉमर्स कॉलेज,
सन्तरामपुर, पंचमहल (गुजरात)

अनुज्ञा

प्रथम संस्करण : 2020

ISBN 978-93-89341-28-7

प्रकाशक
अनुज्ञा बुक्स
1/10206, लेन नं. 1E, वेस्ट गोरख पार्क, शाहदरा, दिल्ली-110 032
e-mail : anuugyabooks@gmail.com • salesanuugyabooks@gmail.com
फोन : 011-22825424, 09350809192
www : anuugyabooks.com

मूल्य : 600 रुपये

आवरण चित्र
कनु पटेल

आवरण संयोजन
मनोज कुमार

मुद्रक
अर्पित प्रिंटोग्राफर्स, दिल्ली-32

RASHTRAPURUSH SOMJI BHAI DAMOR JEEWNI AVAM ANYA AALEKH
Collection of Articles on Life & Works of Somji Bhai Damor
edited by **Dr. Abhay Parmar**

अनुक्रम

प्रस्तावना

आदिवासी आर्ट्स एण्ड कॉमर्स कॉलेज, सन्तरामपुर में हिन्दी विषय के अध्यापक के रूप में नियुक्त होने के पहले से मैं सोमजीभाई डामोर के नाम से परिचित था ही; किन्तु जैसे ही मैंने सन्तरामपुर में कदम रखा एक ऊर्जावान, प्रतिभा-सम्पन्न और लोकप्रियता की चरमसीमा पर पहुँचे शिक्षाविद् के नये रूप से भी परिचित हुआ।

गुजरात के प्रखर शिक्षाविद् मान. बी.एम. पीरजादा की राहबरी में आगे बढ़े हुए सोमजीभाई ने आदिवासी आर्ट्स एण्ड कॉमर्स कॉलेज, सन्तरामपुर एवं भीलोड़ा दोनों महाविद्यालयों के संचालन की पूर्ण जिम्मेदारी और स्वतन्त्रता उन्हें दे रखी थी। सिर्फ और सिर्फ शैक्षिक योग्यता को ही व्यक्ति का मेयार मानने वाले पीरजादा साहब ने अध्यापकों की पसन्दगी में बड़ी ही सतर्कता बरती थी, इसका बेहद व सुन्दर परिणाम यह आया कि हमारे महाविद्यालय में भारत के जम्मू-कश्मीर को छोड़कर बाकी सभी राज्य के अध्यापक नियुक्ति पा सके हैं।

आज लगभग चालीस साल बाद भी गुजरात आदिवासी विकास परिषद के महामन्त्री श्री वनराजसिंह डामोर के संचालन में भी यह सिलसिला अविरत चला आ रहा है। महाविद्यालय में नियुक्त तेजस्वी अध्यापक अपने परिश्रम और अविरत अभ्यास के चलते न सिर्फ भारत में, बल्कि विदेशों में भी हमारी संस्था का नाम रोशन कर रहे हैं। गुजराती भाषा के प्रखर विद्वान डॉ. बाबु सुथार (फिलाडेल्फिया), डॉ. महम्मद जमाल (लंडन युनि.) इसके उदाहरण हैं। संजय अमराणी (IAS), पी. एल. माल (IPS), अशोक मुनिया (IPS), बी.के. पंचाल (GAS), डॉ. गोपाल शर्मा (प्राचार्यश्री, आर्ट्स कॉलेज, लीमखेड़ा), डॉ. किशोरसिंह राव (प्राचार्यश्री, आर्ट्स कॉलेज, आंकलाव), डॉ. प्रफुल्ला ब्रह्मभट्ट (प्राचार्यश्री, आर्ट्स कॉलेज, धनसुरा) आदि अपने-अपने क्षेत्र में प्रगति करते हुए हमारे महाविद्यालय का सम्मान बढ़ा रहे हैं।

अखिल भारतीय आदिवासी विकास परिषद ने भारतवर्ष के जनजातीय क्षेत्रों को अपना कार्य-क्षेत्र बना लिया है। आदिवासी क्षेत्र में आज जन-जन की जिह्वा पर सोमजीभाई का नाम है। किन्तु अनावश्यक प्रचार-प्रसार से परहेज करने वाले सोमजीभाई ने हमेशा इस बात की सतर्कता बरती है कि जाने-अनजाने में संस्थाएँ परिषद के बजाय कहीं पर भी उनके नाम के साथ न जुड़ जाएँ।

स्वातन्त्र्योत्तर भारत के जनजातीय लोकनायक सोमजीभाई के बारे में अगर कुछ कर सकूँ तो अपने-आपको धन्य समझूँगा। यही विचार लगातार मेरे मन-मस्तिष्क को आन्दोलित कर रहे थे। वनराजसिंह की उपस्थिति में मैंने अपना विचार रखा। अपनी प्रकृति के विरुद्ध होने वाली प्रवृत्ति को देख सोमजीभाई थोड़ा सहमे किन्तु वनराजसिंह के आग्रह से मेरी प्रार्थना को स्वीकारा और धीरे-धीरे बात आगे बढ़ी।

मेरे महाविद्यालय के सम्पादक मंडल के सदस्य डॉ. शंकरभाई प्रजापति, डॉ. आई.एल. राठवा, डॉ. मनुभाई सुथार, डॉ. मालिनी गौतम के साथ हुई प्रथम बैठक से ही हमारे कार्य का आगाज हो गया और देखते-ही-देखते साहित्य-जगत से जुड़े हुए बहुत से नामी लोगों ने अपनी-अपनी तरफ से अलग-अलग रूप से सहयोग देना शुरू कर दिया। पद्मश्री प्रवीण दरजी (प्रखर गुजराती रचनाकार), डॉ. दिनेशचन्द्र चौबीसा (प्राचार्यश्री, आदिवासी आर्ट्स एण्ड कॉमर्स कॉलेज, भीलोड़ा), प्रो. डॉ. कुबेरभाई डींडोर (एम.एल.ए. सन्तरामपुर), खंडुभाई परमार (पूर्व अध्यापक, सन्तरामपुर कॉलेज), डॉ. केशुभाई देसाई (गुजराती साहित्यकार), डॉ. विमल गढ़वी (पूर्व छात्र, सन्तरामपुर कॉलेज), डॉ. भरत महेता (प्रोफेसर, एम.एस. युनिवर्सिटी, बड़ौदा), मेरे महाविद्यालय की अध्यापिकाओं में प्रो. शकुन्तला बलात, प्रो. भारती धनुला, डॉ. कामिनी दशोरा तथा डॉ. दिलीप महेरा (प्रोफेसर, स.प. युनि., विद्यानगर), हरिराम मीणा, खन्ना प्रसाद अमीन, रणेन्द्र, वाहरु सोनवणे, निर्मला पुतुल, महादेव टोप्पो, रमेशचन्द्र मीणा, केदार प्रसाद मीणा, अनुज लुगून, अशोक सिंह आदि उल्लेखनीय हैं।

डॉ. गिरीश रोहित (अध्यक्ष, हिन्दी विभाग, आर्ट्स कॉलेज, खम्भात), अश्विन मकवाणा, पार्वतीबेन गोसाईं ने गुजराती आलेखों का बड़े ही मनोयोग से भावानुवाद और अंकुर परमार ने टंकण किया है। पुस्तक का कवर पेज और फोटो गैलरी गुजरात के प्रसिद्ध चित्रकार कनुभाई पटेल ने तैयार किया है। इस किताब के हर पहलू को बारीक नज़रों से देखकर अन्तिम रूप दिलाने में अथक परिश्रम करने वाले मेरे गुरु आदरणीय दयाशंकर जी (अध्यक्ष, हिन्दी विभाग, स.प. युनि. वल्लभविद्यानगर, आणन्द) का भी मैं तहेदिल से आभार व्यक्त करता हूँ।

समग्र कॉलेज परिवार जिन्होंने अलग-अलग रूप से सहयोग दिया है सबका नामोल्लेख नहीं कर पाने की वजह से मैं क्षमाप्रार्थी हूँ।

हमारे इस कार्य के दौरान साथ-साथ चलते-चलते बीच सफर में ही हमेशा के लिए हमसे बिछड़कर चले गए सोमजीभाई के मातृश्री हीराबा, वनराजसिंह के मातृश्री कुसुम बहन और हम सबके प्रिय गुजरात आदिवासी विकास परिषद के उपप्रमुख और सोमजीभाई के ज्येष्ठ पुत्र किलराजसिंह डामोर की स्मृति उम्र-भर हमारे हृदय में बनी रहेगी।

अन्त में परम आदरणीय सोमजीभाई डामोर, वनराजसिंह डामोर और उनके समग्र परिवार का मैं हृदय से आभार व्यक्त करना चाहूँगा, जिन्होंने इस कार्य को पूर्ण करने में हमारा भरपूर सहयोग किया है।

9, अगस्त, विश्व आदिवासी दिवस-2019

प्राचार्यश्री,

डॉ. अभय परमार

आदिवासी आर्ट्स एण्ड कॉमर्स कॉलेज,

सन्तरामपुर, पंचमहल-389260 (गुजरात)

खण्ड - क

- **पृष्ठभूमि**
    - भील सेवा मंडल – डॉ. अरुण वाघेला
- **सोमजीभाई डामोर का जीवन वृत्तान्त एवं संस्मरण**
    - श्री सोमजीभाई डामोर की जीवनधारा – *डॉ. कामिनी दशोरा*
    - कँटीली राहों के मुसाफिर सोमजीभाई – *किलराजसिंह डामोर*
    - एक पुत्र की कैफियत – *वनराजसिंह डामोर*
    - शुभेच्छा पत्र
    - बातों-बातों में – *अभय परमार*
    - सेवायज्ञ के यजमान सोमजीभाई – *प्रो. विमल गढवी*
    - पथ प्रदर्शक सोमजीभाई डामोर – *प्रा. डॉ. कुबेरभाई डिंडोर*
    - सन्तरामपुर : सौन्दर्य की शाश्वत खोज – *केशुभाई देसाई*

● पृष्ठभूमि

भील सेवा मंडल

डॉ. अरुण वाघेला

सदियों पूर्व मानव समाज आज की अपेक्षा अनेक रूपों में भिन्न था; और तब सामाजिक माहौल भी भिन्न रहा होगा। परन्तु कालानुक्रम से मानव समाज में परिवर्तन आते रहे हैं। या कहिए कि परिवर्तन समाज का मूल स्वभाव है। फलतः सामाजिक व्यवस्थाओं में निरन्तर परिवर्तन होते रहे हैं। मानव समाज के लिए यही परिवर्तन प्रगति के लिए माध्यम बने हैं। विशेषतया यदि भारतीय समाज की बात करें तो यह सदियों से परिवर्तनशील रहा है। भारतीय समाज में कालानुक्रम से जो-जो परिवर्तन हुए हैं उसका चरमोत्कर्ष 19वीं शताब्दी में देखने को मिलता है। फलतः भारतीय इतिहास में 19वीं शताब्दी को सामाजिक परिवर्तन की शताब्दी के रूप में जाना जाता है। इसी शताब्दी में स्त्री उत्कर्ष के साथ-साथ सदियों से गुलामी और गरीबी की जंजीरों में कैद आदिवासी व दलित के विवाह की प्रवृत्तियाँ भी शुरू हुईं। ये प्रवृत्तियाँ 20वीं शताब्दी में भी इस क्षेत्र में पूर्व भूमिका स्वरूप बनी रहीं। 20वीं शताब्दी के प्रारम्भिक पच्चीस वर्षों में अस्पृश्यता, सामाजिक शोषण, अवहेलना जैसे दुःख-दर्दों के बीच जी रहे दलित-आदिवासी के उत्थान हेतु कुछ ठोस कार्य हुए। इस दिशा में कार्य करने हेतु कुछ संस्थाओं के साथ-साथ कई सारी हस्तियाँ आगे आईं। उन सबके संगठित प्रयास से स्वस्थ समाज जीवन की बुनियाद डाली गई। यह इन सब संस्थाओं का विस्तृत इतिहास उजागर करने का प्रयास नहीं है। बावजूद इसके पंचमहल जैसे अति दूर-सुदूर व अति पिछड़े, पहाड़ी इलाके में शुरू हुई 'भील सेवा मंडल' संस्था की बदौलत आदिवासी-भीलों के सामाजिक-आर्थिक जीवन में आए परिवर्तनों व शैक्षिक-उदय को उजागर करना प्रस्तुत आलेख का उद्देश्य है।

20वीं शताब्दी में दलितों-आदिवासियों के उत्कर्ष हेतु प्रस्थापित संस्थाओं में 'भील सेवा मंडल' को अग्रिम पंक्ति में देख सकते हैं। अनपढ़, वनवासी, भीलों के आमूल विकास हेतु प्रस्थापित भील सेवा मंडल के उद्भव और विकास में आजीवन व्रतधारी अमृतलाल ठक्कर उर्फ ठक्करबापा का योगदान बहुमूल्य रहा है। उन्होंने सन् 1918-19 में हुए अकाल से द्रवित होकर बोए इस बीज को अपनी अनवरत

साधना के चलते एक वटवृक्ष में तब्दील कर दिया था। किसी भी सेवा-संस्थान की सफलता का मूल आधार इस बात पर रहता है कि वह संस्था पूर्व संस्थानों की तुलना अपनी कार्य-पद्धत्ति में किस रूप में पृथक नज़र आती है। भील सेवा मंडल के पूर्व भी आदिवासियों के विकास हेतु इसाई मिशनरियाँ प्रवृत्त थीं। यद्यपि इनकी प्रवृत्तियों पर धर्मान्तरण; धर्मपरिवर्तन के आरोप लगाए जाते हैं। बावजूद इसके अपरिचित, पिछड़े, पहाड़ी व विषम आबोहवायुक्त वातावरण में आदिवासी समाज के साथ ओतप्रोत होकर विकास हेतु प्रयत्नशील रहे इन सेवा संस्थानों के महत्त्व को नज़रअन्दाज नहीं किया जा सकता।

ईसाई मिशनरियों के साथ-साथ 'भगत आदोलन' (1907-1931) नामक भीलों के विकास की प्रवृत्ति गोविन्द गुरु (1858-1931) नामक एक बनजारा साधु द्वारा शुरू हुई थी। दक्षिण राजस्थान से लेकर पंचमहल व झाबुआ जैसे प्रान्तों में धूनी (FIRE PITS) लगाकर उन्होंने हजारों की संख्या में भीलों को 'भगत' (अपना अनुयायी) बनाया था। उन्होंने इन्हें वैयक्तिक स्वच्छता, चोरी, शराब, व्यभिचार आदि का विरोध, जातिगत संगठन के सन्दर्भ में उपदेश देने के साथ-साथ स्थानीय जागीरदारों व देशी रियासतों द्वारा भीलों के शोषण व अत्याचार के खिलाफ भील समुदाय को जागृत करने का काम किया। अपने प्रारम्भ में धार्मिक रूप में रहा यह 'भगत आन्दोलन', बाद में आर्थिक-राजनैतिक स्वरूप धारण करने लगा। इस आन्दोलन का एक सुर 'भील राज' की स्थापना का भी रहा। 'गोविन्द-गुरु अभियान' को अफसरशाही शासन द्वारा दबा दिया गया। परिणामस्वरूप उसका विशेष उल्लेख नहीं मिलता है। यद्यपि भगत आन्दोलन से प्रभावित आदिवासी भीलों के सामाजिक स्तर में अवश्य सुधार हुआ था; जो एक ऐतिहासिक सत्य है।

इस निकष पर देखें तो आदिवासी उत्कर्ष की सर्वोच्च स्थिति पंचमहल जिला व गुजरात राज्य में 'भील सेवा मंडल' के रूप में देखने को मिलती है। यह एक सर्वमान्य तथ्य है कि भील सेवा मंडल की स्थापना और उसके विकास में ठक्करबापा की साधना एवं उद्यमिता जिम्मेदार रहे हैं। परन्तु ठक्करबापा को यह प्रेरणा गुजरात के उमदा लोकसेवक इन्दुलाल याज्ञिक द्वारा मिली थी। सन् 1918-19 में पंचमहल में हुए भयावह अकाल पर इन्दुलाल याज्ञिक ने 'नवजीवन' व 'सत्य' नामक मासिक पत्रों तथा अनेक अखबारों में लेख लिखकर ऊहापोह मचाया। उन्होंने 'नवजीवन' में दाहोद-झालोद के आदिवासियों की अकाल के समय की भयावह दशा का जीवन्त व ठोस चित्र अंकित किया था। जिसके मुताबिक, "...जुगुप्सा उत्पन्न करने वाली मक्का की रोटी के एक टुकड़े के लिए तड़पते अस्थिपिंजर, अपने तली तक सूख चुके कीच भरे गन्दे कुएँ की ओर देख हताश हो उठते थके हुए मवेशी, कँटीली आड़ में बन्द सूने-सूने झोंपड़े—तकरीबन सम्पूर्ण नग्नावस्था भोग रही कुमारिकाएँ,

स्त्रियों और बच्चों के दल-के-दल खेत में से मिट्टी और घास छानकर अथक परिश्रम कर सेर-आधा सेर घास के बीज इकट्ठा करते हुए देखता हूँ। पाँच-पाँच, दस-दस मील दूर से अपने घर-बार छोड़कर कर दो-ढाई आना दिहाड़ी हेतु आए सैकड़ों पुरुषों को सड़क और चूने की भट्टी पर दिन-भर पत्थर तोड़ते देखता हूँ। बिना किसी बिछौने के कड़ाके की ठंड में अपने बच्चों को कम वस्त्रों व ऊष्मायुक्त आलिंगन द्वारा ढकने का मिथ्या प्रयास कर रही स्त्रियों की कल्पना से हृदय फट जाता है... यह दशा देखकर प्रकृति भी शरमा जाती होगी तो क्या मनुष्य नहीं लजाता होगा?"

पंचमहल स्थित भील विस्तार अकाल-पीड़ित था। प्रति तीन वर्ष में एक वर्ष कमजोर रहता। साथ ही हर चार-पाँच वर्ष में एक वर्ष अकाल-पीड़ित रहता था। सन् 1901 से लेकर 1955 तक कुल मिलाकर 16 वर्ष अछतग्रस्त या अकालग्रस्त रहे। इसके लिए बारिश की कमी के साथ-साथ, भील लोगों की कमजोर आर्थिक स्थिति, खेत की परम्परागत पद्धति, महाजन-जमींदारों द्वारा हो रहा शोषण, कृषि के अलावा सहायक बनने वाले धन्धा-व्यवसाय का अभाव आदि मुख्य कारण थे। 'पापी पेट का सवाल है' के तर्ज़ पर अकाल आदिवासियों को गुनाहखोरी व लूटपाट के लिए प्रेरित करता। आदिवासियों के बीच रहकर काम करने वालों का मानना है कि कृषि से जुड़े आदिवासी लोगों में अपराध भावना कम होती है। मजदूरी या नौकरी मिलने के बाद आदिवासी अपराध से दूर रहता है। साथ ही अपनी सीमित आय में भी सुखी रहता है। किन्तु जब काम नहीं मिलता है तब व्याकुल बन जाता है। जब अकाल में खाने को मोटा धान भी नसीब नहीं होता है तब आदिवासी अपने परिवार को जीवित रखने चोरी-लूटपाट करने के लिए कैसे विवश बनता है इसकी प्रस्तुति इस आदिवासी गीत में मिलती है–

"बनवा दो, बनवा दो, हीरा-धनुष बनवा दो रे
पड़ा है कराल-अकाल, मामा तीर बनवा दो रे
छप्पनिया अकाल पड़ा है, मामा तीर बनवा दो रे
नदियों के सूख गए नीर, मामा तीर बनवा दो रे
अन्न के कोठार हो गए खाली, मामा तीर बनवा दो रे
पहाड़ बन गए बंजर, मामा तीर बनवा दो रे
लक्ष्मी भी मरने लगी, मामा तीर बनवा दो रे
मानुस मरने लगे, मामा तीर बनवा दो रे
बच्चे भी मरने लगे, मामा तीर बनवा दो रे।"

अर्थात् भील अपने मामा को सम्बोधन कर कहता है– "मामा मुझे तीर-कमान बनवा दो। जिसे लेकर मैं चोरी करने जाऊँ। छप्पनिया (1956 में) कराल अकाल

पड़ा है। नदियों के नीर भी अदृश्य हो गए हैं। अन्न के कोठार भी खाली हैं; मछली और खाने की चीज़ें भी समाप्त हो चुकी हैं। पहाड़ भी बंजर हो चुके हैं, मवेशी और मनुष्य भी दम तोड़ रहे हैं।"

उपर्युक्त गीत में आदिवासी भील की हृदयविदारक कहानी अत्यन्त लाक्षणिक रूप में व्यक्त हुई है। यद्यपि उस समय यह कहानी अपने समधर्मी तक भी न पहुँच पाई थी तो विदेशी ब्रिटिश सरकार तक कैसे पहुँच पाती? इन आदिवासियों की व्यथा-पीड़ा को सरकार और समाज तक इन्दुलाल याज्ञिक ने पहुँचाने का प्रयास किया। उनके प्रयास का ही परिणाम था कि मुम्बई के गवर्नर पंचमहल की मुलाकात लेने आए थे। इन्दुलाल याज्ञिक भी सन् 1917 में ठक्कर बापा के साथ पहली बार दाहोद आए थे। इन्दुलाल याज्ञिक के लेखों से प्रभावित होकर ठक्कर बापा हिन्दी सेवक समाज से अलग होकर पंचमहल आए थे। जिस तरह से इन्दुलाल याज्ञिक ने पत्र-पत्रिकाओं में अकाल-पीड़ित आदिवासी लोगों की व्यथा को वाणी देने में पंचमहल को केन्द्र बनाया था उसी तरह अकाल में राहत कार्य के दौरान ठक्कर बापा ने इन भीलों की जो दासता, दरिद्रता के दर्शन किए थे, यही भील सेवा मंडल की स्थापना की वजह भी बना। अकाल के समय में भीलों की सेवा कर रहे ब्राह्मण दम्पत्ति और अकाल-राहत के दौरान निर्वस्त्र आदिवासी स्त्री की व्यथा ने ठक्कर बापा को भील सेवा मंडल की स्थापना हेतु प्रेरित किया। भील सेवा मंडल की पूर्वभूमिका के बारे में इन्दुलाल याज्ञिक ने अपनी आत्मकथा में कहा है कि, "सन् 1921 में, अगस्त महीने में तमाम राहत केन्द्र समेटते वक्त करशनदास और परसोत्तमदास के साथ मिलकर मित्रों ने विचार किया कि..." "इन तीन सालों में दो-दो बार अकाल पड़ने पर हमने कितनी जद्दोजहद करके हरेक बार दस-बारह गाँवों में काम करने पुनः स्वयंसेवकों को भेजा। कितना सारा खर्च करके उनके रहने और राहत केन्द्रों की सुविधाएँ उपलब्ध कराई। हजारों लोगों को रूई कातने और कपड़े की, अन्न व घासचारे की राहत हेतु हजारों रुपये खर्च किए। इतना ही नहीं जब काम-दाम पूरा हो जाता है तो केन्द्र भी बन्द, फिर इसे शुरू करना कितना दिक्कत भरा होता है? जरा-सी बारिश नहीं हुई कि हमेशा की तरह ये आदिवासी भुखमरी का शिकार बनेंगे। तो क्यों न कोई कायमी संस्था खड़ी की जाए? दाहोद और गरबाड़ा में राहत-कार्य हेतु स्कूलें खोली गईं, उन्हें तो कायमी रखनी चाहिए! यदि विदेशी पादरी लोग इन आदिवासियों को धर्मान्तरण हेतु लाखों रुपये खर्च कर बड़ी-बड़ी स्कूलें, बोर्डिंग व चर्च चला सकते हैं तो हम अपने सहोदर को शिक्षित करने हेतु हमेशा के लिए कोई विद्यार्थी-आश्रम क्यों नहीं बना सकते? साथ ही आवश्यकता पड़ने पर वहाँ राहत कार्य भी क्यों न करें?"

इस तरह सदियों से अन्याय-अत्याचार से पीड़ित, शोषित भीलों के प्रति रही प्रायश्चित भावना ने भीलों के लिए कायमी संस्था स्थापित करने का विचार

जगाया। इस तरह सुखदेव त्रिवेदी के साथ मिलकर इन्दुलाल याज्ञिक ने मीराखेड़ी में भीलशाला चलाने का काम शुरू किया। 19 मार्च, 1922 में ठक्कर बापा द्वारा इस आश्रम का विधिवत् रूप से उद्‌घाटन हुआ।

5 दिसम्बर, 1922 को दाहोद स्थित अकाल-राहत कचहरी को भील सेवा मंडल की कचहरी के रूप में तब्दील कर दिया गया। यद्यपि भील सेवा मंडल की विधिवत स्थापना 1 दिसम्बर, 1922 को ठक्कर बापा द्वारा मंडल की योजना बनाने के बाद हुई। इन्दुलाल याज्ञिक सम्पादित 'युगधर्म' मासिक पत्रिका के तीसरे अंक में भील सेवा मंडल की ब्यौरेबार योजना प्रकाशित हुई थी। इसके अनुसार... "दाहोद और झालोद तालुका में बसे भील और पटेलिया, जिनकी बस्ती तकरीबन एक लाख तक है, उनकी स्थिति में बदलाव लाने हेतु एक संविधान युक्त मंडल (मिशन) की स्थापना करनी है। इस सेवा मंडल के प्रमुख के रूप में हिन्दी सेवक समाज से जुड़ा एक सदस्य रहेगा... इस मंडल हेतु आवश्यक बारह सदस्यों की नियुक्ति भी वह करेगा। साथ ही आठ से दस गाँव पसन्द कर प्रत्येक जगह एक-एक सदस्य रखा जाएगा। प्रत्येक सेवक को चाहिए कि वह तीन वर्ष तक सेवा मंडल से जुड़ा रहे..." इस मंडल का मुख्य कार्य भीलों की सामाजिक व आर्थिक स्थिति में सुधार लाने हेतु उपाय दर्शाना है। राजकीय आन्दोलन को इसके कार्यक्षेत्र के बाहर रखा जाएगा। इसकी कार्यसूची निम्नलिखित होगी–

(1) सीधे सम्पर्क द्वारा व उपदेशों के जरिये उनमें स्वच्छता के विचारों का प्रचार-प्रसार करना व उन्हें शराब एवं मांसभक्षण से मुक्त करवाना।
(2) महाजनों द्वारा कसे जा रहे सूद के शिकंजों से उन्हें मुक्ति दिलाना, साथ ही वन एवं महसूल विभाग के अधिकारियों के त्रास से भी बचाना।
(3) एक गाँव अथवा मुहल्ले के लोगों के लिए आवश्यक चीज-वस्तुएँ व रुपये उपलब्ध कराने हेतु परस्पर सहकारी मंडलियाँ बनाई जाएँ।
(4) खेती-बाड़ी के अलावा फुरसत के समय में अन्य रोजगार उपलब्ध हो, इसलिए सूत कातना या फिर ऐसे ही अन्य व्यवसाय स्थापित किए जाएँ।
(5) साँझ के समय लोगों को इकट्ठा कर उन्हें रामायण, महाभारत व भागवत कथा सुनाना।
(6) भील लोगों के रहन-सहन को अच्छी तरह से जान लेने हेतु उनका अत्यन्त गहराई से अध्ययन किया जाए।
(7) प्राथमिक इलाज हेतु छोटा-सा अस्पताल भी बनाया जाए।
(8) बुनकर, चमार जैसी अस्पृश्य मानी जाने वाली जातियों से मैत्री स्थापित की जाए।

भील सेवा मंडल की स्थापना के बाद जैसे ही सेवकों की संख्या बढ़ती गई, गरबाड़ा, जेसाबाड़ा, गुलतोरा, मुंडाहेडा इत्यादि गाँवों में भी इसके उपकेन्द्र शुरू किए गए। प्रत्येक जगह पर एक सेवक को उसकी जिम्मेदारी सौंपी गई। भील सेवा मंडल से जुड़ने वाले सेवकों की शुरुआती अवधि तीन साल की थी। ठक्कर बापा के प्रयास स्वरूप यह अवधि बढ़ाकर 20 वर्ष की गई। उनकी प्रेरणा व प्रोत्साहन के चलते सुखदेव त्रिवेदी, पांडुरंग वणीकर, डाह्याभाई नायक, मंगलदान आर्य, अम्बालाल व्यास, रूपाजीभाई परमार, और ईश्वरलाल वैद्य जैसे सात सेवक 20 साल तक सेवा हेतु प्रतिज्ञा लेकर कृतसंकल्प हुए। 22 फरवरी, 1929 को जेसावाड़ा स्थित यशवाटिका आश्रम में आयोजित इस प्रतिज्ञानुसार...

"... मैं इस मंगल प्रभात में भगवान श्री रामचन्द्र की प्रतिज्ञा लेकर अपने तन-मन-धन से निम्नांकित सेवाएँ हेतु प्रतिज्ञाबद्ध होता हूँ–"

(1) मैं अपनी समस्त बुद्धि व शक्ति का भील बन्धुओं की सामाजिक उन्नति में उपयोग करूँगा।

(2) इस सेवा के जरिये मैं अपना कोई निजी लाभ नहीं साधूँगा। साथ ही मंडल की ओर से मेरे और मेरे परिवार के निर्वाह हेतु जो व्यवस्था की जाएगी उसीमें मैं सन्तुष्ट रहूँगा।

(3) विक्रम सं. 1979, चैत सुदी पूर्णिमा के दिन 1 अप्रैल, 1923 से लेकर विक्रम सं. 1999 चैत सुदी पूर्णिमा के दिन 1 अप्रैल, 1943 तक 20 सालों तक भील बन्धुओं की सेवा करूँगा।

(4) मैं तन-मन-वचन से शुद्ध जीवन-यापन करूँगा। साथ ही समस्त भील बन्धुओं को भी इस मार्ग पर आगे बढ़ाने हेतु प्रेरित करूँगा।

(5) यथासम्भव किसी के भी साथ लड़ाई-झगड़े नहीं करूँगा, पूरी शुद्ध बुद्धि से भील सेवा मंडल के नीति-नियमों का पालन करूँगा। साथ ही इस मंडल के उद्देश्यों को सार्थक बनाने की कोशिश करूँगा।

(6) भील लोगों के साथ-साथ अन्त्यज मानी जाने वाली जातियाँ–भंगी-डबगर-चमार इत्यादि की भी सेवा करूँगा तथा उनका सामाजिक-स्तर ऊँचा उठाने हेतु प्रयास करूँगा।"

ठक्कर बापा तथा अन्य आजीवन भील सेवकों के प्रयास-स्वरूप भील सेवा मंडल की स्थापना तो हो गई, किन्तु इस मंडल को अनेक कठिनाइयों एवं मर्यादाओं के बीच भी भील सेवा यज्ञ को अविरत बनाए रखना था। जमींदार-पूँजीपति, सामन्त महाजन, अफसरशाही शोषणखोरों के खिलाफ मंडल को काफी जद्दोजहद करनी थी। एक ओर स्वयम्भू संगठित शोषक वर्ग था तो दूसरी ओर नितान्त बिखरा हुआ,

विशाल असंगठित भील समुदाय। इस विषम परिस्थिति में भील सेवा मंडल को अपना कार्य करना था। सामन्त व पूँजीपति, सरकारी अफसर के साथ-साथ इसाई मिशनरियों तथा जिनके लिए यह संस्था कार्यरत थी ऐसे भील लोगों की ओर से भी मंडल को प्रारम्भ में समय-समय पर कठिनाइयाँ झेलनी पड़ी थीं। विकास के प्रथम चरण में जब स्कूल या छात्रालय शुरू करने हेतु अफसर वर्ग के पास मंडल के कार्यकर्ता जाते तब अफसर अपना आधिपत्य खत्म न हो जाए इस आशय से कई अवरोध पैदा करते। गाँव में मकान न मिले, स्कूल-छात्रालय के लिए जमीन न मिले, इसलिए परोक्ष रूप से पैंतरेबाजी करते, इतना ही नहीं मंडल को सहयोग कर रहे गाँववासियों को भी परेशान करते। मंडल के कार्यकर्ताओं के खिलाफ सही-गलत कोई केस खड़ा करते। मंडल की स्थापना के बाद शुरुआत के चार-पाँच सालों में कदाचित ही ऐसा हुआ होगा कि एक या दूसरे बहाने कोई कार्यकर्ता पर केस दर्ज़ न हुआ हो। सुखदेव त्रिवेदी को एक कोर्ट केस में मीराखेड़ी में आश्रम हेतु झोपड़ा खड़ा करने के जुर्म में 10 रुपये का जुर्माना लगा था। तदुपरान्त सरकारी कामकाज में दखलन्दाजी तथा एक औरत को पीटने को लेकर दो भिन्न-भिन्न केस किए गए थे। ठक्कर बापा ने सं. 1981 (सन् 1925) में मंडल की वार्षिक रिपोर्ट में मंडल के कार्यकर्ताओं के खिलाफ रचे गए कोर्ट-केसों का उल्लेख किया था।

दाहोद-झालोद के सवर्ण लोग भी भील सेवा मंडल के कार्यों में विघ्न पैदा करते। दाहोद का हर व्यापारी कहता कि... "आप लोग इन भीलों के पीछे इतनी मेहनत क्यों करते हो? बनिया-ब्राह्मणों के पीछे करोगे तो सार्थक होगी। अस्वच्छ, खरगोश खाने वाले, आचार-विचार का कोई ध्यान न रखने वाले इन जंगली लोगों के पीछे इतनी सारी महेनत करते हो, यही महेनत बनिया-ब्राह्मणों के लिए बोर्डिंग चलाओगे तो कोई फल मिलेगा।"

भील सेवा मंडल ने स्कूलों व आश्रमों की स्थापना कर अपना कार्य शुरू किया था। यद्यपि पहाड़ी व पिछड़े इलाके में स्कूल-आश्रम के लिए विद्यार्थियों को इकट्ठा करना ही बड़ी मशक्कत का काम था। उदाहरण के तौर पर जब झालोद में आश्रम की स्थापना की गई तो वहाँ से 27 छात्र भाग गए थे। कुछ यही स्थिति जेसावाड़ा, मीराखेड़ी, गरबाड़ा, झाबुआ व भीमपुरी आश्रम की थी। जब भील सेवा मंडल के उत्साही कार्यकर्ता भील लोगों को शिक्षा और उनके लाभ के बारे में अवगत कराते तब ये भील लोग इन्हें अपना अर्थशास्त्र व समाजशास्त्र समझाते हुए कहते कि, "एक बेटा मवेशी चराने जाता, दूसरा घर की देखभाल करता, तीसरा खेत में काम करता, अब अगर एक बच जाता तो पढ़ाई हेतु भेजता। दूसरा भील तो इससे आगे बढ़कर कहता, "हम भीलों को पढ़ने की क्या जरूरत? हमें कहाँ नौकरी करने जाना है? हम भीलों के लिए तो 'चौदह विद्या चवडी में' (अर्थात् हल की नोंक में) है।

यद्यपि स्थानिक सूदखोर व्यापारियों की ओर से भी भील सेवा मंडल के खिलाफ पूर्वग्रह पैदा करने की पूरजोर कोशिश की जाती।

उपर्युक्त कठिनाइयों के साथ-साथ अन्य एक और कठिनाई थी, जो प्रत्येक नयी संस्था के साथ जुड़ी होती है। वह है आर्थिक-अभावग्रस्तता। भील सेवा मंडल को प्रारम्भ से ही आर्थिक मुश्किल का सामना करना पड़ा, आय की तुलना में खर्च अधिक रहता।

इस तरह भील सेवा मंडल को प्रारम्भ से ही सामाजिक-आर्थिक कठिनाइयों का सामना करना पड़ा था। बावजूद इसके भील सेवकों का धैर्य, उनकी सहनशीलता, कर्मठता, उद्यमशीलता इत्यादि के चलते मंडल स्थायी बन गया। प्रारम्भिक दस वर्ष तो संस्था और उसके कार्यकर्ताओं के लिए कड़ी साधना का काल रहा। स्नानादि की बात तो दूर, शौच के बाद स्वच्छता की भी उन्हें सूझ न थी। ऐसे अज्ञानी, दरिद्र-बेरोजगार, गरीब व अन्धश्रद्धालु भील लोगों के बीच रहकर काम करना यानी शून्य में से सर्जन करने के बराबर था। शुरुआत में स्कूलों व छात्रालयों द्वारा शिक्षा देने से प्रारम्भ हुई मंडल की प्रवृत्ति आगे चलकर, कृषि, खादीकाम, सिलाई, बढ़ई, स्काउटिंग, शारीरिक स्वच्छता, सामाजिक कुरिवाजों का निर्मूलन, शराब-व्यसन-निर्मूलन से होते हुए सहकारी प्रवृत्ति तक फैलती गई। भील सेवा मंडल के 14वें तथा 15वें वार्षिक रिपोर्ट के कुछ आँकड़े निम्नलिखित हैं जो मंडल द्वारा दी गई शिक्षा उत्कर्ष की प्रवृत्ति की झाँकी करवाते हैं—

अंक	*वर्ष*	*स्कूल की संख्या*		*छात्र-संख्या*		*सेवक*	*खर्चा*
		आश्रम	*स्कूल*	*आश्रम*	*स्कूल*	*संख्या*	*(लागत)*
1	1922-23	2	5	50	288	17	5852
2	1923-24	3	7	86	371	29	17216
3	1924-25	3	7	89	313	33	18557
4	1925-26	5	8	143	325	83	23274
5	1926-27	6	7	160	810	88	25636
6	1927-28	7	7	186	809	81	28859
7	1928-29	8	2	222	328	36	24358
8	1929-30	9	2	266	268	36	26606
9	1930-31	8	2	289	191	38	23157
10	1931-32	9	1	264	332	38	18268
11	1932-33	6	0	138	496	21	17978

(भील सेवा मंडल, दाहोद- 14वें तथा 15वें वर्ष की संयुक्त जानकारी तथा अकाल-राहतकार्य की रिपोर्ट, पृ. 8/9)

प्रारम्भिक 10 वर्ष उपर्युक्त रही परिस्थिति में सन् 1965 में आए परिवर्तन के मुताबिक 15 निवासी शालाएँ जिनमें 765 छात्र और 625 छात्राएँ सातवीं कक्षा तक की शिक्षा प्राप्त कर रहे थे। 18 छात्रालयों में 578 छात्र और 144 छात्राएँ निवास करते थे। इन निवासी शालाओं में छात्र-छात्राओं को शिक्षा के साथ-साथ संस्कार आदि भी दिए जाते थे। महीने में एक बार ठक्कर बापा भील सेवा मंडल के केन्द्र पर चल रहे शिक्षा-कार्य का निरीक्षण करते, संस्था की स्वच्छता के साथ-साथ छात्र-छात्राओं के नाखून बढ़े हों, बाल बढ़े हों, कपड़े फट गए हों, आँख, कान, नाक आदि गन्दगी से भरे हों तो उन्हें स्वच्छता की पद्धति सिखाते। ठक्कर बापा की स्वच्छता-प्रियता के चलते दाहोद, झालोद, मीराखेड़ी और जेसावाड़ा के आश्रम स्वच्छता के प्रतीक बने हुए थे। भील कन्याओं के परिवार को पढ़ाई के साथ-साथ प्रति कन्या एक रुपया शिष्यवृत्ति देकर शिक्षा कार्य किया जाता है। इन्हीं में से आगे चलकर हीराबेन लालचन्द नीनामा गुजरात विधानसभा की सदस्य भी बनी। सन् 1939 में, दिसम्बर महीने में लक्ष्मीदास श्रीकान्त ने दाहोद में चार एकड़ जमीन खरीदकर उस पर 13000/- रुपये खर्च कर कन्या छात्रावास की स्थापना करवाई थी। सन् 1943 में जेसावाड़ा और सन् 1944 में झालोद में शबरी आश्रम की स्थापना हुई। इन प्रवृतियों से लाभान्वित हुई छात्राएँ ही बाद में इन संस्थानों में अध्यापिकाएँ बनीं। भील सेवा मंडल की शिक्षा-साधना प्रवृत्ति के परिणामस्वरूप सन् 1921 की जनगणना के मुताबिक इन भील लोगों में एक हजार में से चार ही शिक्षित थे; जो 1955 के आस-पास एक हजार में 20 तक बढ़ा था। सन् 1951-52 में मंडल हस्तक 9 आश्रम, 93 शालाएँ, 3165 छात्र थे, जब कि प्रौढ़ शिक्षा-शाला की संख्या 144 थी, जिनमें 3950 प्रौढ़ शिक्षा ले रहे थे।

भीलों के सामाजिक-आर्थिक विकास में सबसे बड़ा अवरोध था शराब की लत। शराब की यह लत उनकी आय का एक बहुत बड़ा हिस्सा हड़प कर जाती थी। हर एक सामाजिक-धार्मिक प्रसंग पर दिल खोलकर शराब पी जाती, देवी-देवताओं की पूजा-अर्चना में घड़े-के-घड़े शराब खाली किए जाते। बिना शराब के भीलों का कोई भी प्रसंग फीका नज़र आता। एक प्रचलित भीली कहावत के मुताबिक, 'भील की दुश्मन शराब, फिर और का क्या काम!' अर्थात् भील के लिए उसकी शराबखोरी ही उसका सबसे बड़ा दुश्मन है, फिर और किसी दुश्मन की क्या आवश्यकता है? भील लोग अपनी कुल आय का 9 प्रतिशत तम्बाकू और 10 प्रतिशत शराब में खर्च कर देते। भील सेवा मंडल ने भीलों में शराब-निषेध हेतु तथा सामन्त-अफसरों के जुल्मों के खिलाफ भीलों को संगठित करने, उनमें जागृति लाने हेतु शान्तिलाल पंडया ने दाहोद-झालोद तालुका स्थल पर एक बड़ी रैली निकाली थी। सन् 1947, 26 जनवरी के दिन रविशंकर महाराज की अध्यक्षता में लीमड़ी में एक भील परिषद आयोजित की गई। ठक्कर बापा भी भीलों को मेले तथा परिषदों में शराब जैसे दूषण

के बारे में समझाते, शराब-निषेध के प्रचार हेतु आस-पास के देशी रियासतों में भी जाते, जब सरकार ने राज्य की आय बढ़ाने हेतु देशी शराब की दुकान शुरू की तब उन्होंने एक लेख में लिखा था– "...सरकार की जिम्मेदारी है ग्रामीण लोगों हेतु गाँव-गाँव स्कूल शुरू करने की। किन्तु यह तो दूर; उलटा जो अज्ञानी लोग हैं, वे क्यों कर ज्यादा अज्ञानी बने रहें, उनका आलस और व्यसन क्यों कर बढ़े और वे निरन्तर काल्पनिक सुख के भ्रम में दबे रहे इसलिए गाँव-गाँव शराब की दुकानें जो खोल दी हैं। इस तरह सरकार अपनी प्राथमिक जिम्मेदारी तो नहीं निभाती। इतना ही नहीं वह इन भोले-भाले लोगों को नयी लत में डूबोकर अधम पाप कर रही है।" ठक्कर बापा की इस लड़ाई के चलते ही सरकार को शराब की दुकानें बन्द करने पर मजबूर होना पड़ा। ठक्कर बापा की केवल सरकार के साथ ही नहीं, शराब के निषेध के अपने दृढ़ विचारों के चलते न सिर्फ शराब के ठेकेदारों के साथ बल्कि शराबखाने के मालिक मंचेर सेठ और सरकारी अफसरों के साथ भी भिड़न्त हुई थी।

ठक्कर बापा और भील सेवा मंडल के साझा प्रयास स्वरूप भीलों का आर्थिक-सुधार काफी अच्छा हुआ। आदिवासी लोगों के पारिवारिक और सामाजिक जीवन में शराब एक अभिन्न अंग रहा है। मानववंशशास्त्रियों की रूढ़ हो गई इस मान्यता को ठक्कर बापा ने झूठ सिद्ध किया था। श्री मलकान के मुताबिक दाहोद-झालोद तालुका के पौने दो लाख लोग प्रति वर्ष औसतन 20 लाख रुपये बचा रहे थे। शिक्षा और आरोग्य की प्रवृत्तियों के साथ-साथ, जो महाजन भील लोगों से जुल्मी सूद बटोरते थे, जमींदारों व व्यापारी-वर्ग तथा वहोराओं से भी इन आदिवासियों को बचाना उनका ध्येय था। इसके उपाय स्वरूप ही सन् 1921-22 में भील सेवा मंडल की ओर से सहकारी मंडलियाँ स्थापित की गईं। इन सहकारी मंडलियों ने पंचमहल जिला के ग्राम्य-अर्थ के विकास में अहम् भूमिका अदा की है। इन मंडलियों की स्थापना हुई इससे पहले महाजन लोग इन भीलों तथा अन्य पिछड़े लोगों से 150 से लेकर 200 प्रतिशत सूद बटोरते थे। इन सहकारी मंडलियों का मुख्य कार्य था– भील पटेलिया कृषकों को गुजारा तथा बीज-खरीदी हेतु आर्थिक सहयोग करना। पंचमहल जिले में भील सेवा मंडल के जरिए अस्तित्व में आई सहकारी मंडलियों के कुछ आँकड़े निम्नांकित हैं–

वर्ष	*मंडलियों की संख्या*	*सदस्य संख्या*
1921-22	47	2320
1931-32	93	4488
1941-42	92	4189
1951-52	178	9300
1952-53	181	9620

(जयन्तिलाल मलकान, पंचमहाल के आदिवासी, पृ. 8)

इन मंडलियों की एक विशेषता यह थी कि जहाँ अन्य सहकारी मंडलियाँ तमाम व्यवहार नकद के रूप में करतीं, वहीं भील अपना कर्ज व्यवहार वस्तु के रूप में करते। इन वस्तुओं की कीमत तय की जाती। दूसरी विशेषता यह थी कि वहाँ ऐसी व्यवस्था की गई थी कि जब तक माल का उचित दाम न मिलता इन्हें बेचा नहीं जाता था। जब फसल तैयार हो जाती, किसान इसे 'सेल परचेज़ युनियन' में जमा करवा देता। बदले में उसे 60% रकम एडवान्स दी जाती और जब बाज़ार में उसका अच्छा दाम मिलता युनियन उसे बेच देती। अन्त में इस उपज की औसतन रकम भीलों को बाँटी जाती। इस तरह भीलों का महाजनों-सूदखोरों द्वारा हो रहा शोषण बन्द हो गया। दाहोद-झालोद प्रान्त में सहकारी मंडलियों की स्थापना-विकास में डाह्याभाई नायक ने अच्छा-खासा प्रयास किया था। इतना ही नहीं दाहोद-झालोद के आदिवासी किसानों को कृषि विषयक आर्थिक सहयोग प्राप्त हो, वे महाजनों द्वारा जुल्मी सूद व्यवस्था से बच जाएँ इसी हेतु झालोद-दाहोद के लिए 16, अप्रैल 1947 में श्री लक्ष्मीदास श्रीकान्त, डाह्याभाई नायक तथा बैकुंठराय मेहता के मार्गदर्शन में 'पूर्व पंचमहल बैंकिंग-युनियन' की भी स्थापना की गई। इतना ही नहीं भील सेवा मंडल ने सहकारी मंडलियों को इकठ्ठा कर उनके लिए 'खरीद-बिक्री संघ' की स्थापना का प्रस्ताव भी रखा। इसके मुताबिक सन् 1939 में गरबाड़ा, सन् 1940 में लीमड़ी, सन् 1941 में जेसावाड़ा और सन् 1946 में झालोद में कुल मिलाकर 100 मंडलियों द्वारा चार संघों की स्थापना की गई।

पंचमहल जिला का समस्त इलाका पहाड़ों व जंगलों से भरा था। भील सेवा मंडल की स्थापना हुई इससे पूर्व जंगल में ठेकेदारों द्वारा इन आदिवासियों का भयावह शोषण किया जाता था। दाहोद के व्यापारी इन आदिवासियों से नमक के बदले में गोंद जैसी चीजें हड़प लेते थे। भील सेवा मंडल का मूल उद्देश्य था आदिवासियों का इस प्रकार का शोषण रोककर उनका आर्थिक सुधार करना, परिणामस्वरूप 'जंगल सहकारी मंडली' की स्थापना की गई। सन् 1955 तक मुम्बई प्रान्त में इस तरह की करीबन 108 मंडलियाँ अस्तित्व में थीं। इनमें से 16 मंडलियाँ तो पंचमहल में थीं। इन मंडलियों का संचालन भील सेवा मंडल के आधिपत्य में था। दाहोद और झालोद तालुका में (1) खरोदा बोरवाणी जूथ सहकारी मंडली लि., (2) छायण ग्रुप सहकारी मंडली भील सेवा मंडल के अधीन स्थापित थी। इन मंडलियों द्वारा जंगल की पैदाइश वस्तुएँ सीधे भी बेची जातीं और बाज़ार में भी। ये सहकारी मंडलियाँ आज भी पंचमहल में कार्यरत हैं।

उपर्युक्त प्रवृत्तियों के साथ-साथ भील सेवा मंडल के सेवकों ने वैद्यकीय उपचार, खादी, अकाल-राहत कार्य, बेकारी से मुक्ति इत्यादि के साथ-साथ सबसे उमदा सेवा भीलों को अन्धश्रद्धा, कुरिवाज, बड़वा-भोपा के जाल से मुक्त कर समाज

की मुख्यधारा में आने को प्रेरित किया। दूसरे शब्दों में कहें तो, उन्हें संस्कृतीकरण का दिशा-निर्देश किया। भील सेवा मंडल की बदौलत शिक्षित-संस्कारित हुए भील बालक बाद में स्वातन्त्र्य संग्राम में जुड़ गए थे।

भील सेवा मंडल ने अपनी स्थापना भील सेवा और भीलों के उत्कर्ष के उद्देश्य से की। भील सेवा मंडल ने अपने घोषणा-पत्र में यह स्पष्ट कहा था कि, 'वह अपने-आपको राजकीय संग्राम से परे रखेगा' बावजूद इसके यह मंडल स्वातन्त्र्य संग्राम से खुद को अछूता नहीं रख पाया। इस सामाजिक संस्था के प्रणेता ठक्कर बापा हिन्दी समाज और काँग्रेस के अन्तरंग होने के नाते मंडल भी आजादी की लड़ाई से प्रभावित रहा। यद्यपि ठक्कर बापा ने प्रत्यक्षतः कोई लड़ाई में हिस्सा नहीं लिया था। मंडल के अन्य कार्यकर्ता जैसे कि लक्ष्मीदास श्रीकान्त, डाह्याभाई नायक इत्यादि भील सेवा मंडल से जुड़ने से पूर्व ही स्वातन्त्र्य संग्राम से जुड़े हुए थे। तदुपरान्त गाँधीजी के आदर्श, खादी, अहिंसा, सादगी इत्यादि भील सेवा मंडल के भी आदर्श बने हुए थे। इन सबके चलते सन् 1930 में सविनय कानून भंग की लड़ाई में भील सेवा मंडल के कार्यकर्ता सक्रिय रूप से जुड़ गए। स्वाधीनता आन्दोलन को लेकर ठक्कर बापा की यह मान्यता थी कि, "... भील सेवा को आजीवन अपना व्रत बनाने वालों को इस लड़ाई में नहीं जाना चाहिए। यह लड़ाई गलत नहीं है, इसमें सबको हिस्सा लेना चाहिए, यह सबका धर्म है, यह सही है फिर भी जो लोग एक विशिष्ट कार्य से समर्पित हैं; साथ ही एक विशिष्ट जिम्मेदारी उन्होंने सिर पर धारण की है, वे यह कार्य अधूरा या मझधार में छोड़कर नहीं जा सकते।" जबकि इसके प्रतिपक्ष में कार्यकर्ताओं का मानना था कि आज जब समूचा देश सुलग रहा है, साथ ही देशमुक्ति लिए अपना सर्वस्व समर्पित करने हेतु गाँधीजी ने आह्वान किया है तब केवल संस्था को पकड़कर कोई कैसे बैठा रह सकता है? कार्यकर्ताओं का सबसे जोरदार तर्क यह था कि, "... साबरमती आश्रम से बढ़कर तो कोई संस्था नहीं है न? वहाँ से गाँधीजी अपने अस्सी कार्यकर्ताओं को लेकर ब्रिटिश सल्तनत के खिलाफ रणभेरी बजा रहे हो, सिर पर कफन बाँधकर निकल गए हो, तो हम भला कौन हैं? यदि स्वराज्य आएगा तो संस्थाएँ अनेक हो सकेंगी। यदि हमारी गलती से जरा भी स्वराज्य पीछे गया तो ऐसी संस्थाएँ भी नहीं टिक पाएँगी।" इस तरह के तर्क और तत्कालीन माहौल के वशीभूत होकर लक्ष्मीदास श्रीकान्त, पांडुरंग वणीकर, सुखदेव त्रिवेदी, डाह्याभाई नायक, श्री मंगलदास आर्य तथा श्री चुनीलाल आदि को भील सेवा मंडल से तात्कालिक मुक्त कर स्वाधानीता-संग्राम से जुड़ने की अनुमति दी गई। इनके अलावा भील सेवा मंडल के अन्य 20 कार्यकर्ता, चार-शिक्षकों ने भी स्वाधीनता-संग्राम में सक्रिय हिस्सा लिया था। सन् 1940 में भी लक्ष्मीदास श्रीकान्त व्यक्तिगत रूप से सत्याग्रह से जुड़ गए थे, जहाँ उन्हें एक साल की कैद हुई थी। सन् 1942 के संग्राम में मंडल के मुख्य

कार्यकर्ताओं में लक्ष्मीदास श्रीकान्त, डाह्याभाई नायक, पांडुरंग वणीकर, सुखदेव त्रिवेदी, अम्बालाल व्यास इत्यादि को बिना कोई जाँच के अनिश्चित समय तक हिन्द संरक्षण धारा के तहत गिरफ्तार कर लिया गया था। तदुपरान्त मंडल के कई छात्र-छात्राओं ने भी लड़ाई में हिस्सा लेकर जेलवास भोगा था। कालोल के निकट मलाव जंगल सत्याग्रह (अक्टूबर 1930) में भी भील सेवा मंडल के अगुआ लक्ष्मीदास श्रीकान्त के साथ-साथ अन्य भील सेवकों का भी विशेष योगदान रहा था।

स्वाधीनता आन्दोलन में भील सेवा मंडल की महत्त्वपूर्ण हिस्सेदारी रही थी, यह बात जितनी सही है, उतना ही स्वाधीनता-संग्राम में भील सेवा मंडल के सेवकों द्वारा हिस्सा लेने के कारण मंडल की प्रवृत्तियों पर, विशेषतया शैक्षिक प्रवृत्तियों पर विघातक असर पड़ा था। यह भी एक तथ्य है। सेवकों के अभाव के चलते कुछ आश्रम व शालाएँ बन्द करने पड़ी थीं। भील सेवा और देश-सेवा जैसे दोहरे मोर्चे पर लड़ रहे भील सेवक तथा मंडल के स्थापक अमृतलाल याज्ञिक की वफादारी की गाँधीजी ने श्रीकान्त के साथ की बातचीत में काफी प्रशंसा की थी।

सन् 1922 में अकाल राहत कार्य के उपलक्ष्य में स्थापित भील सेवा मंडल की उपर्युक्त प्रवृत्तियों के अभ्यास के बाद यह तथ्य स्पष्ट हो गया है कि पंचमहल के भीलों के सामाजिक-आर्थिक विकास में भील सेवा मंडल का अमूल्य योगदान रहा है। केवल पंचमहल या गुजरात ही नहीं, आवश्यकता पड़ने पर मंडल के आजीवन सदस्यों ने महाराष्ट्र, मध्यप्रदेश, ओड़िसा और असम जैसे प्रान्तों में भी श्रमयज्ञ करके मंडल के 'सेवाभावना' आदर्श को व्यापक धरातल प्रदान किया। भील लोगों के साथ-साथ समाज के अन्य पिछड़े वर्ग के लोगों के लिए भी मंडल उतना ही चिन्तित था। वर्षों से अज्ञान, अन्धश्रद्धा में डूबे, सवर्ण और तथाकथित संस्कारी लोगों को देखकर दूर भागते, क्लिष्ट भाषा बोलने वाले भीलों के बीच विपरीत माहौल में भी भील सेवा मंडल द्वारा किए गए कार्यों का समय हर क्रान्तिकारी समय के रूप में उल्लेखित होना चाहिए।

भील सेवा मंडल की स्थापना और ठक्कर बापा के आगमन पूर्व समाज-सेवकों तथा नृवंशशास्त्रियों के बीच गिरिजनों को लेकर, उन्हें आधुनिक संस्कृति की छत्रछाया में लाया जाए या नहीं, इसे लेकर बहुत बड़ा मतभेद व्याप्त था। नृवंशशास्त्रियों (Anthropologist) का मानना था कि आदिवासी समुदायों को उनकी पृथक संस्कृति के रक्षणार्थ उन्हें पृथक रखा जाए। उन्हें आधुनिक संस्कृति के प्रभाव में लाने से उनकी जीवनशक्ति का ह्रास होगा तथा क्रमशः समूची प्रजा नष्टप्राय हो जाएगी। इन परम्परित तर्कों के विरुद्ध ठक्कर बापा तथा भील सेवा मंडल ने आदिवासियों की मूल संस्कृति को बनाए रखकर उनका सामाजिक-आर्थिक-नैतिक विकास करने का प्रयास किया। शिक्षा, सामाजिक कुरिवाजों का

खंडन, उद्योग-धन्धे की तालीम इत्यादि द्वारा उन्हें समाज की मुख्यधारा में समा लेने की कोशिश की। भील सेवा मंडल की प्रवृत्ति में श्री काका साहब कालेलकर द्वारा तीसरी अखिल हिन्द आदिवासी परिषद के अध्यक्षीय उद्‌बोधन का यूँ प्रतिघोष हुआ था कि, "जब जब हम भूमिजनों व गिरिजनों के सुधार हेतु कार्य कर रहे हों तब हमें अपनी विचारधारा को उन पर थोपने का प्रयास नहीं करना चाहिए। अपने पसन्दीदा और काल्पनिक साँचें में उनके जीवन को ढालने का प्रयास नहीं करना चाहिए। आदिवासी समूह ईश्वर का कलात्मक सर्जन है। हम उन लोगों के सामने आधुनिक मनुष्य की इच्छा के मुताबिक तमाम सुविधाएँ व आदर्श रख सकते हैं, उनमें से उन्हें जो पसन्द आएगा उनको वे स्वीकार करेंगे। उन्हें जो पसन्द नहीं हैं उन्हें अस्वीकार करने को वे स्वतन्त्र होने चाहिए।"

भील सेवा मंडल की स्थापना के बाद आदिवासी भील लोगों में आए परिवर्तनों का संशोधन करने हेतु मंडल की वार्षिक रिपोर्ट, कार्यकर्ताओं की बातें, इनके अलावा भील सेवा मंडल की प्रवृत्तियों से लाभान्वित होकर सुसंस्कृत बने भील लोगों का मंडल के प्रति क्या अभिप्राय है, वह भी इस प्रकार के अभ्यास में उतना ही प्रस्तुत है कि subltern studies लेखन-पद्धति की बुनियाद है। इस सन्दर्भ में भीलों द्वारा भिन्न-भिन्न समय पर रचे गए गीतों का उल्लेख करना उचित होगा।

प्रथम गीत में जब भील सेवा मंडल की स्थापना हुई उससे पूर्व भील लोगों के असंस्कृत जीवन का निरूपण हुआ है–

"छूरी लेकर कामठी लेकर जंगल में हम घूमते रे,
मानुस मारकर ढोर मारकर जंगल के हम राजा हैं रे,
चोरी करके, लोगों को लूट कर दाने-पैढे लाएँगे रे,
ढोर-बकरियाँ मार-मार कर, उसका मांस खाएँगे रे,
महुए की शराब पीकर, जोर-शोर से नाचेंगे रे,
मन माफिक घूम फिर कर, खा-पीकर मजा करेंगे रे।"

उपर्युक्त गीत की तुलना भील सेवा मंडल की प्रवृत्ति से सुसंस्कृत बने कार्यकर्ता निम्नलिखित गीत में भील जागृति और जीवन-परिवर्तन को यूँ स्वरबद्ध करते हैं–

"सुनो बन्धु, सुनो बहनों, सच्ची-सच्ची बात रे,
रामजी की भगति मुझे सच्ची-सच्ची लागी रे,
गाँधी बाबा रह-रह कर बोले, सुनो बन्धु बात रामजी की,
शराब छोड़िए, मांस छोड़िए, ताड़ी छोड़िए रे-रामजी की,
चरखा-बुनो, तकली बुनो, घर-घर बुनो रे-रामजी की,
ठक्करबापा रह-रहकर बोले, सुनो बन्धु बात-रामजी की,

लड़के-लड़कियों को पढ़ाओ रे, खुद पढ़ो सयानो रे-रामजी की,
बाबा राम के मन्दिर में आइये, छोड़िये मैले देवों को रे-रामजी की,
शशिकान्त, (लक्ष्मीदास श्रीकान्त) बाबा रहकर बोले,
सुनो बन्धु बात रे-रामजी की,
कर्ज़ के बोझ से दबो मत, सच्चाई ठान कर रख लो रे-रामजी की,
सुखदेव चाचा रहकर बोले, सुनो बन्धु बात रे-रामजी की,
महेनत-मजदूरी करो बन्धु, करो सच्चाई की खेती रे-रामजी की,
वणीकर दादा रहकर बोले, सुनो बन्धु बात रे-रामजी की,
वीर बनो, सशक्त बनो, छोड़ो वीर-धनुष रे-रामजी की,
बड़े भगत (अम्बालाल व्यास) रहकर बोले, सुनो बन्धु बात रे, रामजी की,
सही-सच्ची भगति करो, बोलो सही-सही रे- रामजी की,
डाह्या गुरुजी (डाह्याभाई नायक) रहकर बोले, सुनो बन्धु बात रे-रामजी की,
घर-बाहर सब एकता रखें, चलिए सही नीति पर रे-रामजी की,
मगन भाई रहकर बोले, सुनो बन्धु भगत रे-रामजी की,
गुँदरा-जातर छोड़ दो, ग्रहण करो बाबा राम रे-रामजी की,
रूपा भाई रहकर बोले, सुनो बन्धु बात रे, रामजी की,
बड़वा सब छोड़ो बन्धु, सगे भी छलते रहते रे-रामजी की,
पैर छूकर करूँ बिनती बन्धु, धरती सदा साथ रे-रामजी की
सुनो बन्धु, सुनो बहनों, लालचन्द भाई की बात रे-रामजी की।

इस तरह भीलों में व्याप्त बुरी आदतें व खामियों का वर्णन करने तथा ठक्कर बापा तथा अन्य भील सेवकों की कार्य-पद्धति व उन्हें दी गई उपमाएँ तथा ठक्कर बापा प्रेरित यह संस्था भील लोगों को किस स्थिति में से किस आदर्श स्थिति की ओर ले जाना चाहती थी, सब उपर्युक्त गीत में सादगीपूर्ण भाषा में, फिर भी लाक्षणिक ढंग से निरूपित है। प्रस्तुत भीली गीत में ही भील सेवा मंडल प्रेरित प्रवृत्तियों का भीलों पर प्रभाव और उसका महत्त्व प्रतिबिम्बित होता है।

भील सेवा मंडल द्वारा आदिवासी भील उत्कर्ष हेतु हो रही प्रवृत्तियों के अध्ययन करने पर मंडल प्रेरित प्रवृत्तियों के कुछ विरोधाभासी पहलू भी नज़र आते हैं। इन सब में यह बात प्रतिबिम्बित होती है कि भील लोगों का सेवाकार्य भील सेवा मंडल और भील सेवकों द्वारा ही हो सकता है। उदाहरण के तौर पर इन्दुलाल याज्ञिक ने अपनी आत्मकथा में सन् 1936 में मीराखेड़ी में आयोजित 'भील किसान परिषद' के बारे में लिखा है कि, "...मैंने मीराखेड़ी गाँव में 26, जनवरी आजादी के शुभ दिन पर भील-परिषद में अध्यक्षता स्वीकार करना तय किया, उस परिषद् का प्रचार अत्यन्त कठिन बनता गया। उसमें मेरी उपस्थिति की बात को लेकर भील सेवा मंडल के

कुछ मेरे पुराने मित्र नाराज हो गए। सुखदेव भाई उन सबकी ओर से मातर तालुका स्थित खाँधली गाँव में मेरी एक सभा में मुझे मिलने आए। साथ ही मुझे बताने लगे कि मैं भील किसान परिषद् से नाता तोड़ दूँ।"

मीराखेड़ी किसान परिषद् ने यह बात सिद्ध कर दी कि भील सेवा मंडल द्वारा ही भीलों का संगठन बन सकता है। इस सन्दर्भ में इन्दुलाल याज्ञिक ने लिखा है कि, "... इतने सालों में मैंने भीलों की ऐसी सभा नहीं देखी।" इसी घटनाक्रम में कमला शंकर पंड्या ने अपनी आत्मकथा 'वीराना जीवन' में जो टीका की है देखने योग्य है, "... काँग्रेस कार्यकर्ता वर्ग मेल के सिद्धान्त पर भील सेवा मंडल द्वारा भीलों का कार्य करते, संसार-सुधार की बातें भी करते, परन्तु भील-समुदाय को गौरव व इज्जत प्रदान नहीं कर पाते थे। भील सेवा मंडल ने मीराखेड़ी में जहाँ प्रथम आश्रम की बुनियाद रखी थी वहीं पर हमने दाहोद-झालोद किसान परिषद आयोजित करने की ठान ली। यह कार्य अत्यन्त दुष्कर था। सरकार और काँग्रेस के कार्यकर्ता इसके सख्त विरोधी थे। भील लोग वहाँ उपस्थित न रह सके इसलिए ऐसी अफवाह फैलाई कि वहाँ मानगढ़ जैसी गोलीबारी होगी, साथ ही परिषद् विफल हो ऐसी कार्यवाही भील सेवा मंडल ने शुरू कर दी। यद्यपि डाह्याभाई नायक ने मंडल के कुछ कार्यकर्ताओं के खिलाफ जाकर भी इस परिषद् हेतु काफी कुछ किया था।" श्री कमला शंकर पंड्या का इस सन्दर्भ में मानना है कि हिन्दुस्तान की राजनीति पर बढ़ रहे समाजवाद का भील सेवकों पर प्रभाव रहा है। किन्तु डाह्याभाई नायक श्री कमला शंकर पंडया निर्देशित समय के दौरान भील सेवा मंडल की प्रवृत्तियों से विलग रहे थे। ठक्कर बापा की गैर-मौजूदगी में अन्य भील सेवकों के साथ जो मनमुटाव हुआ इसके चलते डाह्याभाई नायक तथा चुनीभाई परीख मंडल से विलग हो गए थे। इस हकीकत को मद्देनज़र रखते हुए भील सेवा मंडल की प्रवृत्तियाँ और पंचमहल स्थित स्वाधीनता-प्रवृत्ति के इतिहास लेखन के सन्दर्भ में कमला शंकर पंडया की आत्मकथा को कितना महत्त्व दिया जा सकता है, यह सीधी-सरल समझ में आ जाए ऐसी बात है।

भील सेवा मंडल की प्रवृत्तियों से जुड़े उपर्युक्त ब्यौरे से यह खयाल आता है कि भील लोगों का सामाजिक-आर्थिक विकास साधकर उन्हें सुसंस्कृत बनाने और समाज की मुख्यधारा में लाने का उनका योगदान महत्त्वपूर्ण था। इसाई मिशनरियों द्वारा करवाए जा रहे धर्मान्तरण की जगह सामाजिक समानता को आदर्श बनाया गया, गोविन्द गुरु के भगत-अभियान से जुड़ी चमत्कारिक बातें तथा 'भीलराज' स्थापना की जगह भील लोगों के जीवन में आमूल परिवर्तन लाकर आदिवासी भीलों को सुसंस्कृतीकरण की दिशा का निर्देश किया, जिसमें भील उत्कर्ष के क्षेत्र में भील सेवा मंडल की प्रवृत्तियाँ विशिष्ट थीं।

सन्दर्भ

1. शाह कान्तिलाल-ठक्कर बापा, ठक्कर बापा स्मारक समिति, नयी दिल्ली।
2. याज्ञिक इन्दुलाल-आत्मकथा-2, गुर्जर ग्रन्थरत्न, अहमदाबाद।
3. भील सेवा मंडल, दाहोद सुवर्ण जयन्ती अंक, भील सेवा मंडल, दाहोद।
4. वणीकर पांडुरंग-पंचमहल के भील, गुजरात वर्नाक्युलर सोसायटी, अहमदाबाद-1944।
5. डाह्याभाई नायक स्मृति ग्रन्थ, गोधरा-1986।
6. श्रीकान्त लक्ष्मीदास-मेरा गुजरात का घडतर-1980।
7. मलकाण जयन्तीलाल-पंचमहल के आदिवासी, गुजरात विद्यापीठ-1955।
8. श्रीचन्द जैन, वनवासी भील और उनकी संस्कृति (हिन्दी)-रोशनलाल जैन एण्ड सन्स, जयपुर-1903।
9. वशिष्ट वी. के- भगत मूवमेंट, श्रुति पब्लिकेशन, उदयपुर-1997।
10. पंडया कमला शंकर-वीराना जीवन (आत्मकथा) कमला शंकर सम्मान समिति, वड़ोदरा-1947।
11. पारेख हीरालाल त्रि.-अर्वाचीन गुजरात का रेखा दर्शन भाग-3, गुजरात विद्यासभा, अहमदाबाद।

● सोमजीभाई डामोर का जीवन वृत्तान्त एवं संस्मरण

श्री सोमजीभाई डामोर की जीवनधारा

डॉ. कामिनी दशोरा

'दादा' के उपनाम से विख्यात 'अखिल भारतीय आदिवासी विकास परिषद' के अध्यक्ष, पंचमहल क्षेत्र में सबसे अधिक बार सफल नेतृत्व की अगुआई करने वाले और हमारे आदिवासी आर्ट्स कॉलेज, परिवार के ट्रस्टी मंडल में सबसे वरिष्ठ एवं आत्मीय श्री सोमजीभाई डामोर के साथ प्रत्यक्ष मुलाकात के दौरान उनके द्वारा सूचित जीवन-प्रसंग, उतार-चढ़ाव, सफलता-असफलता, प्रयत्न-परिणाम की गाथा और जीवन-यात्रा को संक्षिप्त रूप में प्रस्तुत करते हुए मैं कामिनी दशोरा, सहायक अध्यापक, समाजशास्त्र विभाग, आदिवासी आर्ट्स कॉमर्स कॉलेज, सन्तरामपुर अत्यधिक आनन्दित हूँ।

ऐसा कहने में जरा भी अतिशयोक्ति नहीं होगी कि आदरणीय सोमजीभाई डामोर का जीवन अत्यन्त जुझारू व प्रेरणादायी तथा जन-जन को एक शुभ सन्देश देने में समर्थ है। क्योंकि उनके जन्म से लेकर राजनीति के क्षेत्र में सफलता की सीढ़ियाँ चढ़ने तक की यात्रा में अनेक ऐसी घटनाएँ हैं जो सामान्य व्यक्ति को सोचने के लिए विवश कर देती हैं। इतने ऊँचे राजनीतिक पद पर पहुँचने के बाद भी उनकी सरलता, सहजता और उनका स्थितप्रज्ञ व्यक्तित्व सबके लिए प्रेरणादायी स्रोत-समान है। सदैव हँसता हुआ चेहरा, सादगी और आत्मीयता, उनके व्यक्तित्व को बाहर-भीतर से एक रूप बनाए रखती है।

उम्दा और विरल व्यक्तित्व के धनी, उत्साही, कर्मठ, कर्मनिष्ठ, वरिष्ठ और आत्मीय ऐसे श्री सोमजीभाई डामोर से साक्षात्कार निश्चित तौर पर एक यादगार प्रसंग कहा जा सकता है। मैंने इस यादगार मुलाकात को, मुलाकात के दौरान उठे सवाल और प्रत्युत्तरों को बहुत संक्षेप में प्रस्तुत करने का विनम्र प्रयास किया है; साथ ही यह आशा करती हूँ कि आप सभी मेरे इस प्रयास से 'दादा' (श्री सोमजीभाई डामोर) के जीवन के बारे में अनेक बातों और प्रेरक प्रसंगों से अवगत हो सकेंगे।

सामाजिक पृष्ठभूमि

श्री सोमजीभाई डामोर का जन्म दाहोद जिला अन्तर्गत झालोद तहसील

(तालुका) स्थित दाँतिया नामक गाँव में 20 जून, 1938 को एक गरीब आदिवासी परिवार में हुआ था। उनकी माता का नाम हिराबा तथा पिता का नाम पूंजाभाई था। सोमजीभाई अपने पिता की पहली सन्तान थे। सोमजीभाई के बाद उनकी तीन बहनें- (बचुबहन, भटुडीबहन, गीताबहन) और चार भाइयों- (रमणभाई, कनुभाई, बहादुरभाई, पोपटभाई) का जन्म हुआ। इस प्रकार वे कुल मिलाकर आठ भाई-बहन थे। उनके माता-पिता पहले झालोद के मलवासी गाँव में रहते थे।

सोमजीभाई डामोर का बचपन मलवासी गाँव में बीता। जिस मलवासी गाँव में उनका बचपन बीता और वे बड़े हुए, उस गाँव के नामकरण के बारे में उन्होंने बताया कि एक 'मला' नाम की स्त्री, मुंडाणा से आकर सबसे पहले वहाँ बस गई और बाद में उसने खुद सारा गाँव बसाया। इसी कारण उस गाँव का नाम 'मलवासी' पड़ गया।

सोमजीभाई की माँ घर काम के साथ-साथ खेतीबाड़ी भी सँभालती थीं। गाँव में उनके पिता की पहचान 'पुलिस पटेल' के रूप में थी। गाँव में उनका बड़ा मान-सम्मान था। ऐसा जरूर कहा जा सकता है कि पिता के व्यक्तित्व की परछाई सोमजीभाई में दृश्यमान है। अपने बचपन का एक वाक्या याद करते हुए वे कहते हैं कि उनके मामा, जो एक भगत थे, उन्होंने सोमजीभाई के माता-पिता को अनुरोध किया था कि 'इस बच्चे को अवश्य पढ़ाना। यह बड़ा होकर तुम्हारा नाम रोशन करेगा।' सोमजीभाई की जीवनगाथा को देखने पर भगत मामा का उक्त कथन शत-प्रतिशत सच मालूम होता है।

विरल व्यक्तित्व, परिश्रमी, महत्त्वाकांक्षी, निडर, समाज के लिए कुछ कर गुज़रने की भावना जैसे गुण उनमें बचपन से ही विकसित हुए थे। मलवासी गाँव से पाठशाला दूर होने के कारण सोमजीभाई को मामा के घर 'दाँतिया' पढ़ाई के लिए रखा गया। वे कहते हैं कि "उनके पिता जी को उन्हें पढ़ाने का शौक नहीं था, लेकिन उस वक्त जो चौथी कक्षा तक पढ़ा हुआ हो, उसको पटलाई (गाँव का संचालन/वहीवट) करने के बदले में (एवज में) 5 से 10 एकड़ जमीन मिलती। इस तरह जमीन पाने के हेतु से उनको पढ़ने का मौका मिला। पढ़ने में होशियार और नियमित होने के कारण उनकी शिक्षा क्रमशः आगे बढ़ती रही और वे आगे की शिक्षा-प्राप्ति हेतु दूसरे शहर में गए। तीसरी कक्षा तक मामा के घर 'दाँतिया' पढ़े, बाद में कक्षा 4 से 7 की शिक्षा 'मीराखेड़ी आश्रम' में ली। उसके बाद कक्षा 11 (मैट्रिक) तक की शिक्षा बी.एम. हाईस्कूल, दाहोद में प्राप्त की। 1958 तक मैट्रिक की शिक्षा के बाद परिवार की आर्थिक स्थिति अच्छी न होने के कारण पढ़ाई आधी छोड़कर 'भील सेवा मंडल' में 1 साल तक गृहपति के रूप में तथा 1 साल तक कारकून (क्लर्क) के रूप में नौकरी की। पढ़ाई करने की छोटी उम्र में खुद के परिवार की जिम्मेवारी सँभालकर, नौकरी करते हुए अपने पैरों पर खड़ा होना और आगे बढ़ना

उनका जीवनमन्त्र बन गया। उनकी यह दृढ़ मान्यता थी कि 'जब शिक्षित होंगे तभी हम अपना विकास कर पाएँगे।' इसी कारण उन्होंने नौकरी करके अपने परिवार की आर्थिक मदद करते हुए अपनी अधूरी पढ़ाई पूर्ण करने का निर्णय लिया।

सन् 1959 में कुसुमबहन डामोर के साथ उनकी शादी हुई। कहा जाता है कि एक सफल पुरुष के पीछे एक स्त्री का हाथ होता है; ऐसी ही कुछ बात सोमजीभाई के जीवन में भी देखी जा सकती है। कुसुमबहन सोमजीभाई के जीवन में अपना अहम स्थान रखती हैं। सोमजीभाई के सारे जीवन और कार्यों, निर्णयों में जीवनसंगिनी के रूप में हमेशा साथ देकर कुसुमबहन उनको सतत सहयोग, हिम्मत तथा उत्साह प्रदान करती हुई उन्हें सभी पारिवारिक जिम्मेदारियाँ से मुक्त रखकर अपने सपने सार्थक करने तथा समाज में योगदान देने के लिए पूर्ण साथ देते हुए दिखाई पड़ती हैं। सोमजीभाई इस बात को बेझिझक स्वीकार करते हैं कि उनके जीवन की तमाम सफलताएँ तथा अविरत कार्य करने की प्रेरणा उनकी जीवनसंगिनी कुसुमबहन हैं।

विवाह पश्चात् अपने परिवार की आर्थिक और सामाजिक स्थिति सानुकूल न होने के बाद भी उन्होंने एच. के. कॉलेज ऑफ कॉमर्स, अहमदाबाद से बी.कॉम तथा एम.कॉम किया। हालाँकि एम.कॉम में चार अंक कम होने के कारण वे एम.कॉम का अभ्यास पूर्ण न कर सके। कभी हार न मानने और निरन्तर कुछ सीखते रहने वाले अपने स्वभाव के कारण उन्होंने एल.एल.बी. का अभ्यास लॉ कॉलेज तथा सीटी लॉ कॉलेज से पूर्ण किया। इस दौरान ही वे अपने प्रेरणामूर्ति और गुरुवर्य पीरजादा साहब के परिचय में आए। एल.एल.बी. तक का अभ्यास अहमदाबाद में पूर्ण करने के बाद वे अपने क्षेत्र में वापस आए और राजनीति में प्रवेश करने का मन बना लिया।

सोमजीभाई डामोर का वंश वृक्ष

माता-पिता (हिराबा और पूंजाभाई)

भाई ↓ बहनें

रमणभाई
कनुभाई
बहादुरभाई
पोपटभाई

बचुबहन
भट्टुडीबहन
गीताबहन

सोमजीभाई डामोर
पत्नी-कुसुम बहन

पुत्र ↓ पुत्रियाँ

किलराजभाई (स्वर्गीय)
वनराजभाई

कमलाबहन
तारकेश्वरीबहन
इन्दिराबहन
शबरीबहन

राजनीति में प्रवेश

जब सोमजीभाई डामोर 'भील सेवा मंडल' में नौकरी करते थे, तब वहाँ आए दिन कई विधायक-सांसदों का आना-जाना रहता था। इसके कारण वे डाह्याभाई, श्रीकान्त सेठ, मोरारजीभाई देसाई, लालचन्दभाई, हीराभाई आदि के सम्पर्क में आए। उस जमाने के विधायक-सांसद राजनेताओं का आम लोगों के प्रति जो दुर्व्यवहार था यह उनको अच्छा नहीं लगता था। लोग एम.एल.ए. को देवता समान मानते थे; जबकि विधायक-सांसद, राजनेता लोगों का खूब शोषण करते थे। इस प्रकार के उनके व्यवहार से सोमजीभाई को काफी दुःख पहुँचता था। उसी वक्त उन्होंने ठान लिया था कि अगर ऐसे लोग राजनीति में आकर लोगों की भावनाओं से खेलते हैं, इससे तो अच्छा यह है कि "मैं ही अपने समाज के लोगों की माँगों (इच्छाओं) को समझकर उनके विकास के लिए क्यों न कार्य करूँ।

सन् 1968 में पहली बार उन्होंने टिकट माँगा, तब उस समय का माहौल ऐसा था कि युवा और शिक्षित लोगों को टिकट नहीं दिया जाता था। अनुभव का अभाव, सेवा-कार्य की कमी आदि बहाने बनाकर इनको टिकट नहीं दिया गया।

सोमजीभाई डामोर ने जब राजनीति में प्रवेश करने का मन-ही-मन निश्चय किया, तब उस वक्त काँग्रेस के दो भाग थे संस्था काँग्रेस और शासक काँग्रेस। संस्था काँग्रेस में मोरारजीभाई देसाई और दूसरे स्वतन्त्र सेनानी संचालन करते, जबकि शासक (नयी) काँग्रेस का इन्दिरा गाँधी और दूसरे नेता संचालन करते थे। सन् 1969-70 में नयी काँग्रेस के चुनाव का माहौल था। सन् 1971 में इन्दिरा गाँधी ने मध्यावधि चुनाव में युवा और शिक्षितों को आगे आने और इनके पक्ष से जुड़ने का अपना विचार प्रस्तुत किया। सोमजीभाई ने इसी बात को ध्यान में रखकर चुनाव में टिकट लेने के लिए प्रयत्न करना आरम्भ किया।

सोमजीभाई बताते हैं कि उनको टिकट मिलने के पूर्व पंचमहल क्षेत्र से वीरजीभाई विधानसभा का प्रतिनिधित्व करते थे; जो सिर्फ छठी या सातवीं कक्षा तक ही पढ़े हुए थे, उनकी तुलना में सोमजीभाई की शिक्षा और युवावस्था के कारण उनका चयन करके टिकट देना तय हुआ। लगे हाथों सोमजीभाई ने बड़ौदा आई इन्दिरा गाँधी से मुलाकात भी कर ली थी।

कुछ दिनों बाद रात को 12 बजे सोमजीभाई को टिकट लेने तथा फॉर्म भरने के लिए फोन पर अनुमति मिल गई। उस वक्त खुद के प्रतिस्पर्धी वीरजीभाई से मिलकर, उनको समझाने के बाद वे टिकट लेने गए। यह घटना उनकी सरल और सहृदयी प्रकृति की झाँकी कराती है। सन् 1971 में उनको लोकसभा का टिकट मिला, लेकिन उस समय पूर्व तैयारी और जनसम्पर्क के अभाव के कारण सोमजीभाई डामोर चुनाव हार गए। लेकिन बाद में सन् 1972-74 में विधायक बने फिर निरन्तर सात

बार सांसद भी बने। सन् 1999 तक वे सांसद बने रहे।

अपने राजकीय कार्यकाल के दौरान जब इन्दिरा गाँधी तथा राजीव गाँधी गुजरात की मुलाकात लेते, तब इस क्षेत्र की समस्याएँ, अधिकारियों द्वारा किए जाने वाले भ्रष्टाचार, जनता के प्रश्न, जनता के कार्य आदि की सुस्पष्ट प्रस्तुति करते हुए इन समस्याओं के समाधान के लिए वे अथक प्रयास करते। उन्होंने अपने कार्यकाल के दौरान 6 से 7 प्रधानमन्त्री के साथ काम किया था।

राजनीति में प्रवेश करने से पूर्व, जिन बातों का वे निरन्तर विरोध करते तथा जो बात उनको निरन्तर दुःख पहुँचाती थी, वह थी लोगों में नेताओं का भय। इस डर को दूर करने तथा जनता के प्रश्नों व समस्याओं के निराकरण हेतु चुनाव जीतने के बाद वे निरन्तर अपने मत-क्षेत्र में घूमते।

अपने मत-क्षेत्र में प्रचार-प्रसार के समय सोमजीभाई डामोर घर से ही सुबह में चाय-नाश्ता करके निकलते फिर शाम को घर आकर ही भोजन करते। किसी के भी वहाँ चाय न पीने का उन्होंने नियम बनाया था। इसके पीछे एकमात्र यही कारण था कि 'मेरे पद के कारण, मैं किसी व्यक्ति को जाने-अनजाने में परेशान न करूँ।' 'जनता मुझे डर से नहीं, बल्कि उनमें से ही मैं एक हूँ, उसी रूप में मेरा स्वीकार कर अपनी बात कहे', इसी भावना के साथ वे जनता के सम्पर्क में रहते और उनकी बात सुनते। उनके मतक्षेत्र के लोग किसी के शोषण का शिकार न बनें, शिक्षित हों, निडर तथा स्वावलम्बी हों, ऐसे मूलभूत आशय से सोमजीभाई ने जनता की सेवा की। जब उनके पास कोई भी व्यक्ति कुछ भी काम लेकर आता, तब वे उसका काम खुद करके उसको पराधीन न बनाते। लेकिन वह अपना कार्य खुद कैसे करे, उसकी जानकारी देते, हिम्मत बँधाते और कार्य पूरा करने के लिए उसे सक्षम बनाते। इनके इसी गुण के कारण अनेक लोग जागरूक होकर बिना किसी संकोच या डर के अधिकारियों के समक्ष अपनी बात रखते और अपने अधिकार की माँग करते। इससे वे शोषण का शिकार भी न बने। इसका सारा श्रेय श्री सोमजीभाई के सफल नेतृत्व और दीर्घदृष्टि को जाता है।

अपने कार्यकाल के दौरान सोमजीभाई डामोर जब अपने मत-क्षेत्र की मुलाकात लेने जाते, तब उनको निरन्तर एक चिन्ता रहती कि इन लोगों को मेरी बात समझ में आती है कि नहीं? कई बार ऐसा भी होता कि दूसरी मुलाकात के समय उनमें किसी प्रकार का कोई परिवर्तन दिखाई न पड़ने पर वे सोचते कि ऐसा क्यों होता है? ऐसा होने के पीछे मूल कारण था उनकी अशिक्षा। उनको लगा कि यदि इनको जागृत कर इनका विकास करना है तो सर्वप्रथम इनको शिक्षित बनाना होगा और अगर वे शिक्षित हुए तो सही-गलत समझ पाएँगे, नये विचारों को अपनाएँगे, तब उनके लिए सफलता के नये द्वार खुलेंगे। इस बात को ध्यान में रखकर उन्होंने अपने

क्षेत्र में शैक्षिक संस्थाओं की स्थापना का शुभारम्भ किया। लोगों को शिक्षा-प्राप्ति के लिए अग्रसर करके इस क्षेत्र में शिक्षा का प्रमाण बढ़ाने का सराहनीय प्रयत्न किया। सामाजिक बदलाव के लिए यह एक उल्लेखनीय प्रदान कहा जा सकता है।

शिक्षा-क्षेत्र में अनन्य प्रदान

राजकीय क्षेत्र में सफल नेतृत्व करने के साथ-साथ जनता में जागृति तथा शिक्षा का स्तर ऊपर उठाने के लिए सोमजीभाई डामोर का प्रदान अद्वितीय कहा जा सकता है, क्योंकि जिस समय आदिवासी क्षेत्र में शैक्षिक संस्थाओं की संख्या काफी कम थी तथा जो संस्थाएँ थीं, वे बहुत दूर-दराज होने तथा आवागमन के साधनों की कमी के कारण बच्चे शिक्षा से वंचित रहते थे। यह आदिवासी क्षेत्र के शिक्षा से दूर रहने का मुख्य कारण भी माना जा सकता है। इस प्रकार आदिवासी क्षेत्र की मूल समस्या अशिक्षा को दूर करने के लिए, सोमजीभाई डामोर ने सन् 1975 में 'नेलसूर' में बालवाड़ी का शुभारम्भ किया। इसके बाद छः हाईस्कूल, बाद में फिर धीरे-धीरे 26 हाईस्कूल तथा कई आश्रमशालाओं की स्थापना की।

पाठशाला दूर-दूर होने के कारण अपने क्षेत्र के बच्चों को शिक्षा से वंचित न रहना पड़े, इस बात को ध्यान में रखकर सोमजीभाई डामोर ने शैक्षिक संस्थाओं का शुभारम्भ किया। पाठशालाओं की स्थापना के बाद ऐसी आश्रमशालाओं की भी स्थापनाएँ की, जहाँ बच्चों के रहने और खाने की सुविधाएँ थीं, जिससे वे बिना किसी चिन्ता के अपना अध्ययन पूरा कर सकें। ऐसा कार्य करके सोमजीभाई ने अनेक बच्चों के उज्ज्वल भविष्य के लिए रास्ता बनाने का भगीरथ कार्य किया है। केवल पाठशालाएँ तथा आश्रमशालाएँ ही नहीं, अपने क्षेत्र के बच्चे केवल शिक्षित नहीं, बल्कि साथ-साथ उच्च शिक्षा प्राप्त कर सकें, उसके लिए उन्होंने एक सर्वे किया; और उस समय की सबसे बड़ी तहसील माने जाने वाले सन्तरामपुर में सन् 1980 में कॉलेज की स्थापना करने का निश्चय किया। साथ ही यह एक गौरवशाली घटना थी कि उस जमाने की गुजरात युनिवर्सिटी संलग्न तमाम कॉलेजों में आदिवासी आर्ट्स एण्ड कॉमर्स कॉलेज, सन्तरामपुर न केवल सर्वाधिक विषयों के अध्यापन, बल्कि छात्र संख्या की दृष्टि से भी पहले नम्बर पर था। जिसमें इस क्षेत्र के लाखों छात्रों ने शिक्षा प्राप्त कर अपना जीवन सँवारा और आज वे उच्च पदों पर अपनी उत्कृष्ट भूमिका अदा कर रहे हैं। सन्तरामपुर कॉलेज की स्थापना के बाद भीलोडा में दूसरा कॉलेज शुरू किया गया। इस सन्दर्भ में सोमजीभाई कहते हैं– "मनुभाई त्रिवेदी का बहुत सहयोग प्राप्त हुआ। इस कॉलेज की मान्यता प्राप्त करने में कई अवरोध आए, बावजूद इसके सारी रुकावटें पार कर कॉलेज की स्थापना हो गई।"

सन्तरामपुर और भीलोडा उच्च शैक्षिक संस्थाओं की स्थापना तथा संचालन में

सोमजीभाई के गुरुवर्य पीरजादा साहब की भूमिका अनन्य रही है। उन्होंने कॉलेज की मान्यता से लेकर अध्यापकों के चयन, विषय चयन, पुस्तकों की पसन्दगी तथा इनके अलावा कई छोटी-छोटी बातें, जो कॉलेज के व्यवस्थित संचालन के लिए आवश्यक थीं, जिसमें उचित मार्गदर्शन दिया और इस क्षेत्र में उत्कृष्ट संस्थाओं के निर्माण में सोमजीभाई को समय-समय पर आवश्यक सहयोग दिया।

सन्तरामपुर कॉलेज के प्रथम आचार्य श्री कनुभाई सुणावकर के बारे में सोमजीभाई कहते हैं "वे जब अपनी बेटी को लेकर यहाँ नौकरी करने के लिए आए और अपनी बेटी को इसी कॉलेज में प्रवेश दिलवाया तभी मुझे विश्वास हो गया कि यहाँ शिक्षा प्राप्त करने वाला हर छात्र उच्च ज्ञान प्राप्त कर अपना विकास अवश्य करेगा।" इस प्रकार बालवाड़ी से लेकर उच्च शिक्षा तक का ज्ञान अपने क्षेत्र के बच्चों को सहज सुलभ हो तथा शिक्षा के अभाव में उनका विकास न रुके, इस सपने को साकार करने के लिए कई विद्वानों के सहयोग से उच्च संस्थाओं की स्थापना करने का श्रेय श्री सोमजीभाई डामोर को जाता है।

आदिवासी विकास परिषद की स्थापना

1969 में अखिल भारतीय आदिवासी विकास परिषद् का अधिवेशन दाहोद में हुआ था। उस वक्त कार्तिक उराँव सांसद थे, तब उनको किसी ने बताया कि इस क्षेत्र में 'भील सेवा मंडल' तथा युवक मंडल कार्यरत हैं। ये मंडल युवा और आदिवासी समाज के उत्थान के लिए प्रयासरत हैं। उस वक्त सोमजीभाई कार्तिक उराँव से मिले और उन्होंने आदिवासी विकास परिषद (संस्था) के बारे में विस्तृत चर्चा की तथा उनसे इस संस्था से जुड़ने के लिए आग्रह किया। इस प्रकार 1971 में कार्तिक उराँव के सहयोग से आदिवासी विकास परिषद का, गुजरात की शाखा के रूप में शुभारम्भ हुआ। कुछ समय बाद मान्यता तथा रजिस्ट्रेशन से सम्बन्धित प्रश्न खड़े होने पर 1975 में बड़ौदा से रजिस्ट्रेशन करवाकर खुद की स्वतन्त्र संस्था के रूप में उसकी स्थापना की। इस संस्था के प्रमुख के रूप में श्री सोमजीभाई डामोर सेवा दे रहे हैं और इनके अध्यक्षपद के तहत कई शैक्षिक संस्थाएँ कार्यरत हैं।

समाज-सुधार क्षेत्र में प्रदान

राजकीय क्षेत्र में सक्रिय और सफल नेतृत्व करने के साथ-साथ सोमजीभाई डामोर का शैक्षिक एवं सामाजिक विकास के क्षेत्र में सदैव प्रशंसनीय योगदान रहा है। उनको हर वक्त यह लगता कि अशिक्षा को दूर करने के साथ-साथ युवाओं में जागृति लाने तथा समाज की कुरीतियों, रूढ़ियों आदि को दूर करना अत्यन्त आवश्यक है। सामाजिक कुरीतियों को दूर करने की उन्होंने खुद पहल की। उन्होंने

इनका विरोध करके समाज-सुधार के लिए लोगों को अग्रसर किया।

सोमजीभाई द्वारा युवाओं में जागृति लाने हेतु 1966-67 में अपने मन्त्रीपद तथा गोविन्दभाई की अध्यक्षता में 'युवा मंडल' की स्थापना की गई। यह युवा मंडल युवाओं में जागृति लाने के साथ-साथ निर्णय प्रक्रिया में सहयोग देता, युवाओं के विकास के लिए, उनको रोजगार देने के लिए तथा उनके प्रश्नों के निराकरण हेतु कार्य करता था। इस युवा मंडल में कई युवा उत्साहपूर्वक जुड़े तथा अपने समाज को आगे लाने में उन्होंने उत्कृष्ट सहयोग दिया।

'युवा मंडल' की स्थापना के मूल में सोमजीभाई का उद्देश्य था कि शिक्षित और जागरूक युवा स्वयं समझदार बनेंगे, नये विचारों को अपनाएँगे तो अपने परिवार व समाज के विकास में अवश्य योगदान दे पाएँगे। इस प्रकार अगर अपने समाज के लोगों को आगे लाना है तो युवा पीढ़ी का सही सामाजिकीकरण अत्यन्त आवश्यक है। इस हेतु को सिद्ध करने के लिए सोमजीभाई ने कई अथक प्रयास किए।

उनकी यह दृढ़ मान्यता थी कि कई बार सामाजिक कुरीतियाँ व्यक्ति को अत्यन्त ही दयनीय स्थिति में ला देती हैं। कुरीतियाँ हर वक्त समाज के लिए नुकसानदेह होती हैं। इतना ही नहीं वे समाज में प्रचलित दहेजप्रथा, मृत्युभोज तथा अन्य रूढ़ियों, अन्धश्रद्धाएँ आदि का विरोध भी करते थे। वे समाज के लोगों को समझाते थे कि दहेज देना और लेना दोनों गलत हैं। मृत्यु के बाद बारहवीं की क्रियाविधि में अनावश्यक खर्च नहीं करना चाहिए जोकि कर्ज का कारण बने। मद्यपान नहीं करना चाहिए तथा सामाजिक प्रसंगों में किसी भी व्यक्ति पर दबाव बनाकर उसकी आर्थिक स्थिति को अनदेखा करके अनावश्यक खर्च नहीं कराना चाहिए, जिसके कारण उसे कर्ज लेना पड़े और चुकाने में उसे अपनी जमीन-जायदाद से हाथ धोना पड़े। इन बुराइयों की चिन्ता करते हुए लोगों को समझाकर ऐसी बातों से दूर रहने के लिए जागृत करते और समाज-सुधार के लिए कार्यक्रम करते थे। सोमजीभाई कहते हैं कि यदि बच्चों को हमने जन्म दिया है तो उनका सही पालन-पोषण और उनकी शिक्षा की जिम्मेवारी भी हमारी है। बच्चों को शिक्षा से दूर रखने जैसा दूसरा कोई गुनाह नहीं है।

भीलीस्तान आन्दोलन के प्रणेता

सोमजीभाई गुजरात आदिवासी छात्र संघ और आदिवासी छात्र मंडल के पूर्व प्रमुख रहे हैं। नयी दिल्ली स्थित अखिल भारतीय आदिवासी विकास परिषद और गुजरात आदिवासी विकास परिषद के वर्तमान प्रमुख हैं। गुजरात आदिवासी युवक मंडल के संस्थापक भी हैं। वे निरन्तर सात बार संसद सदस्य के रूप में चयनित हुए थे। सोमजीभाई ने साठ के दशक में अलग भीलीस्तान के लिए आन्दोलन चलाया था।

अपने आन्दोलन के सन्दर्भ में बताते हैं कि "आदिवासी समाज के अनेक प्रश्न

थे। हम उन प्रश्नों को सरकार के सामने रखते, लेकिन कभी भी उनका समाधान नहीं हुआ। नीति-विषयक निर्णय नहीं लिये गए। रास्ते, मकान और अन्य बुनियादी सुविधाएँ जिस रूप में उपलब्ध होनी चाहिए उस रूप में नहीं होती थीं। आदिवासियों की आर्थिक उन्नति के लिए प्रयत्न नहीं हुए थे। इसके परिणामस्वरूप मन में असन्तोष पैदा हुआ और साठ के दशक में अलग भीलीस्तान का आन्दोलन शुरू किया।"

आज सोमजीभाई को भीलीस्तान आन्दोलन के सम्बन्ध में बात करने में कोई विशेष रस नहीं है। उन्होंने इस आन्दोलन से जुड़े दस्तावेजों को भी सँभालकर नहीं रखा। आज उनके पास इस आन्दोलन के प्रतीक या याद स्वरूप एक नक्शा है। गुजरात के बनासकाँठा, साबरकाँठा, पंचमहल, बड़ौदा, भरूच और सूरत, महाराष्ट्र के नासिक, धुले; मध्यप्रदेश के राजगढ़, रतलाम, उज्जैन, धार, शामपुर, मन्दसौर और प. निमाड़ तथा राजस्थान के सिहोरी, भीलवाड़ा, चित्तौड़गढ़, उदयपुर, डूँगरपुर और बाँसवाड़ा जैसे क्षेत्रों को जोड़कर अलग भीलीस्तान राज्य की रचना करने की सोमजीभाई की संकल्पना थी।

सन् 1984 में सोमजीभाई सांसद सदस्य थे तब उन्होंने 'भारत में आदिवासी राज्य' शीर्षक के रूप में यह नक्शा प्रकाशित किया था। इसी नक्शे में उन्होंने झारखंड, उत्तराखंड, मध्यप्रदेश, गोंडवाना, दंडकारण्य और बोडो प्रदेश जैसे आदिवासी राज्यों का विभाजन भी किया है।

सोमजीभाई के अनुसार "भारत के भीलों को जैसे भीलीस्तान मिलना चाहिए, उसी प्रकार अन्य (दूसरी) आदिवासी जातियों को भी अपना पृथक राज्य मिलना चाहिए। हमारा राज्य अलग होगा तो शिक्षा और रोजगार के प्रश्नों का समाधान होगा। आदिवासी लोग शिक्षा प्राप्त कर सकेंगे। उनके लिए विकास के रास्ते खुलेंगे। उनको व्यवसाय प्राप्त होंगे और वे सुखी होंगे। हमारे आन्दोलन का यही मुख्य उद्देश्य था।"

सोमजीभाई कहते हैं कि उन्होंने अलग भीलीस्तान के लिए गुजरात, मध्यप्रदेश, महाराष्ट्र और राजस्थान में कई सभाओं का आयोजन किया था। जिनमें आदिवासियों का समूह उमड़ पड़ा था। प्रतिभाव भी अच्छा मिलता था, लेकिन यह आन्दोलन लम्बे समय तक चला नहीं, क्योंकि पैसे का अभाव था। सोमजीभाई बताते हैं कि "अगर पूरा समाज खड़ा हो तभी आन्दोलन सफल होता। वैसे तो आज भीलीस्तान आन्दोलन निष्क्रिय नहीं है, लेकिन सुषुप्त अवस्था में अवश्य है।" सोमजीभाई का मानना है कि भीलीस्तान आन्दोलन पुनः जीवित न हो ऐसा नहीं है। आदिवासी वंचित हैं। उनको उनके अधिकार नहीं मिलते। लेकिन वे निराशावादी नहीं हैं। आज नहीं तो कल भीलीस्तान आन्दोलन दोबारा जीवित होगा, ऐसा उनका विश्वास है। उनका यह भी विश्वास है कि एक दिन अलग भीलीस्तान की स्थापना होगी और भील आदिवासी अपने क्षेत्र में स्वयं अपना विकास करेंगे और उसका लाभ भी ले सकेंगे।

ऐसे थोड़े प्रसंगों का उल्लेख आप सबकी जानकारी हेतु है, लेकिन व्यक्ति की एक पहल से समाज में कैसे परिवर्तन होता है यह हम देखते हैं। आज 80 साल की उम्र में भी सोमजीभाई घर में आरामदायक जिन्दगी जीने के बजाय दाहोद, गोधरा, सन्तरामपुर तथा अपने समाज के कार्यों में सक्रिय हैं। सोमजीभाई डामोर को आयु सीमा शायद हरा दे, लेकिन उनके उत्साह को कोई हरा नहीं सकता। सोमजीभाई डामोर की सेवा की पराकाष्ठा के दर्शन तो तब मुझे हुए, जब मैंने उनसे उनके नेतृत्वकाल दौरान की तस्वीरें और उससे सम्बन्धित दस्तावेजों की माँग की, तो उन्होंने अत्यन्त सहजता से कहा कि "मैंने काम किया है, मैंने भारत के करीब सात प्रधानमन्त्रियों के साथ कार्य किया है लेकिन मेरी तस्वीर किसी के साथ भी नहीं है।" इतना ही नहीं इससे जुड़े दस्तावेज नहीं रखे हैं। अपने किसी भी प्रकार के प्रचार के बगैर निरन्तर समाज के लिए कार्य करते रहना, सरल, सादगीयुक्त जीवन जीना और किसी को अनजाने में भी अन्याय न हो, ऐसी भावना के साथ जीवन जीने वाले 'दादा' श्री सोमजीभाई डामोर कभी अपनी महत्त्वाकांक्षा पूर्ति के लिये कुछ नहीं करते। कार्य के लिए समर्पण ही उनकी प्रेरणा होती है। यश प्राप्त करना, अपने महत्त्व की स्थापना करना उनका लक्ष्य कभी नहीं रहा है, यदि कभी-कभार ऐसा अवसर मिले तो भी उससे दूर रहना ही पसन्द करते हैं। हर वक्त आराम से, शान्त चित्त से दूसरों को सुनना, उनसे भी कम समझवाले और कम पढ़े-लिखे को भी सुनना, उसमें से भी कुछ अच्छा ग्रहण करना, अनावश्यक बातों से दूर रहना उनकी चारित्रिक विशेषताएँ रही हैं। अपने द्वारा स्थापित संस्थाओं से उनका हृदय का सम्बन्ध है, लेकिन उनसे किसी प्रकार का लोभ नहीं। उन्होंने कई लोगों के जीवन-विकास में अपना योगदान दिया है। करनी और कथनी में कम-से-कम अन्तर हो, उसके लिए वे हमेशा सजग रहे हैं, स्वाभाविक दम्भरहित जीवन जीने में वे हमेशा विश्वास करते हैं। वे अपनी जीवन-शैली से अपने साथ जुड़े हुए लोगों को अवश्य प्रभावित करते रहे हैं।

सोमजीभाई जैसे श्रेष्ठ व्यक्ति संस्था को स्थापित करने में मुख्य भूमिका निभाते हैं। ऐसे लोग वृक्ष की उन जड़ों के समान होते हैं, जो पोषण तो देती हैं, लेकिन खुद अदृश्य बनी रहती हैं। सोमजीभाई ने यह कार्य जीवन-पर्यन्त किया। उन्होंने किसी के भी साथ न तो स्पर्धा की, न तुलना। कोई भी प्रलोभन उन्हें छू न सका। यह ऐसी आन्तर-समृद्धि और आन्तर-तुष्टि (स्थितप्रज्ञता) हो, तभी सम्भव हो सकता है। ऐसी आन्तर-समृद्धि होने के बाद भी सोमजीभाई ने अपने-आपको साधारण ही समझा। मैंने उनमें कई रूपों में ऐसी विलक्षणता देखी है। इसी कारण हम सबके स्नेही, परम आदरणीय, वरिष्ठ, 'दादा' श्री सोमजीभाई डामोर के जन्मदिन के शुभ अवसर पर उनकी दिव्य प्रतिभा को मेरा शत-शत प्रणाम।

कँटीली राहों के मुसाफिर सोमजीभाई

किलराजसिंह डामोर

सोमजीभाई के बारे में लिखने का मुझे न्यौता मिला तो मेरी खुशी का कोई ठिकाना ही नहीं रहा। मैं बेहद खुश होते हुए उनके बारे में लिखने बैठ गया। जैसे ही मैंने कलम को हाथ लगाया एकाएक मुझे चारो तरफ से उलझनों ने घेर लिया। सैकड़ों प्रकार के अनुभवों ने मुझे पुकारना शुरू किया– यह कहकर कि हमें भी साथ ले चलो, किन्तु यह नामुमकिन था। कुछ अच्छे-बुरे लेकिन ताकतवर अनुभवों ने मुझे कुछ देर के लिए ही सही रोक दिया और मैं उनके साथ हो लिया।

छः भाई-बहनों में मैं पाँचवें क्रम पर रहा हूँ। पुत्र के रूप में मुझे परिवार की ओर से बेहद प्यार मिला। मेरी देखभाल करने के लिए मेरी माँ, दादी और साथ-ही-साथ चार बहनें भी थीं; जिसके चलते मुझे हमेशा उनके कोमल हाथों में लगातार फुदकते रहने का ही मौका मिला है। बचपन बेहद खुशियों में गुजरा है किन्तु एक बात का थोड़ा मलाल है कि पिताजी का जितना प्यार मिलना चाहिए था उतना नहीं मिला। यह सिर्फ मेरी शिकायत नहीं है हम सभी भाई-बहनों का यह कहना है कि पिताजी एक समर्पित समाज-सेवी रहे जिन्होंने समाज को अपना सब कुछ मान लिया था। फिर भी पिताजी भरसक प्रयास करते थे कि वे परिवार के साथ ज्यादा-से-ज्यादा वक्त गुजार सकें। राजनीतिक जीवन की लगातार चलने वाली कभी न समझ में आने वाली साँप-सीढ़ी जैसी चालों ने कई बार उन्हें परास्त भी किया, फिर भी एक फिनिक्स की तरह राख में से दुबारा खड़ा होने की क्षमता रखने वाले सोमजीभाई ने अपने-आपको सैकड़ों बार पुनर्जीवित किया है। सामाजिक, राजनीतिक, पारिवारिक और अन्य भी बहुत-सी विपरीत परिस्थितियों में मैंने मेरे पिताजी को एक स्थितप्रज्ञ की तरह सन्तुलन बनाए रखते देखा है।

राजनीति की पहली पायदान पर गुजरात विधानसभा के सदस्य और माधवसिंह सोलंकी सरकार में सिविल सप्लाई मिनिस्टर के रूप में अपने कैरियर की शुरुआत

करने वाले सोमजीभाई ने कभी भी मुड़ के नहीं देखा है। सात-सात बार अविरत रूप में दाहोद लोकसभा चुनावी क्षेत्र से सांसद के रूप में चुने जाना कोई छोटी-मोटी उपलब्धि नहीं है।

आजीवन राजनीति में सक्रिय होने के बावजूद उन्होंने एक मेधावी शिक्षाविद् के रूप में भूमिका निभाई है। अखिल भारतीय आदिवासी विकास परिषद के राष्ट्रीय प्रमुख के रूप में जिम्मेदारी निभाते हुए उन्होंने पूरे देश में सैकड़ों शिक्षा संस्थाएँ स्थापित की हैं और हमें भी राजकीय फलक पर काम करते हुए शिक्षा संस्थाओं की जिम्मेदारी निभाने हेतु प्रेरित और प्रोत्साहित किया। शिक्षा संस्थाओं के संचालन को किसी व्यवसाय की तरह नहीं, बल्कि एक मिशन के रूप में चलाने का हमें आह्वान किया, जिसे हमने स्वीकार किया है और आज भी बड़े मनोयोग के साथ इसे निभाए जा रहे हैं।

अन्त में मैं कहना चाहूँगा हम सोमजीभाई की सन्तानें हैं, इनके नक्शे-कदम चलने का प्रयास करें यह स्वाभाविक है, पर भारतवर्ष के ऐसे करोड़ों आदिवासी, दलित, पिछड़े और उपेक्षित लोग हैं, जिन्होंने सोमजीभाई को अपना राहबर माना है और उनके बताए हुए मार्ग पर चलने का प्रयास कर रहे हैं।

ताउम्र कँटीली राहों पर कर्मयोगी की तरह चलकर सर्वहारा समाज के लिए आशाओं का दीपक जलाने वाले सोमजीभाई का निवृत्ति काल स्वस्थतापूर्वक बसर हो ऐसी शुभकामनाएँ करता हूँ।

एक पुत्र की कैफियत

वनराजसिंह डामोर

सोमजीभाई के बारे में जब कुछ भी लिखना हो तो मन अवर्णनीय प्रकार के आनन्द से आन्दोलित हो उठता है। हृदय में उठती हलचल को शब्दों द्वारा अभिव्यक्त करना मेरे लिए असम्भव-सा बन जाता है।

सोमजीभाई के करीबी रहे कुछ शब्द-शिल्पियों ने उन्हें स्वातन्त्र्योतर भारत के एक महान शिक्षाशास्त्री एवं समाज-सेवी के रूप में शब्दांकित करने का प्रयास किया है, तो कुछ लोगों ने दाहोद जिले के उच्च शिक्षा प्राप्त गुजरात राज्य के पूर्व खाद्यमन्त्री और लगातार सात बार कॉंग्रेस पक्ष से चुने गए लोकप्रिय सांसद के रूप में चित्रित किया है। सोमजीभाई के बारे में लिखे गए शब्द-चित्रों का सार अगर मुझे एक शब्द में देना हो तो कहूँगा कि सोमजीभाई सही अर्थों में लोकनायक हैं। एक अलगारी-भेखधारी, संन्यासी की तरह अपने समग्र जीवन को समर्पित कर देना कोई आसान काम नहीं है। मैं यहाँ 'आदिवासी' शब्द का प्रयोग सोद्देश्य किन्तु जातिगत संकुचितता से नहीं कर रहा हूँ। आदिवासी समाज के लिए जगाए गए इस अलख से भारत के दूर-दराज के गाँवों और कन्दराओं में शिक्षा के दीपक प्रज्वलित हुए हैं और सहस्राब्दियों से अमानवीय अवस्था में जीने के लिए अभिशप्त आदिवासी समाज ने एक नूतन युग के दर्शन किए हैं और इस हेतु दिव्यचक्षु प्रदान करने का श्रेय सोमजीभाई को जाता है।

सोमजीभाई के बारे में लिखना मेरे लिए बहुत ही आसान होते हुए भी असम्भव-सा है। क्योंकि औरों ने सोमजीभाई को देखा है, परखा है, मैंने सोमजीभाई को जिया है। अगर कहूँ कि मैं सोमजीभाई का दूसरा रूप हूँ–प्रतिच्छवि हूँ तो गलत नहीं होगा।

सोमजीभाई की एक आँख में मैंने सन्तानों के लिए छलकते अस्खलित वात्सल्य को महसूस किया है तो दूसरी आँख से जीवन की कँटीली राहों को दुरुस्त करने हेतु लगातार प्रयासरत एक अनुशासनबद्ध पिता का ताप भी देखा है। सामाजिक जीवन में सफलता हेतु पारिवारिक अनुशासन के बेहद आग्रही रहे हैं सोमजीभाई। उनका दृढ़रूप से मानना था कि–"जो व्यक्ति अपने वैयक्तिक और पारिवारिक जीवन में अनुशासित नहीं है उसे सामाजिक जीवन में नहीं आना चाहिए।"

हम कुल मिलाकर छः भाई-बहन हैं, उनमें मैं सबसे छोटा हूँ। सबसे छोटा होने की वजह से मुझे सबकी ओर से बेहद प्यार मिला है। बाल्यकाल की अनगिनत स्मृतियाँ हैं मानस पटल पर, जिन्हें कलमबद्ध करना मेरे लिए असम्भव है; किन्तु एक घटना का जिक्र मैं यहाँ अवश्य करना चाहूँगा– "पिताजी सामाजिक जीवन में इतने व्यस्त रहते थे कि कभी-कभी परिवार की सामान्य-सी कही जाने वाली बातों से भी बेखबर रह जाते थे। कुछ विदेशी मेहमान हमारे घर पर ठहरे थे, तब मैं 9वीं कक्षा में पढ़ता था। बातों-बातों में मेहमानों ने बापूजी से पूछा कि– 'आपका लड़का किस क्लास में पढ़ता है?' "तब पिताजी ने सहज ही कह दिया आठवीं में।" मैंने स्पष्टता करते हुए कहा- "नहीं पिताजी मैं 9वीं कक्षा में पढ़ रहा हूँ।"

सोमजीभाई गुजरात सरकार में खाद्यान्न मन्त्रालय के सहमन्त्री और लगातार सात बार काँग्रेस से सांसद भी रहे हैं, परन्तु हमेशा हमें जमीन से जुड़े रहने की हिदायत देते रहे हैं। हालाँकि कभी भी उन्होंने हमें आर्थिक अभावों का अनुभव होने नहीं दिया है, किन्तु परिवार में फिजूल खर्च न हो इस बात को लेकर वे हमेशा सतर्क रहे हैं। उनका बचपन भीषण गरीबी में गुजरा है। वे ताउम्र कँटीली राहों के मुसाफिर रहे हैं। झोपड़ी से राजमहल (दिल्ली संसद) के उनके अनुभवों को अभिव्यक्त करते हुए आज भी उनकी आँखें नम हो जाती हैं। इसलिए समाज के किसी भी वर्ग के गरीब व्यक्ति को देखकर द्रवित हो उठते हैं। उस पीड़ित व्यक्ति का दर्द उनके बचपन के जख्मों को हरा कर देता है। सोमजीभाई बिना किसी विलम्ब के उसके प्रश्न को सुन यथासम्भव हल ढूँढ़ने का प्रयास करते रहते हैं।

आदिवासी परिवार में जन्म लेना उनके लिए एक इत्तफाक है, किन्तु सही मायने में भारतवर्ष के हर गरीब, दलित, आदिवासी, सर्वहारा व्यक्ति के लिए अविरत स्नेह की स्रोतस्विनी बहाने वाले एक दिव्य पुरुष रहे हैं।

आज जिन्दगी के आठ दशकों से भी ज्यादा मंजिल काट चुके हैं, किन्तु हमेशा कार्यरत रहना उनका मूल मन्त्र रहा है। अखिल भारतीय आदिवासी विकास परिषद के प्रमुख की जिम्मेदारी निभाते हुए आज भी लगातार भारत भ्रमण करते हुए हजारों मीलों का सफर करते रहते हैं। गुजरात, राजस्थान, मध्यप्रदेश, छत्तीसगढ़, उड़ीसा, बिहार, उत्तराखंड, आन्ध्रप्रदेश, महाराष्ट्र, केरल, कर्नाटक के अतिरिक्त भारत के सभी राज्यों में उनका दौरा अविरत चलता रहा है। उम्र के इस पड़ाव पर पहुँचकर शरीर कुछ थका-सा अनुभव कर रहा है, किन्तु मनोबल की बात ही कुछ और है। लगातार संघर्ष, सख्त परिश्रम और अभावों की तपीश में तपकर तैयार हुए इस कर्मयोगी के आगे समय भी नत-मस्तक हो जाता है। कामना करता हूँ आने वाले दिनों में सोमजीभाई का स्वास्थ्य दुरस्त रहे और समाज की सेवा में समर्पित रहें।

शुभेच्छा पत्र

प्रति,
प्राचार्यश्री,
डॉ. अभय परमार
आदिवासी आर्ट्स कॉमर्स कॉलेज,
सन्तरामपुर।

यह अत्यन्त स्तुत्य एवं सराहनीय कार्य है कि आदिवासी आर्ट्स कॉमर्स कॉलेज परम आदरणीय श्री सोमजीभाई डामोर (पूर्व सांसद) पर स्मरणिका प्रकाशित करने जा रहा है। इसके लिए सर्वप्रथम कॉलेज के प्राचार्य डॉ. अभय परमार तथा समस्त प्रकाशन समिति को अभिनन्दन देता हूँ।

माननीय श्री सोमजीभाई डामोर भारतीय आदिवासी विकास परिषद के प्रमुख हैं, साथ ही कॉलेज संचालक मंडल के भी प्रमुख हैं। उनके दिशा-निर्देशन में ही कॉलेज का प्रारम्भ हुआ और आज भी उनके सुचारु संचालन में कॉलेज अनेक शैक्षिक सोपान सर कर रहा है। मैंने उनके सान्निध्य में सन्तरामपुर स्थित आदिवासी आर्ट्स-कामर्स कॉलेज में दस वर्ष से भी ज्यादा समय तक अध्यापक के रूप में अध्यापन कार्य किया। नौकरी के दौरान मुझे उनका अन्तरंग परिचय मिला, बाद में यह परिचय पारिवारिक स्तर पर विकसित हुआ। कई बार उनके घर पर भी जाना हुआ, फलतः उनके सम्पूर्ण परिवार से परिचित हुआ। उनसे जब भी मुलाकात होती बिल्कुल आडम्बरहीन, मासूम व ऊष्मा से भरे व्यक्ति के रूप में ही वे नज़र आते। मैंने कभी भी उनको न तो सत्ताधीश के रूप में देखा, न ही सांसद के रौब में। वे कॉलेज में जब प्रसंगवश आते तब केवल कॉलेज की प्रगति की बातें ही करते। उनका व्यवहार एक बुजुर्ग-सा, संवेदनशील ही मुझे प्रतीत हुआ। मेरे अनुभव के मुताबिक उनके जैसा संचालक गुजरात में कदाचित ही कोई दूसरा हो। उनके साथ जुड़े तीन प्रसंग मेरे मानसपट पर आज भी अंकित हैं।

प्रसंग-1 : मुझे सपरिवार दिल्ली जाना था, उनको पता चल गया होगा। इसलिए तुरन्त ही उन्होंने चिट्ठी भेज दी थी कि आपको परिवार समेत मेरे सांसद निवास (दिल्ली) पर ही ठहरने और खाने की व्यवस्था है। दूसरी जगह व्यवस्था

की कोशिश मत करना। एक सप्ताह तक उनके यहाँ जो आतिथ्य मैंने भोगा था मेरे लिए अविस्मरणीय है।

प्रसंग-2 : अखिल भारतीय आदिवासी विकास परिषद का एक अंक तैयार करने की जिम्मेदारी मुझे दी गई थी, साथ ही पूरी स्वतन्त्रता के साथ। आप चाहें जिस तरह तैयार करें, जो लेख शामिल करें, मुझे सब स्वीकार्य है। इस तरह के खुले माहौल में काम करने का मजा ही कुछ और है, जो मुझे मिला था। उस अंक की लोकार्पण विधि एम.पी (मध्यप्रदेश) में हुई थी, जो मेरे लिए गर्व और आनन्द की बात थी। इस अंक का समस्त भारत में वितरण हुआ था।

प्रसंग-3 : सन्तरामपुर कॉलेज से आंकलाव में प्राचार्य के रूप में जाते वक्त आयोजित विदाई समारम्भ में वे विशेष रूप से उपस्थित हुए थे, साथ ही अंगत रूप से मुझे बार-बार कहते रहे कि आप यह कॉलेज छोड़कर वहाँ क्यों जा रहे हैं? कोई कारण हो तो मुझे बताइए, दूर करूँगा, मेरी इच्छा जानने के बाद उन्होंने मुझे अनुमति देते हुए विदाई दी थी। यह भी मेरे लिए एक अविस्मरणीय प्रसंग है। ऐसी देखभाल माता-पिता ही करते हैं।

सन्तरामपुर कॉलेज में मैंने जब तक अध्यापक के रूप में नौकरी की, एक भी क्षण/प्रसंग ऐसा नहीं घटा जो कटु प्रतीतिकर हो। ऐसे सौम्य, मिलनसार व परोपकारी प्रकृति के आत्मीय, परम आदरणीय स्नेही श्री सोमजीभाई डामोर को लाख-लाख अभिनन्दन एवं शुभेच्छाएँ।

आपका विश्वासु
डॉ. किशोरसिंह राव

बातों-बातों में

अभय परमार

करीब चार दशक पहले की यह बात है जब मेरे गाँव में बिजली के खम्भे गड़ने शुरू हुए थे और इनके साथ ही गाँव के बाशिन्दों के मन-मस्तिष्क में भी बिजली की चमक का एहसास होना शुरू हो गया था। हर किसी के चेहरे पर विस्मय-भरी चमक देखने को मिलती थी। हर कोई अपने-अपने तरीके से बिजली के आगमन की बात करता था– "बिजली मतलब रोशनी। अब पाएँगे तो कुछ लोग कहते थे कि "अरे! बिजली का आना कोई अच्छी बात थोड़े न है? रात को खाने बैठे हैं बिजली चली जाए मुँह का निवाला कान में चला जाए और माँ बच्चे की जगह पिल्ले को खाना खिला दे तो भी पता नहीं चलेगा।"

"अरे भाई यह सब तो ठीक है जब बिजली का बिल आए तब देखना इसे अदा करने के लिए सबको कर्ज न लेना पड़े तो मेरा नाम ही बदल देना।"

"परन्तु खम्भा गाड़ने वाले मजदूरों को देखा है कभी आपने" कोई बात पलटते हुए कहता। "पता नहीं किस दुनिया से आए हैं ये लोग! हम गाँव-भर के मर्द इकट्ठा होकर एक साथ जोर लगाएँ तो भी खम्भे को सूत-भर हिला नहीं पाते और ये बाँके जवान क्या कहें इनका! एक ही झटके में खम्भे को खड़ा कर देते हैं। उनकी ताकत का तो कहना पड़ेगा भाई!"

"अरे आप जो कह रहे हैं ऐसा कुछ भी नहीं है इनमें। कोई दैवीय शक्ति है जो काम कर जाती है। खम्भा उठाते वक्त जो गाना गाते हैं वो हमारी तरह शादी-ब्याह का गाना नहीं है। इस गाने को गाते ही देवी जागृत हो जाती है और खम्भा उठा देती है। देखते नहीं हो खम्भा उठाते समय उनकी आँखें कितनी बड़ी हो जाती हैं और उनकी बाजुओं के गोटलें (डोलें) कैसे फूल जाते हैं।

"माड़ी जाया हैया,
जोर लगा के हैया।
शेर का बच्चा हैया,
मारे धक्का हैया।

माँ का बेटा हैया,
मारे खम्भा हैया।
हिले दुनिया हैया।
जोर लगा के हैया।

"छोड़ो यह गाने-वाने की बातें, उनकी खुराक देखी है कभी आपने? हमारी तरह आलू-प्याज खाकर पेट नहीं भरते। रात को एक बड़ा-सा बकरा पूरा-का-पूरा भूनकर शराब के साथ खा जाते हैं तब जा के इतने भारी-भरकम खम्भे उठाके फेंक देते हैं।"

तो कुछ लोग कहते "यह सब बकवास है। ऐसा कुछ भी नहीं। वो भी हमारे जैसे ही दो हाथ-पैर वाले इन्सान हैं। उनकी और हमारी खुराक में कोई फर्क नहीं। वो भी हमारी ही तरह सब्जी-रोटी खाते हैं।"

कुछ दिनों के बाद उनका हमारे साथ मेल-मिलाप बढ़ता। परिचय बढ़ने पर पता चलता कि इनमें से कुछ लड़के ग्रेज्युएट हैं तो कुछ लड़कों का ग्रेज्युएशन चल रहा है।

"अरे भाई आप लोग कहाँ के है?" कोई ग्रामीण पूछ बैठता। "दाहोद से!" आदिवासी युवक संक्षेप में उत्तर देता। वैसे भी आदिवासी की एक आदत यह भी है कि वे बहुत ही कम बोलते हैं।

"किसकी सरकार है वहाँ पर?" मेरे गाँव की एक बात यह रही है इसे चाहे तो आप विशेषता भी कह सकते हैं, क्योंकि अन्य जगहों पर जब दो अजनबी मिलते हैं तो पहले आपस में एक-दूसरे का नाम पूछते हैं और नाम पर से ही पता लगा लेते हैं कि वे किस-किस जाति से हैं। अगर इतने-भर से बात स्पष्ट नहीं हो पाती है तो फिर खुलकर पूछते हैं "तुम किस जात से हो? और जब इस बात का स्पष्टीकरण हो जाता है तो अचानक दोनों में से एक अपने-आपको इस जाति-महायुद्ध का विजयी महायोद्धा घोषित कर देता और दूसरा सारे हथियार डालकर निम्न जाति की वजह से उसकी शरण में आ जाता। इस प्रकार के क्षणिक महायुद्ध में जातिवादी श्रेष्ठता का ध्वज पूरे शबाब में लहराने लगता। और इसमें दो अगर समानधर्मी लोग मिल गए तो सारा मजा ही किरकिरा हो जाता! उनको बात आगे बढ़ाने में कोई मजा ही नहीं आता था। परन्तु जैसे कि मैंने पहले बताया मेरे गाँव कि एक विशेषता यह रही है कि हम सम्पर्क में आए अजनबी को उसकी जाति पूछने के बजाय उसके क्षेत्र में किस पार्टी की सरकार है उसका पता लगाते और अगर उनका लोक प्रतिनिधि हमारी विचारधारा का होता तो हमें बेहद खुशी होती।

"हमारे यहाँ सोमजीभाई डामोर की सरकार है" कार्यरत युवकों में से कोई प्रत्युत्तर देता।

"वही सोमजीभाई डामोर जो मोतियों के हारवाली पगड़ी पहने और आदिवासी लिबास में अखबार में जिनकी फोटो छपती है, वाह कहना पड़ेगा उनका।" उपस्थित अन्य लोग भी अपने-आपको बहस में शामिल कर लेते और बड़ी देर तक यह बहस चलती। बात करने वाला और सुनने वाले एक अविस्मरणीय प्रकार के आनन्द से गुजरते।

देश के कुछ ही गिने-चुने नेता थे जो लोकनायक बन चुके थे। तत्कालीन प्रधानमन्त्री श्रीमती इन्दिरा गाँधी, उप प्रधानमन्त्री बाबू जगजीवनराम, मोरारजी देसाई, माधवसिंह सोलंकी, अमरसिंह चौधरी आदि। लोक-जीवन के सच्चे पहरेदार इस प्रकार लोक जिह्वा पर रच-बस गए थे कि खेत-खलिहानों में पसीना बहाके दो वक्त की रोटी कमाने वाले श्रमिक उन्हें अपने लोकगीतों का मुख्य विषय बना चुके थे–

धीरोई ड़िम बँधावे हैला लालीया रे!
आपण जुवा जाऊ हैला लालीया रे
कुणी हारे जाऊ हैला लालीया रे!
हमदा हारे जाऊ हैला लालीया रे।
इड़र रोडे जाऊँ हैला लालीया रे।
उपर विमान उड़े हैला लालीया रे।
इन्दिरा गाँधी आवे हैला लालीया रे।
पाजी ने रोटा खाहूँ हैला लालीया रे।
डिमनुं पाणी पीहूँ हैला लालीया रे।
इन्दिरा माड़ी कहलावे हैला लालीया रे।

दिन के कठोर परिश्रम से निजात पाने के लिए खम्भा गाड़ने वाले यह श्रमिक अन्य मेहनतकश लोगों की तरह रात ढलते लोकसंगीत की शरण में चले जाते। सुरों की शास्त्रीयता के उतार-चढ़ाव से पूरी तरह अनभिज्ञ ये लोक कलाकार मिट्टी की महक से मटमैले सुरों को छेड़ देते। युगों-युगों से हर प्रकार के अभावों से खामोश उनकी जिन्दगी की असाध्य वीणा के तार खुद-ब-खुद झंकृत हो उठते थे और सुनसान अँधेरी रातों में स्वर बोली के पंख पर सवार होकर अनन्त में घुल जाते थे। यों कहें तो रात के मध्यम प्रहर में छिड़ी रागिनी की मिठास साधना की चरम सीमा पर पहुँचकर भावक को ऐसा एहसास करवाती थी मानो कोई शाख से पका हुआ फल गिरते हुए उसकी गति और आवाज से निःशब्दता को भंग करता हो! मीरा, रैदास, कबीर, दादू, गोरखनाथ, खेमरीया कोटवाल, पानबाई, गंगासती आदि के भजनों की लोकमन्दाकिनी अविरत बहती ही जाती।

आदिवासी श्रमिकों और ग्रामीणों के इस लोक-संगीत संवाद के ताने-बाने से

देखते-ही-देखते एक अवर्णनीय सम्बन्ध की चादर बुन गई होती थी। समय के अविरत बहाव में सारे-के-सारे बहे चले जाते थे मानो कई सालों से एक-दूसरे से जुड़े हों।

और एक दिन आ गया जिसने लोकमन्दाकिनी के इस सुरमयी प्रवाह को अवरुद्ध कर दिया। करीब-करीब छह महीने तक चले इस श्रमसाध्य कार्य को पूरा करके श्रमिक अपने अस्थायी निवास को खाली कर रहे थे। बहुत ही चौकन्ने होकर छोटी-से-छोटी चीज को बटोर रहे थे, क्योंकि उनके पास जितनी भी चीजें थीं सब सरकारी थीं और हर चीज को शिद्दत से सँजोके रखना और सरकार में पुनः जमा करवाना इसे अपना नैतिक कर्तव्य मानते थे।

उनके जाने के बाद कई दिनों तक हम छोटे बच्चे उस जगह पर चक्कर लगाते रहते इस फिराक में कि गलती से भी ताँबा और एल्युमिनियम के तार का एकाध-सा टुकड़ा छूट गया हो, जिन्हें मारवाड़ी से बेचकर हम साकरीया चना या नमकीन खा सकें। पर अन्त में हमें निराशा ही हाथ लगती थी।

कुछ समय के बाद बिजली कम्पनी के कुछ आला अफसरों ने समारोह का आयोजन करके बिजली का प्रवाह शुरू कर दिया और सारा गाँव जगमगा उठा। सब भागे-भागे एक-दूसरे के घर-आँगन में दौड़ लगाते थे। एक-दूसरे को देखकर ऐसे खुश हो रहे थे मानो जिन्दगी में पहले-पहल ही मिल रहे हों। लेकिन मेरा बाल-मन कुछ-कुछ उदास-सा था। मेरा मन पंछी उन होनहार श्रमिक योद्धाओं को ढूँढ़ता था–

"कहाँ हैं वह जादूगर जिन्होंने दो-दो हाथ करके हमारे सदियों के अँधेरे को मात दे दी और यह उजाला इतना क्रूर निकला कि उन योद्धाओं को ही निगल गया? पर मेरे सोचने से क्या फर्क पड़ता था? औरों की जिन्दगियों को रोशन करने निकले इन सुरमाओं की नियति में अँधेरी सुरंगें ही लिखी थीं।

सन् 1991 में मेरे जीवन में एक अविस्मरणीय घटना घटी। अँधेरों से दो-दो हाथ करने वाले और बचपन से ही मेरे आदर्श बन चुके इन श्रमिक आदिवासी योद्धाओं की पावन भूमि पर रोजी-रोटी हेतु आना तय हुआ। दिनांक 13 अक्टूबर, 1991 रात 12.50 मिनट को सन्तरामपुर की जमीन पर पाँव रखते ही मेरी पूरी दुनिया ही बदल गई। कल तक मैं रोजगार की तलाश में दर-दर भटकता शिक्षित बेरोजगार युवक था, पर आज इस मिट्टीने मेरी जिन्दगी को गुलजार कर दिया था।

दिनांक 14-10-1991 को सुबह 7.30 मिनट को प्रिन्सिपल सुणावकर साहब की चैम्बर में प्रविष्ट होते ही उन्होंने खड़े होकर मेरा अभिवादन किया–"आइए परमार साहब आइए।" मैंने मुड़कर पीछे देखा। कोई भी तो खड़ा नहीं था, विश्वास आ गया कि मुझे ही "साहब" शब्द से सम्बोधित किया गया है।

महीसागर नदी के विशाल पट पर बसे पंचमहल-दाहोद अपने-आप में वैभवपूर्ण

पौराणिक एवं ऐतिहासिक सम्पदा को समेटे हुए है। सूर्य देवता जिसके पावन चरणों में अपनी पहली किरण समर्पित करके दिनचर्या का आग़ाज करते हैं, ऐसे गुजरात और मध्यप्रदेश की सीमासेतु रही दाहोद नगरी का अपना मनोरम इतिहास है।

दाहोद से कुछ ही दूरी पर स्थित ऐतिहासिक नगरी उज्जैन में संस्कृत नाट्याचार्य कालिदास के द्वारा महाकाल भगवान शिव के चरणों में बैठकर लिखे गये रघुवंशम्, मालविकाग्निमित्रम्, कुमारसम्भवम्, अभिज्ञानशाकुन्तलम्, मेघदूतम्, विक्रमोर्वशीयम् आदि वैभवी संस्कृत ग्रन्थों से हमारा भारतीय साहित्य गुलजार है; तो दूसरी तरफ दिल्ली-राजस्थान-जयपुर-उदयपुर से शेहरा सन्तरोड होकर लगातार अठारह दिन तक की ऊँटनी की पीठ पर सवारी करके अपने पुत्र औरंगज़ेब के जन्म का जश्न मनाने दाहोद पहुँचे बादशाह अकबर के सफर में चले ऊटों के पैरों के घुँघुरुओं की मीठी झनकार आज भी इन वादियों में गूँज रही है।

20वीं शताब्दी के पूर्वार्ध में जब महात्मा गाँधी ने राष्ट्रीय आन्दोलन का आगाज किया था, इससे कुछ साल पूर्व एक अलगारी घुमन्तू चरवाहा बंजारा गोविन्दसिंह ने मानगढ़ की पहाड़ियों पर समाजोत्कर्ष का अलख जगा दिया था। गाँधी के पुरोगामी इस महानायक ने राजस्थान, गुजरात और मध्यप्रदेश के सीमावर्ती आदिवासी समाज को एकत्रित करके व्यसनमुक्ति, अहिंसा, सदाचार, मानव-प्रेम, प्रकृति-पूजा और प्रभुभक्ति की ओर अग्रसर करना शुरू कर दिया था। अँग्रेज शासकों और तत्कालीन राजाओं के लिए इस प्रकार की प्रवृत्ति असह्य थी, क्योंकि आदिवासी समाज द्वारा शराब का सेवन और डकैती जैसे कामों से शासकों को आर्थिक फायदा होता था। आदिवासी समाजोत्कर्ष की इस मुहिम से तत्कालीन शासकों को बगावत की बू आनी शुरू हो गई थी और उन्हें यह भी अन्देशा हो गया था कि यह मुहिम आने वाले दिनों में स्वाधीनता आन्दोलन का शंखनाद भी बन सकती है।

मुंटारे टोपानो भुरीया
जाजे तारे वाले देश भुरीया।
जाड़ी रे चामड़ी ना भुरीया,
जाजे तारे वाले देश भुरीया
माँजरी रे आँखो ना भुरीया,
जाजे तारे वाले देश भुरीया।
भारत देश हे मारो भुरीया,
जाजे तारे वाले देश भुरीया।

इस क्रान्तिकारी मुहिम को तत्काल कुचलने के लिए ब्रिटिश शासकों ने 1913 में तत्कालीन राजाओं के सहयोग से मानगढ़ हिल पर एकत्रित हुए पाँच हजार से भी

ज्यादा आदिवासियों पर हमला कर दिया और इस पाशवी नृशंस हत्याकांड में करीब 1500 से अधिक आदिवासी शहीद हो गए। जलियाँवाला हत्याकांड से पाँच गुना अधिक भयावह था यह हत्याकांड। इस घटना का इतिहास में कहीं पर भी उल्लेख नहीं मिल रहा है। हरिराम मीणा ने इसी पृष्ठभूमि पर 'धूणी तपे तीर' जैसा दस्तावेजी उपन्यास लिखा है।

उक्त सत्यप्रसून महागाथाएँ जिन्हें शायद गाथा कहना अनुचित होगा, क्योंकि "गाथा" शब्द कल्पना मिश्रित घटना को अभिव्यक्त करता है; जब कि ये तो शत-प्रतिशत सत्य घटनाएँ हैं, जिनका जिक्र आज के युग की अहम् जरूरत हैं।

20वीं शताब्दी के पूर्वार्ध से कुछ कदम आगे चलें तो एक बेहद ओजस्वी नाम का उदय होता हुआ नजर आता है। हमारे सामाजिक, राजनीतिक, सांस्कृतिक और शैक्षिक क्षितिज पर सोमजीभाई डामोर का आगमन होता है। कालजयी, अजातशत्रु, शिक्षाविद्, राष्ट्रपुरुष सोमजीभाई के अनगिनत अनभिव्यक्त पहलुओं से रूबरू होने का मौका मिला है मुझे। जब-जब उनसे मिलने का अवसर प्राप्त हुआ है इस कर्मयोगी से एक अविस्मरणीय प्रकार की ऊर्जा से आप्लावित हुआ हूँ; जिन्हें व्यक्त करने का पूर्ण सामर्थ्य शब्दों में नहीं है।

लम्बे समय की जद्दोजहद के बाद हम कुछ मित्र इस नतीजे पर पहुँचे कि सोमजीभाई के जीवन-शिक्षण से सम्बन्धित कुछ बातें लिखी जाएँ जिससे आज का युवा प्रेरित हो।

एक अन्तराल के बाद सोमजीभाई मेरे महाविद्यालय के वार्षिकोत्सव में मुख्य अतिथि के रूप में आए थे। एकान्त मिलते ही मैंने हिम्मत करके मन की बात कह डाली–"साहब हम आपके जीवन के कुछ प्रसंगों को संकलित करके पुस्तक रूप में प्रकट करना चाहते हैं।" मेरी तरफ देखकर बिना किसी अस्वाभाविक प्रक्रिया के बोले–"अभयभाई, कॉलेज के सब कार्य निपट गए हैं क्या?"

मैं मूक था। उन्होंने मुझे सँभाला– "यह सब तो ठीक है पर इतनी जल्दी भी क्या है। अभी तो मैं जीने वाला हूँ।" और धीरे से हँस दिए। हँसी में सोमजीभाई की स्पष्ट असहमति छुपी हुई थी।

मैं मौके की तलाश में था और मुझे सम्बल मिला मेरे अजीज मित्र और गुजरात आदिवासी विकास परिषद के महामन्त्री वनराजभाई डामोर का। उन्होंने हमें सहयोग देने हेतु सोमजीभाई को मना लिया था। "अभयभाई आप साहब को अच्छी तरह जानते हैं। आप जीवन-भर बनावटी अनावश्यक प्रचार-प्रसार से दूर ही रहे हैं। आज के नेताओं की तरह नहीं कि चलो पहली बारीश की बूँदें गिरी हैं तो मीडियावालों को बुला लो ताकि लोगों को पता चले कि नेताजी के अथक प्रयासों से बारीश हुई है और बारीश की बूँदों के खरेपन का जायजा लेने नेताजी खुद बारीश में भीगें!"

मई के शुरुआती दिन थे। सूर्य देवता ने सुबह से ही अपना रौद्र रूप दिखाना शुरू कर दिया था। करीब डेढ़ घंटा लगातार दौड़ने के बाद हमारी कार अपने नियत समय से करीब एक घंटा देर से सोमजीभाई के पुश्तैनी गाँव मलवासी पहुँची थी। समय के पाबन्द सोमजीभाई का हमें बिल्कुल नया रूप ही नजर आया था। हमारे देर से पहुँचने के बावजूद हमें देख वे भाव-विभोर हो गए थे। कुछ देर तक न तो हम बात का सिरा पकड़ सके थे और न साहब कुछ बताने की स्थिति में थे। कुछ देर बाद सलाम-दुआ की रस्म खत्म करके हम अपने विषय पर पहुँचे।

अपने बीते लम्हों पर जमी समय की धूल को परत-दर-परत बड़ी ही शिद्दत से साफ करके उन्होंने अपने-आपको हमारे सामने रखना शुरू किया। कुछ संकोच के साथ शुरू हुए शब्दों ने धीरे-धीरे अस्खलित वाग्धारा का रूप ले लिया। हृदय से निकलने वाली बातें सोमजीभाई के जीवन की अनकही कहानी को व्यक्त करने के लिए बेताब थीं। फिर भी कुछ जगहों पर वे जिन्दगी के बोझिल पीड़ादायक लम्हों को अभिव्यक्त करने में असमर्थ मालूम होते थे। अभावग्रस्त गुजरे बचपन की घटनाओं की तपीश इतनी उष्ण होती थी कि शब्द खुद-ब-खुद पिघलकर जिह्वा की बजाय आँखों के रास्ते से भी अभिव्यक्त होते नज़र आते थे। कई बार बात करते-करते गला अवरुद्ध भी हो जाता था, परन्तु तुरन्त ही सँभलकर अपने बचपन के अल्हड़ अनुभवों को हमारे सामने रख देते थे; जिसमें अपने ननिहाल में कूदता-फाँदता नन्हा-दुलारा भांजा पाठशाला में जाता नजर आता था। आँखों में हजारों रंग के सपने लिये खेतों की मेड़ों पर उछलता-कूदता, गर्मी के दिनों में आम की शाखाओं पर दोस्तों के साथ उल्टा लटककर धींगामस्ती करने वाला अल्हड़ शिशु!

परन्तु कुछ ही देर में बचपन की यादों से निकलकर अभावग्रस्त जिन्दगी के समरांगण में दो वक्त की रोटी और उच्च शिक्षा प्राप्त करने की ललक के बीच संघर्षरत युवक के ओजस्वी व्यक्तित्व की प्रतीति भी हो जाती थी। साथ ही अपने सर्वहारा आदिवासी समाज के लिए कुछ कर गुजरने को दृढ़प्रतिज्ञ युवक के फौलादी व्यक्तित्व की झलक भी मिल जाती थी।

"पहली बार जब गुजरात सरकार में मन्त्री बना तो मन में आया कि बस अब दिन-रात एक कर दूँ! जंगल, पहाड़ों और बस्तियों को रौंद डालूँ और सदियों से दर्द से कराह रहे मेरे आदिवासी भाई-बहनों के आँसुओं को पोंछ डालूँ। लगातार भागता रहा धूल भरे रास्तों पर। बस्ती के लोगों को इकठ्ठा करके मैं अपनी बात रखता और उनकी समस्याएँ सुनता या जितना भी हो सके इन्हें दूर करने का प्रयास करता। यह सिलसिला कई सालों तक चला। परन्तु स्थिति जस-की-तस थी। यह समझ में ही नहीं आ रहा था कि आखिर करें तो क्या करें? आखिर क्या है इस दर्द की दवा?"

अन्त में इस निष्कर्ष पर आया कि सिर्फ बातें करने मात्र से परिणाम नहीं

मिलेगा। कोई ठोस कदम उठाना पड़ेगा तब मुझे डॉ. बाबासाहब अम्बेडकर का यह विधान याद आ गया-"शिक्षा वह शेरनी का दूध है जिसे एक बार जो भी पी ले, गुर्राने लगता है।" शताब्दियों से शैक्षिक और सामाजिक रूप से उपेक्षित आदिवासी समाज के सर्वांगीण विकास के लिए शैक्षणिक संस्थाएँ ही कारगर साबित हो सकती हैं। बालवाड़ी से शुरू करके एक के बाद एक प्राइमरी, सेकेंडरी, हायर सेकेंडरी और उच्च शैक्षिक संस्थाएँ शुरू करने का प्रयास किया और आज यह कुछ हद तक सफल भी मालूम हो रहा है। समग्र देश में करीब 865 जितने छोटे-बड़े शिक्षा संकुल कार्यरत हैं। इस शैक्षिक महा अनुष्ठान में समाज के सभी वर्ग के बौद्धिक अपनी-अपनी योग्यतानुसार भिन्न-भिन्न रूपों में अपना योगदान दे रहे हैं। हमारी इन शैक्षिक संस्थाओं ने समाज के सभी बौद्धिकों को खुले मन से समान रूप से कार्य करने का अवसर प्रदान किया है। शर्त इतनी ही रही है कि व्यक्ति अपने विषय में उत्कृष्ट प्रदर्शन करने वाला उच्चतम गुणवत्तायुक्त योग्यता रखता हो। आदिवासी आर्ट्स एण्ड कॉमर्स कॉलेज सन्तरामपुर में अध्यापकों की नियुक्ति का एक ही उदाहरण पर्याप्त है। पूरे देश के लगभग सभी प्रान्त से जो भी उत्कृष्ट प्रत्याशी मिला हमने नियुक्त किया है, जहाँ तक हमारे महाविद्यालय के पुस्तकालय की गुणवत्ता का सवाल है; राष्ट्रीय एवं अन्तरराष्ट्रीय ख्याति प्राप्त लेखकों की करीब 30,000 से भी ज्यादा किताबें उपबल्ध हैं। विश्वविद्यालयों और अतिरिक्त महाविद्यालयों में शोधकार्य में प्रवृत्त शोधार्थी छात्र एवं सरकारी अफसर समय-समय पर इस पुस्तकालय का उपयोग करते हैं।

कुल मिलाकर मैं कह सकता हूँ कि मैंने अपना सारा जीवन राजनीति के माध्यम से समाजोत्कर्ष को ही समर्पित किया है। समाज के हर तबके के जरूरतमन्द छात्र जो हमारे देश का भविष्य हैं उत्तम नागरिक बनकर समाज और देश के लिए काम आए यही हमारा उद्देश्य है।

आज मैं जिन्दगी के उत्तरार्ध पर खड़ा हूँ। मुझसे जितना हो पाया है मैंने किया। फिर भी मैं इस बात को लेकर आश्वस्त हूँ कि आज का युवा स्वप्नद्रष्टा है, बौद्धिक रूप से वैश्विक दृष्टि रखने वाला है। पुरानी संकुचित परम्पराओं और मनोवृत्तियों से ऊपर उठकर खुले आसमान में उड़ने की उसकी ललक है। हमारा देश दुनिया में 'यंग इंडिया' के नाम से अपनी पहचान बना रहा है, आने वाले समय में हम सब एकजुट होकर आगे बढ़ें और बिना किसी जाति, धर्म, प्रान्त और सम्प्रदाय की संकुचितता के समाज के सर्वाधिक उपेक्षित जरूरतमन्द व्यक्ति और परिवार तक विकास की रोशनी पहुँचाएँ। इन हार्दिक शुभकामनाओं के साथ मैं अपनी बात को विराम देता हूँ।"

"जय हिन्द! जय आदिवासी!"

सेवायज्ञ के यजमान सोमजीभाई

प्रो. विमल गढवी

"एक दिन सन्तरामपुर आदिवासी आर्ट्‌र्स एण्ड कॉमर्स कॉलेज के प्राचार्य एवं मेरे गुरु श्री डॉ. अभय परमार का मुझ पर फोन आया कि हम सोमजीभाई डामोर के जीवन पर आधारित एक पुस्तक तैयार कर रहे हैं। कॉलेज के भूतपूर्व विद्यार्थी के रूप में मुझे सोमजीभाई के बारे में लिखना है। उनकी बात सुनकर मैं बहुत प्रसन्न हो गया, क्योंकि शिक्षा-प्रचार हेतु इतने विराट यज्ञपुरुष, विराट व्यक्तित्व की इस रूप में वन्दना करने का अवसर मिलेगा।"

मैं अपने विद्यार्थीकाल से ही श्री सोमजीभाई डामोर को जानता हूँ। हमारे इलाके के सांसद होने के नाते वे मेरे गाँव पढारिया में आते रहे हैं। चाहे सार्वजनिक कार्यक्रम हो या चुनाव-प्रचार, उनका विशिष्ट शैलीयुक्त प्रवचन मुझे बहुत पसन्द आता। इस इलाके की ठेठ बोली और सरल शैली में लोगों की समझ में आ जाए ऐसी चोटदार बात लोकहृदय में पहुँचा देना सोमजीभाई की अनूठी विशेषता रही है। उनके प्रवचनों में उल्लेखित कई प्रसंग व दृष्टान्त आज भी मुझे याद हैं। डामोर साहब अपनी सार्वजनिक सभा ग्राम्य व शहरी लोक-जीवन की मानसिकता को उजागर करते हुए ऐसे प्रसंग का निरूपण करते कि "एक बाई शहर से गाँव में रहने आई। गाँव में हर एक के पास बकरी थी, पर यह तो पैसेवाली थी, अतः दूध हेतु भैंस लाई, पर उसे दुहना नहीं आता। गाँव की अन्य स्त्रियों को बिनती करके भैंस दुहवाती। एक दिन किसी ईर्ष्यालु आदमी ने भैंस को छोड़ दिया और उसकी जगह भैसे को बाँध दिया। दूध दुहने वाली स्त्री नहीं आई थी। अतः थोड़ा-थोड़ा सीखी हुई यह औरत भी भैंसे को दुहने लगी। काफी प्रयत्न किया पर एक बूँद भी दूध न निकला। इतनी बात बताने के बाद–सबको हँसाकर कहते कि, "बताइए भैंसे को दुहने से दूध भला मिलेगा क्या?" लोग प्रत्युतर देते "जी नहीं"। बाद में वे कहते कि फलाने पक्ष या आदमी को चुनाव जिताओगे तो भैंसा बाँधने जैसा हाल होगा।"

अत्यन्त सरल प्रकृति के धनी सोमजीभाई साहब सबके साथ शान्तिपूर्वक बात करते, साथ ही सबकी समस्याएँ सुलझाते। अतिपिछड़े व पहाड़ी इलाके के विकास को लेकर हम सार्वजनिक जीवन से जुड़े लोगों से सवाल करते हैं, पर समतल भूमि

की जोत सरल होती है, यहाँ तो पहाड़ जोतने हैं; जहाँ प्रतिकूलता-ही-प्रतिकूलता है। डामोर साहब ने ऐसी प्रतिकूलता के बीच रहकर पहाड़ों को हरे-भरे बनाने और वहाँ के जनजीवन को खुशियों से भरने के अनेक प्रयास किए हैं। अपने झोपड़ों को यूँ ही छोड़कर माँ गुर्जरी की गोद में रोजी-रोटी हेतु निकल जाना वनवासी बन्धु का व्यथायुक्त विचरण बन्द हो, उसका विकास स्वयं मजदूर न रहकर दूसरों को मजदूरी मुहैया करने योग्य सक्षम बन जाए ऐसे शुभाशय से ही सोमजीभाई साहब ने कई महत्त्वपूर्ण कार्य उनके लिए किए हैं।

सोमजीभाई साहब ने इस इलाके के लिए अगर कोई महत्त्वपूर्ण कार्य किया है तो वह है शैक्षिक संस्थानों की स्थापनाएँ। उनका यह शुभ आशय रहा है कि यहाँ के युवावर्ग को विद्यालय से महाविद्यालय तक की शिक्षा घर-आँगन में ही सुलभ हो। इस इलाके के कई लोग यहाँ अध्ययन करके रोजी-रोटी के साथ-साथ गौरवशाली पदों पर सेवारत हैं। मैं भी आदिवासी आर्ट्स कॉलेज, सन्तरामपुर का विद्यार्थी रह चुका हूँ। सन् 1991-92 में मैंने बी.ए. पास किया। मैं यह बात बताते हुए अत्यन्त प्रसन्नता महसूस कर रहा हूँ कि हिन्दी के हम सात विद्यार्थी आज अलग-अलग कॉलेजों में प्राध्यापक के रूप में सेवारत हैं; जिनमें प्रो. कुबेर डिंडोर, प्रो. नीता जोशी, प्रो. दिनेश गुर्जर, प्रो. जयन्ती पटेल, प्रो. कनुभाई चन्दाणा, प्रो. मणिलाल वणकर और मैं खुद।

डामोर साहब हम जैसे अनेक लोगों का आपको वन्दन है, क्योंकि "वेदों को समझना सरल है, वेदना समझनी कठिन है" आप ने इस गरीब इलाके के हमारे माता-पिताओं की आर्थिक विडम्बनाओं को भलीभाँति समझा है, उन सबकी आपको अनेक शुभकामनाएँ हैं। आपने सच्चे अर्थों में समाज सेवा की है। इस समाज-सेवा की फलश्रुति स्वरूप ही श्री वनराजभाई और श्री किलराजभाई जैसी सुपात्र सन्तानें आपको प्राप्त हुई हैं, जो आपके वृद्धत्व के जतन में खरे उतरेंगे। अनेक लोगों की सेवा कर-अनेक को रोजी-रोटी प्राप्त करवाकर आपश्री ने अनेक परिवारों में खुशहाली बाँटी है। आप भी सदा खुशहाल, प्रसन्न रहें ऐसी शुभकामना सह वन्दन।

पथ प्रदर्शक सोमजीभाई डामोर

प्रा. डॉ. कुबेरभाई डिंडोर

आदरणीय श्री सोमजीभाई डामोर हमारे मध्य गुजरात के सच्चे पथ प्रदर्शक व लोकसेवक हैं। जब उनके बारे में दो शब्द कहने का यह सुन्दर अवसर प्राप्त हुआ है तब मैं आनन्द महसूस कर रहा हूँ। मैंने बुजुर्गों से सुना है कि इन्सान को वर्ष सुधारना है तो कृषि सुधारनी चाहिए, यदि दस वर्ष सफल बनाने हैं तो पेड़ लगाने चाहिए और समूचा जीवन सफल बनाना हो तो बच्चों को पढ़ाना चाहिए। परन्तु हमारे इस इलाके को जिन्दगी के साथ ही गरीबी और संघर्ष भेंट स्वरूप मिले हैं अतः शिक्षा-प्राप्ति में कई अवरोध आए।

आदरणीय सोमजीभाई डामोर ने इस इलाके की महत्त्वपूर्ण समस्या को सुलझा दिया है। उनके द्वारा प्रज्वल्लित शिक्षाज्योति के चलते इस इलाके में उजाला फैल गया है। अनेक विद्यालय-महाविद्यालयों की स्थापना करके उन्होंने अत्यन्त महत्त्वपूर्ण कार्य किया है। आर्थिक संकट के चलते इस इलाके के लोग दूर-सूदूर शिक्षा प्राप्त करने जाने की बजाय मजदूरी का विकल्प चुन लेते, मूलतः विकास अवरुद्ध बनता। इसके कारण प्रतिभाशाली बच्चों की प्रतिभा खिलने से पहले ही मुरझा जाती। परन्तु श्री सोमजीभाई डामोर के इस शैक्षिक सेवा कार्य ने कई प्रतिभाओं को खिलने का सुअवसर प्रदान किया। मैं स्वयं इसका एक उदाहरण हूँ। मैं भंडारा गाँव का निवासी, खेत मजदूर का बेटा सन्तरामपुर कॉलेज में पढ़ा, प्रोफेसर बना, पी-एच.डी. की। सामाजिक सेवा की संवेदना से प्रेरित होकर सबके आशीर्वाद से सन्तरामपुर-123 विधानसभा का विधायक भी बना। इस समूची सफलता का यश अगर किसी को जाता है तो वह है घर-आँगन में सुलभ हुई उच्च शिक्षा-सेवा, जो श्री डामोर साहब की बदौलत है। पूजनीय सोमजी काका से मुझ जैसे कई युवा प्रेरित हुए हैं। उनके द्वारा की गई समाज-सेवा प्रवृत्ति अनेक परिवारों के लिए वरदान सिद्ध हुई है। उनके प्रयत्न और प्रेरणा द्वारा हमारे जैसे अनेक परिवारों में खुशहाली आई है। अन्त में हमारे पथ-प्रदर्शक आदरणीय श्री सोमजीभाई साहब का जीवन आनन्दमय बना रहे, ऐसी हार्दिक शुभकामनाएँ।

सन्तरामपुर : सौन्दर्य की शाश्वत खोज

केशुभाई देसाई

सौन्दर्य खोजियों को भी सन्तरामपुर कॉलेज की मुलाकात लेनी चाहिए। प्रकृति की गोद में बसे इस आदिजाति-नगर में सुन्दरता कदम-कदम पर दृश्यमान होती है। इस शान्त-प्रशान्त सरहदी प्रान्त पर प्रकृति ने अपना समूचा असबाब खुले मन व उदार दिल से उँड़ेल दिया है। सालों पहले यहाँ विद्या की धूनी लगाकर बैठे थे आचार्य कनु सुणावकर। उन्होंने मुझे एक डॉक्टर के रूप में नहीं, अपितु लेखक के रूप में अत्यन्त ऊष्मापूर्वक अपने विद्यार्थियों के समक्ष अपने विचार प्रस्तुत करने का न्यौता दिया था। इस प्रसंग में माध्यम बने थे मेरे अभिन्न मित्र खंडुभाई, जिन्होंने तलोद स्थित हायर सेकेंडरी स्कूल में अत्यन्त सफल कार्य के साथ-साथ समाज-सेवा व सार्वजनिक जीवन में भी इस अनजान प्रान्त में उल्लेखनीय प्रतिष्ठा प्राप्त की। इस अरावली व अरण्य प्रान्त बीच पली-बढ़ी सोमजीभाई की मानस कन्या (सन्तरामपुर कॉलेज) संग प्रीत की थी।

सोमजीभाई डामोर यानी गुजरात के सार्वजनिक जीवन के इतिहास का सुवर्ण-पृष्ठ। उन्होंने कई दशक तक दोहद (दाहोद) तथा सम्पूर्ण गुजरात के आदिवासी इलाके के धुरन्धर प्रतिनिधि के रूप में राज्य व राष्ट्रीय स्तर पर सेवाएँ प्रदान की हैं। कॉंग्रेस में वे नामी राजनेता के रूप में ख्यात थे। दिल्ली के लुटियन इलाके के कॅनिंग लेन स्थित उनका सरकारी आवास गुजराती लोगों के लिए बिना खबर किए आकर रहने के लिए धर्मशाला जैसा बन गया था। गुजरात का आदिवासी समुदाय सोमजीभाई के नेतृत्व पर आँख मूँदकर विश्वास करता था। आदिवासी विकास परिषद के वे प्रमुख थे तथा तत्कालीन मुख्यमन्त्री अमरसिंह (गुजरात) चौधरी उपप्रमुख थे। अपने सुवर्णकाल में सोमजीभाई मन्त्री भी रह चुके, सांसद के रूप में उन्होंने सेवा भी अदा की, किन्तु सबसे महत्त्वपूर्ण काम किया आदिवासी इलाकों में स्कूल, छात्रालय व कॉलेज निर्माण करने का।

सन्तरामपुर स्थित कॉलेज हो या भिलोडा स्थित कॉलेज, सोमजीभाई ने ऐसे दूर-दराज के इलाकों में जगह-जगह पर सरस्वती के जीते-जागते एक-से-बढ़कर एक तीर्थधामों की कतारें खड़ी कर जीते-जी जगतियु*(अपना श्राद्ध) कर दिया।

ये सभी विद्याधाम कबीर के दातून से विस्तृत वटवृक्ष की भाँति विस्तार पाते गए। वर्तमान में सोमजीभाई डामोर इन विद्याधामों की बुनियाद की ईंट जैसी आयु के अन्तिम पड़ाव में कृतार्थता महसूस कर रहे हैं। कभी उन्होंने गुजरात, मध्यप्रदेश व राजस्थान के आदिवासी इलाकों को जोड़कर केन्द्र सरकार के सामने "अरावली आदिवासी राज्य" निर्माण की अद्भुत कल्पना प्रस्तुत की थी। आज नहीं तो कल, भविष्य में यह कल्पना वास्तविकता अवश्य बनेगी।

कुछ समय पहले सन्तरामपुर कॉलेज के आचार्य डॉ. अभय परमार के निमन्त्रण और वहीं मेरे पुराने तलोद काल के साथी प्रा. खंडुभाई परमार के अनुरोध पर पुनः एक बार फिर से कॉलेज के सौन्दर्य-प्रेरक माहौल में अतिथि वक्ता का अवसर प्राप्त हुआ। तब मैं अकेला नहीं गया था। बीच रास्ते से साहित्य रसिक ऐसे मेरे कुछ मित्रों को भी संग लेकर सन्तरामपुर पहुँचकर प्रकृति की गोद में स्थित विश्रामगृह में ठहरा था। तब मदमस्त पावनधारा का असबाब देखने का जो मौका मिला था कभी विस्मृत नहीं होगा। मेरे वक्तव्य से सब उतना ही ऊष्मापूर्ण लाभान्वित थे। डॉ. अभय परमार आचार्य के पद पर विराजमान होने के बावजूद विद्यार्थी बने हुए थे, यह उनकी अनूठी प्रसिद्धि मानी जाएगी। सामान्यतया प्रशासनिक कार्य सँभालने के बाद एकेडमिकत्व धूँधला होता जाता है– इस मामले में अभय अपवादरूप हैं। उनके कॉलेज परिवार में भी सभी विद्वान, विदुषियाँ व अनुभवी अध्यापक अकबर के दरबार के नव रत्नों की भाँति विराजमान हैं। सबका पारस्परिक सौजन्यशील आत्मीय व्यवहार, और मैं तो मानो आकाश से उतर आया कोई देवदूत हूँ– ऐसा था उनका अपरम्पार प्रेम भाव! सौन्दर्यानुभूति वह गहना है जो मिलते मिल जाता है और खोजने पर हाथ लग जाता है। उमाशंकर जोशी को वह गहना माउंट आबु में मिल आया था, तो मुझे सन्तरामपुर की पहाड़ियों में।

सीमित संसाधनों के बीच भी सन्तरामपुर कॉलेज सच्ची विद्यानिष्ठा रखने वाली तीर्थभूमि बनी हुई है। इतना तो अवश्य कहा जा सकता है कि महानगरों के कॉलेजों की तुलना में यह वसुन्धरा का वंचित-उपेक्षित महाविद्यालय तनिक भी कमतर नहीं है, बल्कि कई रूपों में अग्रसर है।

इन सबके मूल में श्वेत वस्त्रधारी औलिया के समान सन्तरामपुर के सन्त-आदरणीय श्री सोमजीभाई डामोर में रही 'आदिम' प्रतिबद्धता है। आचार्य अभय परमार कॉलेज में आए अतिथि को निकट में स्थित कडाणा डैम के दर्शन से वंचित थोड़े रखेंगे! उन्होंने डैम के निकट मौजूद वन विभाग के विश्रामगृह में ही लंच का आयोजन भी किया था। महीसागर नदी की गोद में बिताए ये पल दिमाग के गह्वर में इतने सालों बाद आज भी गुदगुदी कर रहे हैं।

खंड - ख

- **सोमजीभाई डामोर का सार्वजनिक जीवन और उपक्रम**
  - जन मसीहा : श्री सोमजीभाई डामोर – *प्रवीण दरजी*
  - शिक्षा के स्वप्नद्रष्टा : श्री सोमजीभाई डामोर – *खंडुभाई परमार*
  - जनजाति कल्याण के मसीहा : श्री सोमजीभाई डामोर – *डॉ. दिनेशचन्द्र डी. चौबीसा*
  - आदिवासी समाज के उद्धारक – सोमजीभाई डामोर – *प्रो. शकुन्तला एस. बलात*
  - आदिवासी समुदाय के शैक्षिक विकास की नींव : श्री सोमजीभाई डामोर – *प्रो. भारती धनुला*

● सोमजीभाई डामोर का सार्वजनिक जीवन और उपक्रम

जन मसीहा : श्री सोमजीभाई डामोर

प्रवीण दरजी

श्री सोमजीभाई डामोर के बारे में कुछ कहना या लिखना सूरज को फानुस दिखाने के बराबर होगा। वे स्वयं प्रकाशपुंज हैं, स्वयं एक हस्ती हैं, स्वयं अनेकानेक पहचानों में से एक पहचान हैं। कल का अविभाजित पंचमहल जिला उनकी स्थानीय पहचान का परिचायक था। आज पंचमहल जिला दाहोद, महिसागर एवं पंचमहल नामक त्रिदलीय बिल्वपत्र बना हुआ है। वे आज इन तीनों जिलों के एक बहुमूल्य रत्न के रूप में, विशेषतया आदिवासी लोगों के मसीहा के रूप में जगमगा रहे हैं। वे मात्र एक राजनीतिज्ञ के रूप में ही नहीं, सामाजिक-शैक्षिक पुरुष के रूप में भी बृहद फलक पर ख्यातनाम हैं।

श्री सोमजीभाई का राजनीतिक सन्दर्भ केवल राजकीय इच्छा नहीं, जन इच्छा है। निम्न स्तरीय, शोषित-पीड़ित जीवन का उद्धार ही उनका मकसद रहा है। वे स्वयं वनवासी-आदिवासी वर्ग से ताल्लुकात रखते हैं, फलतः आदिवासी जनता से नाभिनाल सम्बन्ध के चलते उनके प्रति उनका प्रेमयुक्त समर्पण रहा है। आजादी के सात-सात दशक बीत जाने के बाद भी इस जनता को अपनी सही-पृथक पहचान नहीं मिल पाई है। उनके हक और अधिकारों का जितना जतन होना चाहिए था नहीं हो पाया है। उनकी बदहाली मिटाने का अन्तिम उपाय भी नहीं मिल पाया है। उनकी शैक्षिक गतिविधि भी अपेक्षाकृत कम है। इस सन्दर्भ में सोमजीभाई आरम्भ से ही चिन्तित व जागृत थे। वे इन सबका उपाय खोज रहे थे। यही वह सन्दर्भ है जो उन्हें राजनीति में खींच ले गया। वे अपने जीवन-निर्माण के प्रारम्भ में ही भारी बहुमत व लोक चाहना के साथ गुजरात विधानसभा के विधायक-मन्त्रीश्री के रूप में चुने गए। उन्होंने गुजरात के उपेक्षित-वर्ग हेतु संघर्ष शुरू किया, एक व्रतधारी के रूप में उन्होंने आदिवासी वर्ग के उत्कर्ष हेतु तन-मन-धन से सेवा शुरू की; परिणामस्वरूप देखते-ही-देखते समूचे गुजराती आदिवासी समुदाय में एक समर्थ प्रतिनिधि के रूप में उनका नाम प्रतिष्ठित हो गया। ऐसा कहने में कोई अतिशयोक्ति नहीं होगी कि उन्होंने जन सेवा के माध्यम से ही प्रान्त में अपना एकचक्री शासन चलाया।

श्री सोमजीभाई ने महसूस किया कि आदिवासी और शोषितों की दशा केवल गुजरात तक ही चिन्तनीय है, ऐसा नहीं है। भारत के अन्य प्रान्तों से भी ऐसे वर्गों की आवाज़ उचित तरीके से सरकार तक नहीं पहुँच पाती है। अतः उनमें ऐसी तीव्र भावना जाग उठी कि समूचे भारत में आवश्यक परिवर्तन होना चाहिए। फलतः उन्होंने इसी उद्देश्य से लोकसभा चुनाव लड़ा कि अपना कार्यक्षेत्र-सेवाक्षेत्र व्यापक बनाया जा सके, संसद में जाकर उपेक्षित वर्ग का सीधा प्रतिनिधित्व किया जाए, उनकी माँग को बुलन्द किया जाए; साथ ही यह संकल्प भी लिया कि राष्ट्र के उपेक्षित वर्ग को यथोचित न्याय प्राप्त हो ऐसी स्थिति निर्मित हो सके। उनके इस संकल्प को न केवल आदिवासी लोग, बल्कि गैर-आदिवासियों का भी तहेदिल से पूरा सहयोग प्राप्त हुआ। इसका अत्यन्त सुखद व आश्चर्यजनक परिणाम यह रहा कि वे एक बार नहीं, दो बार नहीं, सात-सात बार लोकसभा चुनाव लड़े और सांसद बनते रहे। इस घटना को चमत्कार कहें या ईशकृपा या फिर आदिवासी या आमप्रजा का प्रेम-सहयोग, वे जनमानस में जननायक के रूप में जगमगाते रहे। उन्होंने अपने जीवन के इन कीमती वर्षों में दाहोद व समूचे राष्ट्र के आदिवासी लोगों के प्रश्नों को गहराई से जाना-पहचाना-परखा, वे उनकी वेदना में सहभागी बने, साथ ही उनकी अनेक समस्याएँ सुलझाने में सफल रहे। इस तरह सोमजीभाई राष्ट्रीय स्तर पर अधिक प्रसार-विस्तार के साथ विख्यात बने।

श्री सोमजीभाई की दूसरी महत्त्वपूर्ण पहचान एक विद्यापुरुष के रूप में है। सन्तरामपुर स्थित आदिवासी आर्ट्स एण्ड कॉमर्स कॉलेज हो या भिलोडा स्थित कॉलेज– इन शिक्षा संस्थानों द्वारा इन्होंने पिछड़े इलाकों के उपेक्षित व मध्यमवर्गीय युवावर्ग के लिए घर-आँगन में ही शिक्षा-सुलभ हो इसके लिए सूझ-बूझ भरा प्रबन्ध किया। जहाँ-जहाँ जिन इलाकों में विद्यालय-महाविद्यालयों की महती आवश्यकता थी वहाँ-वहाँ वे पहुँच गए तथा एक-दो नहीं, पर सत्तर-सत्तर शैक्षिक संस्थानों के वे प्रणेता बने। इतना ही नहीं इन संस्थानों में बिना किसी हस्तक्षेप के इनका स्वायत्त तरीके से विकास हो, ऐसे वातावरण का निर्माण भी किया। आरम्भ में प्रि. कनु सुणावकर तथा प्रि. बी. एम. पीरजादा जैसे विद्याप्रेमियों ने इन संस्थानों को सहयोग कर इसके वातावरण को उत्कृष्ट बनाया। सन्तरामपुर व भिलोडा स्थित कॉलेजों में जो शैक्षिक वातावरण निर्मित हुआ उसने समूचे गुजरात के शिक्षा-जगत का ध्यान अपनी ओर आकर्षित किया। श्री सोमजीभाई ने यह सब केवल शिक्षाप्रेम से ही साकार किया। इतना ही नहीं, इन संस्थानों की बदौलत हजारों की संख्या में युवक-युवतियाँ पढ़ने लगे, मध्यमवर्गीय-आदिवासी युवावर्ग की आँखों में एक नयी चमक उभर आई। इन युवाओं को इतना समर्थ बनाया कि वे आजीविका पा सके; साथ ही कई छात्र-छात्राएँ वहाँ से शिक्षा प्राप्त कर राष्ट्रनिर्माण के विविध क्षेत्रों में,

विविध पदों पर कार्यरत हुए। श्री सोमजीभाई का यह शिक्षा-प्रेम व शिक्षा के प्रति गहरी समर्पण-भावना व लगाव सबके लिए प्रेरणास्पद बना हुआ है।

आज सोमजीभाई राजनीति में प्रत्यक्ष रूप से सक्रिय नहीं हैं। परन्तु उनका जीवन तो आदिवासी-शोषित प्रजा के साथ उनके उत्कर्ष व कल्याण हेतु अभिन्न रूप से जुड़ा हुआ है। 'प्रजा-सबल तो राष्ट्र-प्रबल'—वाली अपनी दृढ़ समझ के कारण ही वे अखिल भारतीय आदिवासी विकास परिषद, नयी दिल्ली के राष्ट्रीय अध्यक्ष के रूप में सेवारत हैं। राष्ट्रीय स्तर पर वे आदिवासी समुदाय का संगठन बना रहे हैं। ऐसी प्रजा आर्थिक-सामाजिक दृष्टि से प्रगतिशील हो, सक्रिय हो इसके लिए वे अहर्निश प्रयत्न करते रहे हैं। 'जय आदिवासी' जैसे सूत्र में सोमजीभाई के हृदय का ही प्रतिघोष सुनाई देता है।

राष्ट्रीय स्तर पर ख्यातनाम होने के बावजूद सोमजीभाई आज किसी महानगर में बसने की अपेक्षा अपने आदिवासी इलाके दाहोद में ही बस गए हैं। आज भी वे आदिवासी लोगों के बीच एक आदिवासी के रूप में ही जीवन जी रहे हैं, साँसें ले रहे हैं। जनता यदि ऐसी हस्ती को अपने मसीहा के रूप में नहीं देखेगी तो आश्चर्य होगा न?

शिक्षा के स्वप्नद्रष्टा : श्री सोमजीभाई डामोर

खंडुभाई परमार

भारत सरकार में सात-सात टर्म तक लगातार संसद-सदस्य बने रहे व जिनकी छत्रछाया में पाँच सौ से भी अधिक शैक्षिक-प्रशासनिक कर्मचारी-गण 'आजीविका' पा रहे हों तथा जहाँ हजारों विद्यार्थियों का जीवन-निर्माण हो रहा हो, ऐसी अनेक शैक्षिक संस्थानों के अधिपति-कुलपति ऐसे श्री सोमजीभाई डामोर के जीवन का विहंगावलोकन...

विद्यालय से महाविद्यालय तक की शैक्षणिक यात्रा

गुजरात के अविभाजित पंचमहल जिला स्थित मुख्य केन्द्र गोधरा में स्वाधीनता आन्दोलन के उपलक्ष्य में सन् 1917 में सर्वप्रथम राजकीय परिषद् आयोजित हुई। उस समय समाज के मुख्य दो वर्ग– दलित और आदिवासी शिक्षा से वंचित-प्रवंचित थे, उनके लिए शिक्षा-प्राप्ति की कोई विशेष व्यवस्था न थी (कदाचित 'एकलव्य' वाली परम्परा चलती आई होगी) या कहिए कि उनके लिए विद्यालयों के द्वार अभी तक बन्द थे। ऐसे हालात में समाज के उपेक्षित वर्ग पर कुछ कुशल मानवतावादी राजनेताओं का ध्यान गया। फलस्वरूप ऐतिहासिक दृष्टि से अत्यन्त महत्त्वपूर्ण इस परिषद में समाज के इन दोनों वर्गों हेतु शिक्षा-प्राप्ति को लेकर चिन्तन-मनन शुरू हुआ, जिसके अगुवाओं के रूप में दलितों के लिए शिक्षा का उत्तरदायित्व मराठी ब्राह्मण श्री मामासाहब फड़के को, जब कि आदिवासियों के लिए ठक्कर बापा को सौंपा गया। इस तरह गोधरा में अन्त्यजों हेतु 'गाँधी आश्रम' तथा आदिवासी हेतु दाहोद प्रान्त स्थित मीराखेड़ी में 'भील सेवा मंडल' की छत्रछाया में आश्रम-विद्यालयों (निवासी-शालाओं) का प्रारम्भ हुआ। हमारे सोमजीभाई डामोर इसी आश्रम-विद्यालय के विद्यार्थी थे।

'भील सेवा मंडल' द्वारा आदिवासी समुदाय के लिए शिक्षा-प्राप्ति के द्वार तो खोल दिए गए, परन्तु उस अन्धकार युग में इस समाज में इतनी सूझ-बूझ व शक्ति कहाँ थी जो उनके बच्चे स्कूल तक पहुँच सके? यद्यपि, स्कूल में प्राथमिक प्रवेश

हेतु भी योग्यता कहाँ थी? जब समाज अगाध दरिद्रता के दल-दल में धँसा हुआ हो, ऊपर से कुरिवाजों और व्यसन का भी शिकंजा कसा हुआ हो, ऐसे दोजख़ समय में स्कूल नसीब होना किसी सौभाग्य से कम न था। विद्या-प्राप्ति हेतु सोमजीभाई डामोर का आश्रम-विद्यालय में प्रवेश पाना उनके जीवन का 'टर्निंग-प्वाइंट' माना जा सकता है। मीराखेड़ी स्कूल से शुरू हुई उनकी यह शिक्षायात्रा अहमदाबाद आते-आते उच्चशिक्षा के सोपान सर करती है, जिसकी अन्तिम परिणति होती है—भारतीय आदिवासी विकास परिषद के राष्ट्रीय अध्यक्ष श्री सोमजीभाई डामोर, एम.कॉम., एल.एल.बी, पूर्व सांसद।

शिक्षा का कर्तव्य-बोध : मास्टर-स्ट्रॉक

मनुष्य मात्र के जीवन का यही क्रम होता है कि जब उसे ठेस लगती है तभी वह होश में आता है, तभी उसके भीतर से कुछ करने का जोश पैदा होता है। मानो कि कुछ निर्माण होता है। अश्वेत होने के नाते एक ठेस गाँधी ने खाई थी। उसी अफ्रिका देश में, अपनी ही जन्म व मातृभूमि में स्वयं नेल्सन मंडेला के साथ भी यही हुआ था। यद्यपि, 'देवों की भूमि की ऐतिहासिक विरासत' वाले भारत देश में डॉ. बाबासाहब अम्बेडकर के साथ भी यही हुआ। इन सभी महामानवों ने अपने पुरुषार्थ व सामर्थ्य के बलबूते पर इसके ऐतिहासिक प्रत्युत्तर दिए।

सुनने में आया है कि अपमान, अवहेलना तथा उपेक्षा की तथाकथित संस्कृतिजन्य परम्पराओं में कहीं तीसरे या चौथे वर्ग के कर्मचारी के रूप में सोमजीभाई के साथ भी कुछ यही हुआ। साथ ही उन्होंने अपने आदिवासी भाई-बहनों के साथ निरन्तर होने वाले तमाम प्रकार के शोषणों को अत्यन्त निकट से देखा है। उन सबके प्रति उनके मन में प्रतिशोध-भावना तो अवश्य जगी होगी, पर ऐसा भी हुआ हो कि उस समय परिणामलक्षी न बनी हो। फिर भी उन्होंने उन तमाम दूषणों से मुक्ति हेतु शिक्षा-प्राप्ति को ही एक मात्र साधन समझा। शोषण की जड़ केवल गरीबी नहीं है, अज्ञानता भी है। यह सत्य उन्हें अपने जीवन की शिक्षा-यात्रा के प्रारम्भिक वर्षों में ही समझ में आ गया कि शिक्षा की बदौलत ही स्वावलम्बी व स्वायत्त बना जा सकता है, साथ ही स्वतन्त्रता की मुक्त साँसें भी ली जा सकती हैं– ऐसा कर्तव्यबोध उनमें कटु स्वानुभवों की बदौलत जगा हो, ऐसा मान सकते हैं। कदाचित इसकी फलश्रुति के रूप में ही, आज हम सोमजीभाई द्वारा स्थापित, पुष्पित-पल्लवित शैक्षिक परिसर के दर्शन कर पाते हैं।

विद्यालय-महाविद्यालयों का प्रारम्भ : सामाजिक चेतना का आविष्कार

एक कहावत है कि तरह-तरह की जो ठोकरें खाता है वही जागृत बनता है।

प्रतिकार हेतु सब समर्थ नहीं होते हैं। सबके पास दिशा-निर्देशन भी नहीं होता है। इस मामले में सोमजीभाई अपवादस्वरूप हैं ऐसा लगता है। वे चुप्पी साधकर बैठ नहीं गए।

इग्लैंड में जब स्कूल शुरू किया गया तो वहाँ के सद्गृहस्थों में एक बुनियादी संकल्प था, 'चलो स्कूल शुरू करें, कारावास बन्द हो'। सोमजीभाई ने भी जब स्कूल शुरू किया होगा तब प्रारम्भ में देखे-परखे व अनुभूत किए हुए 'शोषणों' ने उन्हें अवश्य झुलसाया होगा। अर्थात् स्कूल शुरू करने के मूल में स्वावलम्बन का उद्देश्य तो रहा ही होगा तथा 'चलो स्कूल शुरू करें, शोषण से मुक्ति पाएँ' वाला संकल्प भी अभिप्रेत रहा होगा। साथ ही ऐसे ही प्रयोजनबद्ध संकल्प सहित शुरू हुई निवासी-शालाओं की संख्या में उत्तरोत्तर बढ़ोत्तरी होती गई जो कालान्तर में प्राथमिक, माध्यमिक एवं उच्चतर-माध्यमिक स्तर पर विस्तृत होती गई। आदिवासी इलाके में कॉलेज (महाविद्यालय) की आवश्यकता महसूस हो रही थी, ऐसे में सोमजीभाई के गुरु माननीय पीरजादा साहब से उनकी मुलाकात हुई, जिनके शैक्षिक-आधिपत्य में भिलोडा तथा सन्तरामपुर में उच्चशिक्षा-संस्थानों की स्थापनाएँ हुई, जिनके चलते आदिवासी, दलित व सवर्ण छात्रों के लिए घर आँगन में ही उच्चशिक्षा प्राप्त करना अत्यन्त सुलभ बना। कहिए कि सूरज उगेगा तो प्रकाश सबको मिलेगा न!

सन्तरामपुर कॉलेज : गुजरात विश्वविद्यालय का नामी कॉलेज

उस समय आदिवासी इलाके में दाहोद प्रान्त में कॉलेज था, इसके पश्चात् सन्तरामपुर में एक मात्र कॉलेज था। विषय-वैविध्य, सुचारु प्रशासनिक व अध्यापकीय कार्यक्षमता के चलते इस कॉलेज में प्रवेश पाने हेतु छात्रों का ताँता लगा रहता था। एक समय ऐसा भी आया जब कॉलेज की छात्रसंख्या सत्ताईस सौ तक पहुँच गई थी। पंचमहल क्षेत्र एवं गुजरात युनिवर्सिटी संलग्न ग्राम्य विस्तार के कॉलेजों में अत्यधिक विषयों का अध्यापन कराने वाले कॉलेज के रूप में इसकी गिनती होती थी।

सन्तरामपुर कॉलेज में गुजराती, अँग्रेजी, हिन्दी, संस्कृत जैसी तमाम भाषाएँ तथा समाजशास्त्र, मनोविज्ञान, गृहविज्ञान, कम्प्यूटर साइन्स जैसी मानवविद्याओं, वाणिज्य-विभाग, डॉ. बाबासाहब अम्बेडकर ओपन युनि. संलग्न अध्यापन केन्द्र, इन्दिरा गाँधी नेशनल ओपन युनि. संलग्न अध्यापन केन्द्र, एन.एस.एस तथा एन.सी. सी. के साथ-साथ अत्यन्त ऊँचाई प्राप्त की थी। आज तो सन्तरामपुर के आस-पास कई दूसरे कॉलेज शुरू हो गए हैं। बावजूद इसके इस इलाके के छात्रों में आज भी सन्तरामपुर कॉलेज उनका प्रथम पसन्दीदा कॉलेज बना हुआ है; जिसका श्रेय इस कॉलेज के समूचे शैक्षिक-पर्यावरण को जाता है।

सन्तरामपुर कॉलेज की एक और विशेषता है जो अन्यत्र कदाचित ही देखने को

मिले, वह यह कि यहाँ अध्यापकों की नियुक्ति में इनका विषय-वैशिष्ट्य तो रहा ही, साथ-ही-साथ उनका बहुभाषी व्यक्तित्व, धार्मिक-सन्तुलन व प्रादेशिक सन्तुलन को दिया गया प्राधान्य भी दृष्टिगोचर होता है। परिणामस्वरूप जब अध्यापक-खंड में बैठे हो तब 'मीनी भारत' के दर्शन होते थे। यहाँ उत्तर प्रदेश, मध्यप्रदेश, राजस्थान, उड़ीसा, बिहार, कर्नाटक, आन्ध्रप्रदेश, केरल, पंजाब जैसे राज्यों से हिन्दू, मुस्लिम, इसाई धर्म से जुड़े अध्यापक नज़र आते थे। मानो यहाँ सेक्यूलर भारत महसूस होता था। कॉलेज परिसर में दैनिक बोलचाल की भाषा के रूप में कदाचित राष्ट्रभाषा का प्रभुत्व इसी रंग-बिरंगी विविधता के चलते ही सम्भव हुआ होगा। कॉलेज के अध्यापकों में से कई अध्यापक साहित्य, शोध व सर्जन-विवेचन प्रक्रिया में सक्रिय होने के कारण राष्ट्रीय स्तर पर भी ख्यात हुए थे। तब यह घटना कॉलेज के लिए तो गौरवान्वित करने वाली थी ही, परन्तु सोमजीभाई डामोर के कॉलेज के मुखिया होने के नाते व उनकी ओर से कॉलेज के पर्यावरण को प्राप्त हुआ शैक्षिक-खुलापन भी मूल में रहा है। साथ-ही-साथ कॉलेज के प्रारम्भिक वर्षों में सोमजीभाई के गुरु व संस्था के सहयोगी प्रतिभा-सम्पन्न माननीय श्री पीरजादा साहब का दिशा-निर्देशन भी अतुलनीय रहा है।

सोमजीभाई : समभाव और सौहार्द्र के संचालक

कभी मेरे ध्यान में ऐसा नहीं आया है कि कॉलेज के शैक्षणिक और कार्यालयी कामकाज में कभी सोमजीभाई ने कर्मचारी वर्ग या अध्यापकों के साथ सत्ता का मिजाज़ दिखाया हो। वे सदैव परिवार के मुखिया के रूप में ही पेश आए हैं। 'घर में बर्तन हो तो आपस में टकराएँगे ही' की तरह संस्था में कभी-कभी कर्मचारियों में होती आपसी खींचातानी में भी उनका अभिगम सदैव मानवीय व समाधानकारी रहा है। संचालक मंडल के मुखिया के रूप में सोमजीभाई के संचालन में कभी ऐसी स्थिति पैदा नहीं हुई जो अन्य संस्थानों में देखने को मिलती हैं, जहाँ कर्मचारी की साँसें गले तक आ जाती हों, उन्हें बड़े दबाव में काम करना पड़े! जी हाँ, कभी ऐसे दृश्य अवश्य देखने को मिले जहाँ उन्होंने डाँटा भी है तो मधुर भाषा में। यद्यपि ऐसे प्रसंग भी कॉलेज में घटित हुए हैं जहाँ अशिष्टता का आचरण करने वाले कर्मचारी के साथ भी उन्होंने प्रेम और सौहार्द्र के साथ सब सुलह करवाया है, और कर्मचारी खुशी-खुशी निवृत्त हुआ है।

संचालक मंडल के प्रमुख होने के नाते समस्त कर्मचारीगण के लिए सोमजीभाई 'साहब' तो थे ही, पर उन्होंने कभी 'साहबगिरी' दिखाई हो ऐसा ध्यान में नहीं आया है। उनकी अनुपस्थिति में भी कॉलेज के कर्मचारी उनके बारे में बात करते समय 'मोटा' (आदरणीय) सम्बोधन करके ही उनके बारे में बात करते सुने जाते।

उन्होंने कभी अपनी बॉसगिरी के दर्शन नहीं कराए हैं। सोमजीभाई ने प्रशासनिक संचालन में आज भी 'कॉर्पोरेट कल्चर' को जगह नहीं दी है, फलतः उनके संस्थानों में परिवार-भावना व पारिवारिक माहौल के दर्शन होते हैं।

सोमजीभाई : जन्म से आदिवासी व्यवहार में बनिया

मैं कॉलेज में नये-नये अध्यापक के रूप में दाखिल हुआ उस समय मुझे सोमजीभाई का गहन परिचय न था, किन्तु कॉलेज के कार्यकारी प्राचार्य बनने के पश्चात् जब आदिवासी विकास परिषद की मीटिंगों में जाने का मौका मिलता तब परिषद के पुराने सदस्यों (सीनियर) के साथ मेलजोल में कभी-कभी सोमजीभाई के स्वभाव के बारे में बातें होतीं। आर्थिक व्यवहार में उनकी पारदर्शिता की प्रशंसाएँ भी होतीं। कभी-कभार उनकी सहायता और अति सरल प्रकृति की भी चर्चा होती। एक बार परिषद में उनके अंगत मित्र एक बुजुर्ग चर्चा करते हुए कहने लगे, 'खंडुभाई, क्या आप सोमजीभाई को पहचानते हैं?' ऐसे प्रश्न से मैं आश्चर्यचकित रह गया। थोड़ी देर बाद वे आगे कहने लगे, "खंडुभाई, चार 'बनिये' के समान एक सोमजीभाई हैं।" सारे मित्र हँस दिए। यह बात तब सच मालूम हुई जब एक बार पाटन में परिषद की कारोबारी मीटिंग आयोजित हुई, उस दौरान रेस्टहाउस में ठहरना था। सुबह की पहली चाय पीनी थी। हम सब मिलकर पाँच मित्र वहाँ थे। उन्होंने तीन चाय मँगवाई और उनमें से पाँच चाय बनाई, तभी मुझे 'बनिये' वाली बात समझ में आई, सोमजीभाई पक्के 'बनिये' हैं।

सोमजीभाई : शोषण के खिलाफ़ सयानी आवाज़

कभी मेरे ध्यान में ऐसा नहीं आया है कि सामाजिक न्याय हेतु सोमजीभाई ने कभी कोई धरने दिए हों, रैली या जुलूस निकालकर स्लोगन द्वारा हाहाकार मचाया हो। किन्तु इसका मतलब यह नहीं है कि वे इस मामले में निष्क्रिय रहे हैं। शिक्षा-यात्रा के प्रारम्भिक वर्षों में हुए कटु-अनुभवों के घाव अभी भरे नहीं हैं, फिर भी शिक्षा को माध्यम बनाकर शोषण व अन्याय के खिलाफ उन्होंने सूझ-बूझ से आवाज़ उठाकर परिणामलक्षी प्रत्युत्तर दिया है। उन्होंने अपने कामों से यह सिद्ध कर दिखाया कि शिक्षा के माध्यम से ही सशक्तीकरण किया जा सकता है। उनके द्वारा शुरू की गई संस्थाओं के जरिये हजारों आदिवासी लोग अपने हक और अधिकार के प्रति जागृत हुए हैं। उनमें से कई विद्यार्थी डॉक्टर, वकील, प्रोफेसर, शिक्षक, सरकारी अधिकारी आदि बने हुए हैं। देश में संरक्षण-सेवा के क्षेत्र में भी कई युवा अपनी उल्लेखनीय भूमिका अदा कर रहे हैं। यहाँ तक कि राष्ट्रीय फलक तक वे पहुँच चुके हैं। गूँगे रहनेवाले लोगों की वाणी खुलने लगी है, इसके मूल में एक मात्र शिक्षास्त्र

का ही परिणाम रहा है। लोग अपने अधिकारों के लिए अन्याय के विरुद्ध लड़ने लगे हैं, यह शान्त और समभावपूर्ण परिणाम है। बिना शोर मचाए उन्होंने अपनी शक्ति-मर्यादा में रहकर परिणाम लाकर दिखाए हैं। ऐसे समय पर उनके राजकीय प्रतिस्पर्धी व कुछ ऐसे भी प्रतिस्पर्धी जिनको उन्होंने उँगली पकड़कर चलना सिखाया हो वे भी खुले मंच पर से स्वीकार करते हुए कहते हैं, "सोमजीभाई ने शैक्षिक-संस्थान खोलकर समाज हेतु भगीरथ कार्य किया है।"

सोमजीभाई : अन्धश्रद्धा-वहम के प्रखर विरोधी

अभी भी यह पता नहीं चल सका है कि सोमजीभाई में 'रेशनल' अभिगम क्यों कर पनपा? वे प्राकृतिक तत्त्वों के उपासक हैं और देवी-देवताओं के प्रखर विरोधी रहे हैं। इस बात को वे बार-बार दोहराते भी रहे हैं कि, "मूलनिवासी इस देश के सच्चे मालिक हैं।" ऐतिहासिक दृष्टि से यह बात अत्यन्त सही है। आर्यों ने आकर इन मूलनिवासियों का जीवन छिन्न-भिन्न कर दिया। इसीलिए तो सोमजीभाई ने आमूल क्रान्ति हेतु पृथक "भीलीस्तान" की माँग की थी। वे पौराणिक कथाओं के भी पक्के विरोधी हैं। कई बार खुले मंच पर से और मीडिया के समक्ष भी यह सत्य कह चुके हैं कि कथित भगवानों ने इन आदिवासियों का शोषण करके राजनीति की है। बिना राजकीय नुकसान की परवाह किए वे सदैव अपनी मान्यता पर अटल रहे हैं।

सोमजीभाई : मानवतावादी राजनीतिज्ञ

सोमजीभाई ने अपनी जीवन-यात्रा का तकरीबन आधा समय सक्रिय राजनीति में बिताया। उन्होंने कई लोकोपयोगी कार्य किए। पार्लियामेंट में भी उनकी अच्छी पहुँच थी, आधी जिन्दगी वहाँ बिताई थी। एक बार हमें दिल्ली पार्लियामेंट में जाना था। वहाँ मुलाकाती के लिए कड़ी व्यवस्था थी। उसमें प्रवेश हेतु कई औपचारिकताएँ भी पूरी करनी पड़ती हैं। उन्होंने हमारे लिए वहाँ के सुरक्षा अधिकारी को सूचना दी थी कि, "मेरे कॉलेज के प्रोफेसर लोग हैं, उन्हें अच्छी जगह बिठाना।" हुआ भी ऐसा कि सुरक्षा-अधिकारियों ने हमें स्पीकर-गैलेरी में बिठाया। ऐसे छोटे-मोटे कई काम उन्होंने किए होंगे, किन्तु संसद की सातवीं टर्म के पश्चात आठवीं टर्म हेतु जब उनको टिकट देने में जो 'राजनीति' खेली गई और जब उन्हें टिकट न मिला तब वे राजकीय सन्तुलन न बना पाए, परिणामस्वरूप उसके पश्चात् आवेश में हुए बदलावों ने उनके राजकीय जीवन को अत्यन्त नुकसान पहुँचाया। कदाचित्, उन्होंने चुप्पी साध ली होती तो राजनीति के क्षेत्र में वे आज जहाँ हैं वहाँ से काफी आगे होते, ऐसा मेरा विनम्र अवलोकन है।

सोमजीभाई शिक्षक नहीं पर 'फिडबैक' शिक्षक की तरह देते

शैक्षिक व्यवसाय में 'फिडबैक' अर्थात् प्रतिपुष्टि का अत्यन्त शैक्षिक मूल्य होता है। कार्यवाहक प्राचार्य के रूप में प्रशासनिक कामकाज के नाते मुझे उनके सीधे सम्पर्क में आने का मौका मिला। फलतः कई प्रसंग आज भी स्मरणांकित बने हुए हैं। कॉलेज के शैक्षिक-विस्तरण हेतु युनिवर्सिटी से स्नातकोत्तर अध्यापन केन्द्र की मान्यता प्राप्त हुई हो, कॉलेज को कोई एवार्ड मिला हो, ट्रॉफी मिली हो ऐसे समाचार अखबार में पढ़ते ही तुरन्त मुझे फोन कर बधाई देते। कभी उसके फोटोग्राफ देखने का आग्रह भी करते। ऐसा एक प्रसंग काफी यादगार रहा है। कॉलेज में असाधारण अराजकता पैदा हुई थी, इसमें कॉलेज की प्रतिष्ठा का भी प्रश्न था। युनिवर्सिटी के साथ 'संवाद' स्थापित कर जब इस समस्या का सकारात्मक निराकरण हुआ तब सोमजीभाई ने अपनी लाक्षणिक-मुद्रा में कहा, 'खंडुभाई आपने कठिन-से-कठिन पहेली को सुलझा दिया है।' वे स्वयं शिक्षक नहीं थे, फिर भी देखिए उनकी अनूठी 'फिडबैक' की शिक्षा-रीति। सोमजीभाई कहाँ शिक्षक थे, पर उन्होंने कर्मचारियों को प्रोत्साहित करने में सदैव शैक्षिक कुशलता के दर्शन कराए हैं।

हमारे सोमजीभाई अब अस्सी पार कर गए हैं। वृद्धावस्था का प्रभाव उनके शरीर और मन पर दिखने लगा है, ऐसे में हजारों दलितों, आदिवासियों, तमाम पिछड़े वर्गों तथा सालों से हाशिये में धकेल दिए गए दूर-दराज बसे अनेक परिवारों में शिक्षा-ज्योति प्रज्वलित कर सदियों से पसरे अन्धकार को दूर करने वाले सोमजीभाई के लिए अन्त में यही शुभकामनाएँ कि उन्हें सुखद-स्वास्थ्य व दीर्घायुष्य प्राप्त हो।

जनजाति कल्याण के मसीहा : श्री सोमजीभाई डामोर

डॉ. दिनेशचन्द्र डी. चौबीसा

20 जून, 1940 दाहोद जिले के झालोद तहसील में स्थित छोटे-से गाँव दाँतिया में जन्म लेकर दुनिया के क्षितिज तक अपने विराट व्यक्तित्व की अमिट छाप बिखेरने वाले जनजाति कल्याण के पुरोधा श्रीमान सोमजीभाई डामोर ने अपनी प्रतिभा, साहस और विलक्षण मेधावी व्यक्तित्व के साथ देश में अजीज शख्सियत के रूप में अपनी पहचान बनाई है। आपकी लोकप्रियता इस बात से साबित होती है कि एक जननेता कैसा हो? आप अनवरत सात बार दाहोद मतविस्तार से लोकसभा के लिए चुने गए हो।

गुजरात और राष्ट्रीय राजनीति में आदिवासियों के मसीहा और विकास पुरुष के रूप में आपका अतुलनीय योगदान एक कर्मठ योद्धा का परिचायक है। आपने गुजरात आदिवासी समाज के उत्थान एवं नवनिर्माण में ऐसी जमीन तैयार की है, जो अद्वितीय है। आपसे अनुप्राणित होकर आज भी नयी पीढ़ी नवसृजन के क्षेत्र में नई ऊँचाइयों को प्राप्त करने की भरसक कोशिशों में जुटी हुई है। आदरणीय सोमजीभाई डामोर की जन-जाति कल्याण और जन-सेवा के कार्यों में मुख्य चाह यह रही है कि गरीबी और पिछड़ेपन से त्रस्त जनजाति अंचलों तक विकास की गंगा उसी तरह बहनी चाहिए, जैसी महानगरों में। जिससे समग्र आदिवासी समाज को जीवन का सन्तोष और आत्म-सम्मान से जीने का सुकून प्राप्त हो सके।

आदरणीय युगपुरुष श्री सोमजीभाई डामोर का काम किसी परिचय का मोहताज नहीं है, जन-सेवा और जनजाति कल्याण के मसीहा का नाम देश के विभिन्न हिस्सों में अत्यन्त मान-सम्मान के साथ लिया जाता है, लोगों के सिर चढ़कर बोलता है तथा अच्छी तरह जाना-पहचाना है। इतना ही नहीं, अपितु आप समग्र भारतवर्ष के जनजाति अंचलों में जन-जन के हृदयों में अमिट स्थान बनाए हुए हो। समाज जीवन में अत्यन्त सादगी और शुचिता के साथ लोक सेवा के आदर्शों को आत्मसात करके, आम लोगों के विकास का स्वप्न सँजोकर आपने तदनुरूप कार्य करने की शैली विकसित की और वर्तमान की दूषित आपाधापी की संस्कृति में भी आप आज

भी उन्हीं आदर्शों को संजीदा जीवन में समेटे नये उत्साह और उम्मीदों के साथ अँधेरे पथ को चिरागमय बनाने को कृतसंकल्प हैं। आपकी यही सत्यनिष्ठा इस बात का प्रमाण है तभी तो आप आज हरदिल अजीज और विकास के पुरोधा के रूप में जन-जन के दिल में बसे हुए हैं।

दाहोद आपका मुख्य कार्यक्षेत्र होने के बावजूद अरवल्ली और साबरकाँठा जैसे जनजाति बहुल सरहदी विस्तार के भिलोडा और विजयनगर तहसील में शिक्षा का अप्रतिम विकास हो, सुदूर अरवल्ली गिरिमालाओं में निवास करने वाले जनजाति के नवयुवक शिक्षा से वंचित न रहे, उन्हें सरलता से शिक्षा के अवसर उपलब्ध हों, इसको ध्यान में रखकर समाज के हित में प्रारम्भिक शिक्षा से लेकर महाविद्यालय तक की व्यवस्थाएँ खड़ी की। इस मार्ग में खड़ी अनगिनत समस्याओं को अत्यन्त धीरज और हिम्मत के साथ निराकरण कराते हुए आगे बढ़े; आज ये शिक्षा-केन्द्र आपकी सद्प्रेरणा से आप द्वारा स्थापित मूल्यों एवं सिद्धान्तों के अनुरूप सतत सेवारत हैं। आपने जन सेवा को मूलमन्त्र बनाकर संकल्पबद्ध तरीके से संघर्ष के पहाड़ों को पार किया और उच्च शिक्षा निचले पायदान तक पहुँचे इस हेतु आदिवासी आर्ट्स एण्ड कॉमर्स कॉलेज भीलोडा और सन्तरामपुर दो स्थानों पर स्थापित कर शिक्षा और समाज सेवा के जरिये लोक जागरण का शंख फूँका। इसके साथ-साथ बहुमुखी प्रतिभा के धनी डामोर साहब लोक सेवा के क्षेत्र में समाज के अन्तिम पायदान पर खड़े लोगों के लिए अहर्निश चिन्तामग्न रहकर उनके अधिकारों–जल जंगल और जमीन हेतु सतत संघर्षरत हैं।

शिक्षा, स्वास्थ्य, तथा रोजगार के नये-नये अवसरों के लिए आधारों को तलाशने के साथ-साथ आदिवासी समाज के उन्नयन में कितने ही आधारभूत बिम्बों को आकार दिया है। विकास के इस अप्रतिम पुरोधा को न केवल गुजरात और इस अंचल के आदिवासियों में अपितु भारतवर्ष के विभिन्न अंचलों में जननेता के तौर पर बहुत ही सम्मान के साथ जाना और माना जाता है। गुजरात आदिवासी विकास परिषद के अध्यक्ष के रूप में आपने जनजाति क्षेत्रों में शिक्षा-केन्द्रों द्वारा क्रान्तिकारी कार्यों को अंजाम दिया तो दूसरी ओर अखिल भारतीय आदिवासी विकास परिषद के अध्यक्ष के रूप में समग्र भारतवर्ष में मानव कल्याण की अद्भुत अलख जगाई।

हरदिल अजीज़, जन-जन के नेता, माधुर्यपूर्ण व्यक्तित्व आपकी ख्याति रही है और अपनी इन्हीं क्षमताओं और ऊर्जाओं का प्रयोग करते हुए आपने लोकसेवा के आदर्श स्थापित किए हैं। आप उत्तम शिक्षाविद, लोकनेता, वकील, समाज-सुधारक एवं उत्कृष्ट व्यक्तित्व से परिपूर्ण आदर्श जीवन के प्रेरणापुंज तथा आदिवासी समाज के उत्कर्ष हेतु संकल्पित एक युगपुरुष हैं। आप उदात्त मूल्यों एवं मानदंडों के आग्रही मात्र एक व्यक्ति नहीं, अपितु स्वयं में एक संस्था हैं।

आदिवासी समाज के उद्धारक : सोमजीभाई डामोर

प्रो. शकुन्तला एस. बलात

दुनिया में अफ्रिका के बाद सबसे ज्यादा मात्रा में आदिवासी भारत में निवास करते हैं; इसके बावजूद वे समाज की मुख्यधारा से भी अलग हैं। आज इक्कीसवीं सदी में भी आदिवासी समूह खासकर गुजरात और उसमें भी पंचमहल-दाहोद के आदिवासी तिराहे पर खड़े हैं–या यों कहें कि वे अपना संक्रान्तिकाल बिताकर विभिन्न राहों को चुनने के विकल्प पर खड़े हैं। पिछले चार-पाँच दशकों से मन्द गति से ही सही, लेकिन आदिवासी समूह की शैक्षिक स्थिति, आर्थिक स्थिति, राजकीय हिस्सेदारी और रोज़गार के अवसरों में फर्क पड़ने लगा है। सामान्यतः कहें तो- समाज में विभिन्न परिवर्तन आ रहे हैं। उसके लिए राजकीय क्षेत्र में आदिवासी नेतृत्व भी एक जिम्मेवार मानक के रूप में निश्चत रूप से गिनाया जा सकता है।

सोमजीभाई के जीवन कवन की अगर बात की जाए तो उन्होंने अपनी प्राथमिक (प्रारम्भिक) शिक्षा मामा के घर रहकर पूरी की। इसके बाद माध्यमिक एवं कॉलेज शिक्षा की शुरुआत भी की। किन्तु प्रतिकूल संजोगों एवं आर्थिक-पारिवारिक मुश्किलों के कारण पढ़ाई छोड़कर 'गृहपति' के रूप में नौकरी स्वीकार कर ली। ज्ञान की भूख पूरी न होने के कारण एक अर्से बाद फिर से पढ़ाई शुरू की।

उन्होंने आदिवासी समस्याओं को भोगा था। इसीलिए न्यायसंगत समाज की स्थापना हो, आदिवासियों को शोषण और अत्याचार से मुक्ति मिले, आदिवासियों के आँगन में आज़ादी का सूर्योदय हो, इस आशय से उन्होंने राजनीति में प्रवेश किया। उनको हम राजनीतिज्ञ के साथ-साथ आदिवासी समाज का प्रमुख सुधारक कह सकते हैं। वे मात्र आदिवासी के ही नहीं बल्कि समाज के प्रत्येक वर्ग के 'मसीहा' साबित हुए। 'सोमजीदादा' के बारे में भले ही कुछ लिखा न गया हो, पर वे विद्यापुरुष हैं। राजनीति की दृष्टि से वे सच्चे प्रवाहक हैं तो समाज की दृष्टि से सच्चे समाज-सुधारक भी।

वे बहुमुखी प्रतिभा के धनी हैं। स्वतन्त्र विचारक, मौलिक सर्जक, आजीवन समाज-सुधारक, दूरन्देशी शिक्षाविद इस महामानव के जीवन का मूल्यांकन सब

अपने-अपने मानदंडों से भले करें, परन्तु एक बात निश्चित है कि वे वर्तमान समय के 'महापुरुष' माने जा सकते हैं। गुजरात के पंचमहल-दाहोद के आदिवासियों का सामाजिक, शैक्षिक, आर्थिक, धार्मिक और राजनीतिक विचारों का इतिहास लिखा जाए तो 'गोविन्दगुरु', 'ठक्कर बापा' के बाद सोमजीभाई का नामोल्लेख करना ही पड़ेगा। लाखों लोगों के जीवन में प्रकाश फैलाकर दाहोद के इस महासपूत ने समय के बहाव को बदल दिया है।

जब आदिवासी समाज में कुरिवाज, अन्धश्रद्धा, वहम आदि का परिवेश था, एक तरह से लूटपाट के बीच लोग जी रहे थे, ऐसे में शिक्षा की ज्योति जलाकर लोगों को जागृत करने का प्रण उन्होंने लिया और शिक्षा के प्रसार से ही सामाजिक एकता स्थापित करने में वे कामयाब हुए। उन्होंने आदिवासी कल्याण के लिए उस ज़माने में ऐसी अनेक नयी प्रवृत्तियाँ आरम्भ कीं। शराबखोरी के कारण आदिवासियों के सामाजिक-नैतिक अधःपतन को उन्होंने अत्यन्त नजदीक से देखा था। आदिवासी सभाओं में उन्होंने नशाबन्दी के बारे में अपने खास तरीके से अपने विचार रखे। वे हमेशा कहते कि इस नशे ने ही हमारे समाज को तबाह किया है। उपस्थित महिलाओं को जागृत करने के लिए वे कहते कि जो पुरुष नशा करके आए उसे भोजन मत दो। इस तरह व्यसन-मुक्ति के लिए सराहनीय प्रयास उन्होंने किए।

सोमजीभाई का जीवनमन्त्र आदिवासियों को शहरी और सभ्य समूह की कतार में लाना था। इसीलिए वे उनको निडरता का सन्देश भी देते थे। उनके ही नेतृत्व के परिणामस्वरूप आदिवासियों ने सरकारी अधिकारी और साहुकारों के सामने सीना तानकर खड़े रहना सीखा। बेशक, आदिवासियों में यह एक बड़ा परिवर्तन माना जा सकता है।

सोमजीभाई आदिवासियों के जीवन में विकास, समृद्धि तथा सुखमय जीवन के अच्छे दिन का प्रण लेकर चलने वाले रहबर हैं। एक तरफ भौतिकता का बोलबाला है, तो दूसरी तरफ कई सारे लोगों के जीवन से अँधेरा छँटता ही नहीं। सोमजीभाई जैसे कर्मठ अग्रणी का जीवन और उनकी काम के प्रति निष्ठा आज भी प्रासंगिक है, पथप्रदर्शक है। उनका सबसे महत्त्वपूर्ण कार्य शिक्षा प्रवर्तक के रूप में है। इसका प्रमाण उन्हीं के द्वारा स्थापित संस्थाओं के जरिए हम देख सकते हैं। उन्होंने अपने समाज के प्रति लगाव और प्रेम के कारण शिक्षा देने के अथक प्रयास किए।

आज आदिवासी समाज में परिवर्तन दिखाई दे। इसकी गति एवं व्याप भी बढ़ा है। उन्होंने आदिवासियों के लिए अपना समग्र जीवन दाँव पर लगा दिया है। पंचमहल-दाहोद के आदिवासियों के सर्वांगीण उत्थान के लिए किए प्रयास अविस्मरणीय हैं। समाज को कुरीतियों से मुक्त कराने हेतु वे शिक्षा प्राप्त कर उसके लिए लगातार कार्यरत रहे हैं। कुरीतियों एवं अन्धश्रद्धाओं को दूर करने के लिए लगातार प्रयत्नशील हैं।

आदिवासी समुदाय के शैक्षिक विकास की नींव : श्री सोमजीभाई डामोर

प्रो. भारती धनुला

सोमजीभाई डामोर की संस्था में नौकरी मिलने के बाद पहली बार उनसे रूबरू मिलना हुआ। उनके सरल एवम् सेवाभावी व्यक्तित्व का परिचय हुआ। सोमजीभाई डामोर का जन्म 20 जून, 1938 में दाहोद जिला के झालोद तहसील के दाँतिया नामक गाँव में हुआ था। उस समय आदिवासी समाज सामाजिक, आर्थिक और राजकीय दृष्टि से दूसरे समाजों की तुलना में काफी पिछड़ा हुआ था। आदिवासी समुदाय के लोग दुर्गम विस्तारों में रहते थे, जहाँ जीवन जरूरत की प्राथमिक सुविधाओं का भी अभाव था। एक जगह से दूसरी जगह जाने के लिए पक्की सड़कों की सुविधा न थी; पैदल ही जाना पड़ता। लोगों को रोज़गार मिले और जीवन की जरूरतें भी पूरी हो सकें, ऐसी आमदनी का कोई स्रोत न था। ज्यादातर लोग कृषि और जंगल पैदावार पर ही निर्भर थे। इसके बावजूद वे अपनी विशिष्ट संस्कृति के आधार पर अपना जीवन जीते थे। ऐसे आदिवासी समुदाय में जन्मे सोमजीभाई को बचपन में अनेक कठिनाइयों का सामना करना पड़ा था।

सोमजीभाई बचपन से ही नीडर, साहसी और महत्त्वाकांक्षी थे। उन्होंने प्राथमिक शिक्षा दाँतिया और बाद में मीराखेड़ी आश्रमशाला में प्राप्त की थी। आश्रम शाला में अपने साथ अध्ययन करते अपने बन्धुओं को सहनी पड़ती यातनाओं से वे परिचित थे। उन्होंने अपने समुदाय के विकास के लिए, उनकी स्थिति में सुधार लाने का निश्चय मन-ही-मन कर लिया था।

प्राचीन समय में शिक्षा के लिए 'केळवणी' शब्द प्रचलित था जो आज शिक्षा का पर्याय बना है। शिक्षा से व्यक्ति और समाज दोनों शिक्षित होते हैं, संस्कारी बनते हैं, इस बात से सोमजीभाई वाकिफ थे। लेकिन आदिवासी समाज की कुछेक मर्यादाएँ उनके विकास में बाधक थीं। जैसे शैक्षिक पिछड़ेपन के लिए आदिवासी समाज की सामाजिक, आर्थिक स्थिति के अलावा उनकी पुरानी मानसिकता भी कुछ हद तक

जिम्मेदार थी। आदिवासी समाज की ऐसी मान्यता थी कि "हमें पढ़ने की जरूरत क्या है? यदि लड़के पढ़ेंगे तो फिर खेती और पशुपालन का काम कौन करेगा? वे सोचते थे कि शिक्षा की वजह से बच्चे आलसी बन जाते हैं, जो उनको मंजूर न था। फिर भी दाहोद स्थित आदिवासी उत्कर्ष कार्य के लिए स्थापित 'भील सेवा मंडल' नामक संस्था द्वारा और कुछेक क्रिश्चियन मिशनरियों द्वारा आदिवासी लोगों के बच्चों को पाठशाला में भेजने के लिए समझाया गया। और तो और, उस समय में जहाँ उच्च जातियों में भी शिक्षा का स्तर कम था, ऐसे समय में भयावह गरीबी, आर्थिक बदहाली में जी रहे इस समुदाय के लोग शिक्षा के बारे में कहाँ से सोचेंगे? ऐसी परिस्थिति में भी सोमजीभाई ने प्रारम्भिक शिक्षा प्राप्त की और आगे के अध्ययन के लिए जब आर्थिक संकट खड़ा हुआ तो पढ़ाई अधूरी छोड़कर नौकरी करने की सोची। उस समय में उन्होंने 'भील सेवा मंडल', जो कि आदिवासी समुदाय के विकास के लिए कार्यरत था, वहाँ गृहपति के तौर पर नौकरी स्वीकार की और बाद में वहीं क्लर्क की नौकरी भी की। आर्थिक स्थिति ठीक होते ही वापस आगे की पढ़ाई के लिए उन्होंने डी.एन. हाईस्कूल में दाखिला लिया। वहाँ से मैट्रिक पास करके बाद में बी.कॉम (B. Com.) और एल.एल.बी. (L.L.B.) की पढ़ाई भी की।

सोमजीभाई खुद शिक्षित हुए किन्तु उनको सन्तुष्टि न हुई। उनको तो अपने समाज के हजारों आदिवासी बच्चों को शिक्षित करना था, उनकी आर्थिक स्थित में सुधार लाना था, अपने समाज को प्रगति के पथ पर ले जाना था। अपने प्रारम्भिक जीवनकाल के दौरान उन्होंने जो आर्थिक बदहाली भुगती थी वह अन्यों को न भुगतनी पड़े, इसलिए वे कुछ कर गुजरना चाहते थे। परिणामस्वरूप उन्होंने सबसे पहले आश्रम शाला, माध्यमिक शाला, उच्चतर माध्यमिक शालाओं की स्थापना की। इस समय पंचमहल के छात्रों को दूर-दूर शिक्षार्थ जाना पड़ता था। उच्च शिक्षा के लिए उस समय बहुत कम संस्थाएँ थीं, इसलिए सोमजीभाई ने 1980 में सन्तरामपुर में आदिवासी आर्ट्स एण्ड कॉमर्स कॉलेज की स्थापना की। उन्हें केवल अपने ही प्रदेश के नहीं, बल्कि दूसरे प्रदेश के आदिवासी बन्धुओं के प्रति भी हमदर्दी थी, इसलिए साबरकाँठा जिले के भिलोडा में उच्च शिक्षा के लिए आदिवासी आर्ट्स एण्ड कॉमर्स कॉलेज की स्थापना की। इस तरह एक के बाद एक संस्थाएँ स्थापित होती गईं।

किसी भी संस्था की स्थापना करना कठिन काम नहीं, परन्तु उसे जीवित रखना, संवर्धित करना मुश्किल काम है। फिर भी हार माने बिना सोमजीदादा ने संस्थाओं को संवर्धित कर धीरे-धीरे उन्हें वटवृक्ष बना दिया। इन संस्थाओं में हजारों गरीब बच्चे शिक्षा प्राप्त कर अपने भविष्य को उज्ज्वल बना रहे हैं। इन संस्थाओं में शिक्षा के साथ-साथ बच्चों का सर्वांगी विकास हो उसका ध्यान रखा जाता है। इन संस्थाओं

में पढ़कर आज अनेक छात्र बड़े-बड़े पदों पर कार्यरत हैं। सोमजीदादा ने अपने समाज के विकास के लिए की हुई यह पहल सच में रंग लाई है।

सोमजीदादा स्वभाव से अत्यन्त सरल एवं सादगी से पूर्ण है। लेकिन साथ ही वे स्पष्ट वक्ता भी हैं। किसी भी व्यक्ति को प्यार से डाँटना हो तो भी डाँट सकते हैं। वास्तव में किसी व्यक्ति के व्यक्तित्व को शब्दों में समाहित करना मुमकिन नहीं, फिर भी 'सोमजीदादा' जैसे सरल और उदार व्यक्तित्व के बारे में कुछ कहने का, करने का मौका मिला उसे न्याय देने का पूरा प्रयास किया है। ऐसे सेवाभावी, निष्ठावान सोमजीदादा को कोटि-कोटि वन्दन...।

खण्ड – ग

सोमजीभाई डामोर : चित्रवीथी

- **सोमजीभाई डामोर : चित्रवीथी**
  - सोमजीभाई डामोर की विविध छवियाँ
  - राजनीतिक गतिविधियाँ
  - शैक्षिक और सांस्कृतिक छवियाँ

• सोमजीभाई डामोर : चित्रवीथी

सोमजीभाई डामोर लाक्षणिक मुद्रा में

धर्म पत्नी कुसुम बहन के साथ अमरिका प्रवास के दौरान।

अखिल भारतीय आदिवासी विकास परिषद के पूर्व मंत्री बाबूराव मडावी
बाई तरफ और सोमजीभाई।

बीच में काले परिधान में सोमजी भाई और बाई तरफ
प्रखर आदिवासी नेता दिलीपसिंह भुरिया के साथ।

आदिवासी आर्ट्स एण्ड कॉमर्स कोलेज संतरामपुर के भूमिपूजन के दौरान सोमजीभाई।

तत्कालीन प्रधानमंत्री श्रीमती इन्दिरा गांधी आदिवासी महिलाओं के साथ।

श्रीमती इन्दिरा गांधी मध्य में और बाईं तरफ तीन व्यक्ति को छोडकर खडे सोमजी भाई।

मध्य में इन्दिराजी और आखिर में दाहिनी तरफ सोमजी भाई।

गुजरात के दाहोद लोकसभा चुनाव क्षेत्र में तत्कालीन प्रधानमंत्री राजीव गांधी के साथ।

आदिवासी आर्ट्स एण्ड कॉमर्स कोलेज संतरामपुर के NNC केड़ेट्स को सम्मानित करते सोमजी भाई।

वरिष्ठ दलित लेखक जोसेफ मेकवान की उपस्थिति में राष्ट्रीय सेमिनार को संबोधित करते सोमजी भाई।

आदिवासी आर्ट्स एण्ड कॉमर्स कोलेज संतरामपुर में NAAC Team के आगमन के समय मंच उपर मध्य में ट्राइब जेकेट पहने सोमजी भाई।

आदिवासी आर्ट्स एण्ड कॉमर्स कोलेज, संतरामपुर के छात्र द्वारा थियेटर में उत्तम प्रदर्शन करने पर सम्मानित करते हुए सोमजी भाई।

आदिवासी आर्ट्स एण्ड कॉमर्स कोलेज के तत्कालीन एकाउन्टन्ट रमणभाई कानसर सोमजीभाई को सम्मानीत करते हुए।

आदिवासी आर्ट्स एण्ड कॉमर्स कोलेज संतरामपुर के वार्षिकोत्सव के दौरान छात्र को प्रोत्साहित करते सोमजीभाई।

NAAC Team के आगमन के समय आदिवासी आर्ट्स एण्ड कॉमर्स कोलेज, संतरामपुर के परिसरमें।

आदिवासी आर्ट्स एण्ड कॉमर्स संतरामपुर के वार्षिकोत्सव के दौरान कार्यक्रम का लुफ्त उठाते हुए सोमजीभाई डामोर उनकी बाई तरफ श्री वनराजभाई डामोर (तत्कालीन महामंत्री, गुजरात आदिवासी विकास परिषद, दाहोद)।

यु.जी.सी. अनुदानित आदिवासी दलित साहित्य के राष्ट्रीय सेमिनार का उद्घाटन करते सोमजीभाई।

यह वह जगह है जहाँ 20/06/1938 को सोमजीभाई का जन्म हुआ था।

मलवासी स्थित अपने पुश्तैनी घर का अग्र भाग।

मलवासी स्थित अपने पुश्तैनी घर में जीवनी लेखन समितिके सदस्यों एवं परिवारजनों के साथ सोमजीभाई।

अपने ननिहाल दातिया गाँव में बाई तरफ सोमजीभाई के मामा जवाभाई आमलीयार और दाहिनी तरफ प्रि. डॉ. अभय परमार।

सोमजीभाई अपने ननिहाल के परिजनों के साथ।

मलवासी स्थित अपने पुश्तैनी घर पर जीवनी लेखन समिति के सदस्यों एवं परिवारजनों के साथ।

खण्ड – घ

आदिवासी साहित्य - आलेख

- **आदिवासी साहित्य - आलेख**
  - भारतीय संस्कृति में आदिवासियों का प्रदेय
    – *डॉ. भगवानदास पटेल*
  - आदिवासी साहित्य की अवधारणा – *डॉ. भरत मेहता*
  - वैश्वीकरण बनाम आदिवासी समाज – *हरिराम मीणा*
  - भूमंडलीकरण और आदिवासी अस्मिता
    – *डॉ. खन्नाप्रसाद अमीन*
  - हिन्दी उपन्यास और आदिवासी चिन्तन : संघर्ष, सपने, चुनौतियाँ और 21वीं सदी – *रणेन्द्र*
  - आदिवासी सवाल और आदिवासी कविताएँ – *दयाशंकर*
  - हिन्दी साहित्य और आदिवासी कविता – *डॉ. दिलीप मेहरा*

● आदिवासी साहित्य – आलेख

भारतीय संस्कृति में आदिवासियों का प्रदेय

डॉ. भगवानदास पटेल

नव पाषाणयुग में पाँच हजार वर्ष पूर्व भारतीय उपमहाखंड में आदिवासी लोग निवास करते थे। वेदों में इस प्रजाति का 'निषाद' के रूप में उल्लेख मिलता है। डी.डी. कौसाम्बी[1] और रॉबर्ट शेफर[2] की यह दृढ़ मान्यता है कि पहले के निषाद ही आज के भील आदिवासी हैं। इस प्रजाति के वर्तमान अध्येता भी इन भील-आदिवासियों को आग्नेय या आदि निषाद कहते हैं। प्राचीन प्रजातियों में भील-आदिवासी महत्त्वपूर्ण प्रजाति मानी गई है। गुजरात में इनकी अनेक उपजातियाँ निवास करती हैं। ये आदिवासी ही इस भारत के मूल निवासी हैं। ये प्रजातियाँ यहाँ आदिकाल से ही निवास करती आई हैं, इसलिए उन्हें 'आदिम जाति' या 'आदिवासी' नामाभिधान प्राप्त है।

भील आदिवासियों में कॉबरिया ठाकोर की कोली का अनुष्ठान, धूला के पाट का अनुष्ठान, देबरा के रतजगा का अनुष्ठान, जैसे धार्मिक अनुष्ठानों में खपरैल पर अंगारे रखकर वेदी के रूप में उसमें आटा-चावल या मुरमुरे की आहुति देने की परम्परित विधि प्रचलित है। इस विधि में पृथ्वी की उत्पत्ति कथा से जुड़े मन्त्र गाए व सुनाए जाते हैं। इस कथा में पीपल रखी (पिप्लाद ऋषि), धूम रखी (धौम्य धौम-ऋषि), गोतम रखी (गौतम ऋषि) आदि ऋषियों का उल्लेख मिलता है। इस विधि-विधान की जड़ें ताम्र-पाषाणकालीन संस्कृति, जो लगभग तीन हजार से छह हजार वर्ष के कालखंड में समाविष्ट है, वहाँ तक खोजी जाती हैं। गौरपूजा पर्व पर की जाती 'लिंगपूजा', देवरा की मूर्ति स्थापन के समय की जाती 'सूर्यपूजा' तथा बिरादरी भोज (मृत्युभोज) पर की जाती 'वृक्षपूजा' आदि की जड़ें ताम्र-पाषाणयुग पूर्व पाई जा सकती हैं।

भारतीय सभ्यता के विकास में इन आदि निषाद या आदिवासियों का विशेष योगदान रहा है। गुजरात के उत्तर-पूर्वी तथा भारत के मध्य उपखंड में बसे इन लोगों ने ही यहाँ नवपाषाणयुगीन सभ्यता का विकास किया है। इस सभ्यता ने आदिकाल से भारतीय संस्कृति के निर्माण में महत्त्वपूर्ण योगदान दिया है।

"चीज़-वस्तुओं की गिनती कौड़ी (20 संख्या) के रूप में करना, विवाहादि धार्मिक विधि-विधानों में हल्दी-सिन्दूर का उपयोग करना, जादू-टोना में विश्वास करना, वृक्ष, सर्प और लिंग पूजा करना, मृत्यूपरान्त आत्मा का आधिपत्य व उसका दूसरी योनि में जन्म धारण करना इत्यादि पर स्पष्ट विचार, कूर्मादि अवतार-क्रियाएँ, सृष्टि के उद्भव को लेकर कई किंवदन्तियाँ जिनमें से कुछ विचार ऋग्वेद के नासदीय सूक्त से मिलते-जुलते हैं। अंडे से विश्व की उत्पत्ति जैसी कथाएँ निषाद या आदिवासियों की देन है। ये कथाएँ बाद में पुरातन हिन्दू धर्म में अपना ली गईं, जो थोड़े-बहुत बदलाव के साथ पौराणिक कथाएँ बन गईं।"[3]

"इन आदिवासियों की कौल या मुंडा भाषाओं से पक्षी, वृक्ष, कुछ चीज़-वस्तुओं तथा मानव शरीर के नानाविध अंगों के नाम भारतीय आर्य-भाषाओं में आए। उदाहरणस्वरूप शाल्मलि (शमीवृक्ष), बाल (केश) और कम्बल (कामरो-कामरी) आदि शब्द मुंड़ा भाषा से हैं। ठीक इसी तरह कदली (केले का पेड़), कार्पास (कपास), ताम्बुल (नागरवेल का पान), चावल (चोखा), लकुट (लकड़ी), लिंग, बाल, कूड़ी (कौड़ी), मातंग या गज (हाथी), मरफ (मुर्गा का कूकडा) जैसे शब्द भी इसी भाषा की देन है।"[4]

सन् 1891 में की गई जनगणना रिपोर्ट में जे.ए. बेइन्स तथा जे. टी. मार्टिन जैसे विदेशी विद्वानों ने आदिवासियों को प्रकृति-पूजक, गूढ़ आत्मवादी, पूर्वज-पूजक, जादू-टोना में आस्थावान तथा हिन्दू धर्म से पृथक 'आदिवासी धर्म' के पालक के रूप में पहचान दी है।

यद्यपि हिन्दू धर्म के पूर्वकालीन धर्मग्रन्थ-वेदादि पढ़ने पर यह बात सहज ही पता चल जाती है कि आर्य भी प्रकृति-पूजक, पूर्वज-पूजक व गूढ़ आत्मवादी थे। आदिवासी या प्रागैतिहासिक लोगों की तरह आर्यों ने भी प्रकृति तत्त्व का मानवीकरण कर, उनकी देवी-देवताओं के रूप में स्थापना कर उन्हें प्रसन्न बनाए रखने हेतु स्तुतियाँ गाई हैं। आर्यों में भी पूर्वज-पूजा प्रचलित थी, जो पूर्वजों को प्रसन्न करने हेतु श्राद्ध जैसी विविध क्रियाएँ की जाती थीं, जो आज-पर्यंत हिन्दुओं तथा आदिवासियों में प्रचलित है। उनके देवी-देवताओं में उषा को प्रभात की देवी, पृथ्वी को सभी पशु-प्राणियों की माता, आकाश को पिता, इन्द्र और वायु को वर्षा का देवता, और बृहस्पति को वाणी का देवता माना जाता है। ऋग्वेदकालीन आर्यों ने प्राकृतिक-अप्राकृतिक व भावात्मक तत्त्वों को देव-देवी के रूप में स्वीकार किया है। ये देवी-देवता आदिवासियों या प्रागैतिहासिक देवी-देवताओं से निकट मालूम पड़ते हैं।

देवों को वश में कर उनसे इच्छित ध्येयपूर्ति तथा शत्रुओं के विनाश हेतु अथर्ववेद में सम्मोहन, वशीकरण, उच्चाटन आदि विद्याएँ व त्राटक मन्त्रतन्त्रादि व

मणि-मोती-ताबीज़ों के साथ-साथ अनेक विधि-विधानों के प्रयोग उल्लेख्य हैं, जो वर्तमान आदिवासी जीवन-शैली में भी प्रचलित हैं। ऋग्वेदकालीन आर्यों के यहाँ ये सारे विधि-विधान उनके पुरोहित करते थे, जब कि आज के आदिवासियों में उनके ओझा (पंडित) व साधु करते पाए जाते हैं। वर्तमान आदिवासियों की तरह ही आर्य उपासकों का अध्यात्मवाद सरल फिर भी गूढ़ स्वरूप में व्यक्त हुआ है।

आर्यों को द्रविड़, पुलिन, निषाद या भील जैसी आर्येतर संस्कारी प्रजातियों से जो विरासत मिली, वह हिन्दू धर्म की धार्मिक, सामाजिक व सांस्कृतिक बुनियाद मानी जाती है, पूर्वोक्त कथनानुसार पृथ्वी की उत्पत्ति व अवतार कथाएँ जैसे भारत के पौराणिक कथानक, कर्म व पुनर्जन्म के ख्याल, सर्प-वृक्ष-लिंगपूजा, यज्ञ (आहुति) की वैदिक विधि से भिन्न हिन्दू उपासना-पूजाविधि इत्यादि का उत्स आर्येतर प्रजातियों में पाए जाते हैं। इस तरह वर्तमान हिन्दू धर्म का स्वरूप मुख्यतया आर्य व द्रविड़, निषाद या भील जैसी आर्येतर संस्कृतियों के समागम व आदान-प्रदान का मांगलिक परिणाम है। यद्यपि पुख्ता सबूतों के अभाव में हम यह समीकरण नहीं बना सकते कि भारतीय संस्कृति अर्थात् आर्य संस्कृति।

"भारतीय सभ्यता केवल नार्डिक आर्य जाति की, कुलीन लोगों की ही संस्कृति नहीं है। यह तो पत्थर को मूर्ति बनाकर उस पर सिन्दूर चिपकाकर पूजने वालों से लेकर अद्वैत के महात्म्य की अनुभूति तक के अपने वैविध्यों के बल पर अपने जीवन में रंग भरने वाले तथा भारतभूमि को रंगमयी, विचारमयी, गतिशील बनाने वाली विविध प्रजातियों की साझी संस्कृति है।"

डॉ. र.ना. मेहता के मतानुसार, "हिन्दुस्तान में सिन्धु-सभ्यता (संस्कृति) के पश्चात् आर्यों के आगमन की विचारधारा प्रामाणित न होने का कारण उसे भुला देनी चाहिए।" रामकृष्ण वेदान्त मठ के स्वामी शंकरानन्द अपनी पुस्तक 'हिन्दू स्टेट्स ऑफ सुमेरिया' में लिखते हैं कि, "समन्वयवादी भारतीय सभ्यता के विकास स्वरूप धुकेढ़िया के तट पर बसे अनेक हिन्दू नगर-राज्य विस्तारित थे।" इसी तरह, "समन्वयवादी भारतीय संस्कृति रूपी चुनरिया आर्य-अनार्य रूपी ताने-बाने से बुनी गई है।" साथ ही इस भारतीय सभ्यता-संस्कृति के ठेठ रूप को आर्यों व आर्येतर प्रजातियों ने भारत के बाहर भी प्रसार प्रदान किया है।

आदिवासी लोक-परम्परा पृथ्वी-प्रकृति को जीवन से पृथक कतई नहीं मानती। प्रकृति और स्वयं की देह को आकार प्रदान करने वाली पृथ्वी के प्रति उनके मन में हमेशा पूजनीय भाव ही रहा है।

ठीक ऐसी ही संवेदना वृक्ष-वनराई के प्रति भी रही है। पेड़ से दातुन लेने जाते वक्त साधु सोचता है, "पेड़ भी सजीव है, उसकी एक पतली टहनी भी उसका जीवन्त अंश है। उसे दातुन हेतु काट लेने पर उसे दर्द होगा। अतः उसकी क्षमा-याचना का

मन्त्र मन में बुदबुदाते हुए डाली काटकर दातुन करता है।"

ठीक यही संवेदना उसमें जलचर सृष्टि के प्रति भी रही है। प्रातःकाल में जलाशय के किनारे स्नान करने जाते समय साधु सोचता है, "जलाशय में जल सो रहा है। अभी इसमें जीव-जन्तु भी सोए होंगे। स्नान करने से उनकी नींद टूट जाएगी, अतः उन्हें कष्ट होगा। इसी सोच के साथ वह उनकी क्षमा-याचना के मन्त्रोच्चार कर स्नान करता है।"

जिस पर जीवन आश्रित है, उस पृथ्वी को तन्दुरुस्त बनाए रखने की समझ आदिवासी में जन्मजात है। मनुष्य की अपेक्षा पृथ्वी-प्रकृति—व्यक्ति की अपेक्षा समाज मूल्यवान है— यही है आदिवासी जीवन-दर्शन। पश्चिमी जीवन-शैली व जीवन-दर्शन के आधार पर जीवन बचाने वाले तत्त्व—पृथ्वी, जल, वायु, अग्नि व आकाश के निर्मम विनाश को ही विकास का नाम दिया जा रहा है। पश्चिम का यह वैयक्तिक स्वार्थी पागलपन 'वैश्वीकरण' व 'उदारीकरण' जैसे सुहावने रूपों में विश्व के कोने-कोने में घुसकर वन्य सम्पदा और जलस्त्रोतों को खोज-खोजकर बाजारूँ बनाकर धरती को रेगिस्तान में तब्दील करता जा रहा है। ऐसे कठिन समय में वैयक्तिक विघातक मूल्यों से घिरे विश्व को वैकल्पिक जीवन-शैली स्तर-भेद विहीन समतावादी समान-जीवन आधारित आदिवासी-दर्शन ही दे सकता है जो पृथ्वी-प्रकृति का जतन कर रहे, सबका शुभचिन्तक है, जो आवश्यकतानुसार ही प्राकृतिक स्त्रोतों का उपयोग करता है। वैयक्तिक उपभोगवाद से ग्रस्त मानव-जगत आदिवासी परम्परित पेशे-ज्ञान-जीवन-शैली व जीवन-दर्शन को आधार बनाकर खुद के लिए नये समतायुक्त संवेदनशील समाज का निर्माण कर सकता है। अन्त में इतना ही कहना उचित होगा कि आज तो एक मात्र जीवन-शैली आदिवासी सभ्यता ही विश्व के लिए आश्वासन समान है।

सन्दर्भ

1. प्राचीन भारत की सभ्यता और संस्कृति- डी.डी. कौसाम्बी, प्रथम संस्करण-1969।
2. एथ्नोग्राफी ऑफ एन्शिएंट इंडिया, रोबर्ट शेफर, पृ. 21।
3. 22. ज्ञान गंगोत्री ग्रन्थमाला- भारत दर्शन (इतिहास : आदियुग), प्रवीणचन्द्र परीख, प्रथम संस्करण (1982), पृ. 1।
4. भारतीय संस्कृतिः पुरातात्त्विक आधार, ले. गोवर्धनराम शर्मा, प्रथम संस्करण (1985), पृ. 81-84।
5. 20वीं सदी में गुजरात में हुए प्राग व प्रागैतिहासिक संशोधन, विश्लेषण, वक्ता- डॉ. रमणलाल मेहता, डॉ. विश्वास सोनवणे, गुजरात इतिहास परिषद, 22वाँ ज्ञान सत्र, केशोद (सौराष्ट्र)।

आदिवासी साहित्य की अवधारणा

डॉ. भरत मेहता

आदिवासी साहित्य के विरुद्ध कुछ लोगों का (परम्परित) सूत्र जगजाहिर है। इससे पूर्व 'दलित साहित्य' या 'प्रतिबद्ध साहित्य' के सन्दर्भ में भी ऐसा ही हुआ था। साहित्यिक विमर्श में पहले साहित्य के आगे विशेषण लगते ही थे, पर किसी को कोई आपत्ति न थी, किन्तु कालान्तर में जब एकलव्य या कर्ण की संवेदना उजागर करने वाला साहित्य प्रकाशित होने लगा और इस तरह के प्रश्न पैदा होने लगे। जब 'जैन साहित्य', 'जैनेतर साहित्य', 'सूफी साहित्य', 'स्वामीनारायण साहित्य' प्रकार की विविध संज्ञाएँ साहित्य के लिए प्रयुक्त होती थीं तब मैंने किसी के मुँह से इसके विरुद्ध एक शब्द भी सुना नहीं था। बाद में जब इस तरह का साहित्य स्तरीयता के साथ प्रकट होने लगा तब पुनः विमर्शकारों ने इसे विपथित बना देने हेतु तरह-तरह के खेल खेलना शुरू कर दिया। जैसे कि 'आदिवासी साहित्य' को आदिवासी साहित्य के रूप में पहचानने की अपेक्षा उसे 'वनवासी साहित्य' कहना शुरू कर दिया। गुजरात साहित्य अकादमी द्वारा इस प्रकार के साहित्य पर डॉ. बलवन्त जानी के सान्निध्य में एक ग्रन्थ प्रकाशित किया गया है– 'वनस्वर'। यहाँ संज्ञा को लेकर राजनीति है। आदिवासी को 'वनवासी' नामक चौखटे में फिट कर देने से उसका 'मूल निवासी' होने का दावा समाप्त हो जाता है, समाप्त कर दिया जाता है, जबकि इस बात में कोई सन्देह नहीं है कि आदिवासी लोग ही मूल निवासी हैं।

एक ओर आदिवासी जीवन को स्पर्श करने वाली रचनाएँ प्रकाशित होने लगीं तो दूसरी ओर इस वर्ग के प्रति शासक-वर्ग का दृष्टिकोण भी एक साथ देखा जाने लगा, तभी इस अवधारणा का निर्माण हुआ। एक ओर बड़े-बड़े राष्ट्र साम्राज्यवादी अमरीका का पैर दबाने में अपने को गौरवान्वित महसूस करते हों तभी वियेतनाम जैसे छोटे-से आदिवासी राष्ट्र ने उसे पराजित किया। यह घटना भी आदिवासी साहित्य की अवधारणा के मूल में प्रेरक तत्त्व माना जाएगा। अमरीका और अफ्रीका के मूल निवासी लोगों ने जो साहित्य सर्जन किया उसमें से भी आदिवासी साहित्य को बल प्राप्त हुआ है।

स्वतन्त्रता के साथ ही भारत में बड़े-बड़े बाँध निर्माण का कार्य शुरू हुआ जिससे असरग्रस्त लोग आदिवासी बने। जिन बाँधों को नहेरू ने नवयुग के मन्दिर कहे थे उन मन्दिरों से लाभ के रूप में आदिवासियों को केवल विस्थापन ही मिला। फलतः सातवें दशक में राज्यसभा सदस्य बने गुजराती साहित्यकार उमाशंकर जोशी ने 'गिरिजनों व हरिजनों की समस्याएँ' विषय पर अपना पहला वक्तव्य दिया था। यद्यपि इस दशक में कई साहित्यकारों ने अपनी संवेदना के बलबूते पर आदिवासी जीवन का निरूपण शुरू कर दिया था। विभूति बाबू ने अपने उपन्यास 'आरण्यक' में प्रकृति के साथ तालमेल साधकर रह रहे, अभावों के मध्य जीवन-यापन कर रहा वंचित फिर भी सम्पन्न वर्ग का निरुपण किया है। हिन्दी के आंचलिक उपन्यासकार फणीश्वरनाथ रेणु ने भी 'मैला आँचल' उपन्यास लिखकर स्वतन्त्रता पश्चात् सन्थालों की हुई दशा की ओर हमारा ध्यान आकर्षित किया था, जहाँ आदिवासी स्त्रियाँ दो पैरवाली मुर्गी के रूप में जानी जाती थीं। डॉक्टर प्रशान्त वहाँ सहायता के लिए जाते हैं तो उनकी गिरफ्तारी की जाती है। सहायता के बदले में उन्हें जेल मिलता है। विनायक सेन, कर्नल सावे, सोनी सूरी या फिर प्रो. साईनाथ की घटनाओं को सन् 1957 में रचाये हुये इस उपन्यास ने दुःस्वप्न के रूप में सही करार दी है। गुजराती साहित्यकारों में पन्नालाल पटेल ने 'नेशनल सेविंग' जैसी कहानी और 'ना छूटके' नामक उपन्यास में आदिवासियों का बखूबी निरूपण किया था।

यों तो वेदव्यास ने 'महाभारत' से भी इस वर्ग के प्रति शासकों के अभिगम की चली आ रही पक्षपातपूर्ण दृष्टि का संकेत एकलव्य की कथा द्वारा दिया ही है। परन्तु खांडव वन-दहन ने जो रूपक प्रदान किया है जिसकी त्रिज्या आज-पर्यन्त बढ़ती ही गई है। अग्न्यस्त्र प्राप्ति हेतु अर्जुन और कृष्ण मिलकर पशु-पक्षी, वनस्पति तथा नागप्रजा समेत समूची आहुति देने, अग्निदेव को प्रसन्न करने हेतु खांडव वन का दहन करते हैं। उसमें बच गया तक्षक ही फिर परीक्षित (अर्जुनपुत्र) को डँसता है, फलतः परीक्षित पुत्र जन्मेजय 'सर्पयज्ञ' का आयोजन कर नागलोक का खात्मा कर देता है। क्या वर्तमान नक्सलवाद को समझने हेतु यह रूपक पर्याप्त नहीं है? सरकारी योजनाओं के बाद स्वायत्त पूँजीवादी राक्षसी कम्पनियों के खिलाफ आदिलोक का हनन कर रहे शासक इसमें द्रष्टव्य नहीं हैं क्या? आदिवासी के एक नुकीले तीर से कृष्ण की हो गई मृत्यु क्या इनका प्रतिशोध नहीं है? क्या एकलव्य जीवन-पर्यन्त बारह वर्ष का ही रहा होगा? इस तरह के प्रश्न खड़े कर प्रवीण गढ़वी ने गुजराती साहित्य में 'एकलव्य' नामक कहानी प्रदान की है। अतः यह कहा जा सकता है कि आदिवासी साहित्य का आज का एक महत्त्वपूर्ण लक्षण प्रतिरोध है। जल, जमीन और जंगल छीने जाने से ये आदिवासी असंगठित मजदूरों के समूह में रूपान्तरित हुए। छोटी-बड़ी योजनाओं के पैबन्द उनके व्यापक प्रश्नों का निराकरण करने की क्षमता नहीं रखते हैं।

'आदिवासी साहित्य' की विभावना (अवधारणा) को समझने के लिए हमें सबसे पहले इस शब्दगुच्छ में प्रथम पद के रूप में जो विशेषण है उसे समझना होगा। आदिवासी एक जीवन-दृष्टि है। इस जीवन-दृष्टि से जो प्रेरित है वही आदिवासी साहित्य है। जिस तरह महावीर स्वामी ने 'अपरिग्रह' (संग्रहखोरी न करना) सिद्धान्त द्वारा जैन धर्म की स्थापना की, यही सिद्धान्त आदिवासी लोग सालों से अपनाते आए हैं, साथ ही पर्यावरण की रक्षा करते रहे हैं। कदाचित, सम्भव हो कि क्षत्रिय महावीर स्वामी अरण्य में थे तभी ऐसे अरण्यवासी लोगों को देखकर उन्हें यह सिद्धान्त आकर्षित कर गया हो। विभूति बाबू कृत 'आरण्यक' से लेकर किशोरसिंह सोलंकी रचित 'अरवल्ली' तक के कथानायक जो कि महावीर स्वामी की भाँति मूलतः अरण्यवासी नहीं हैं, नगरवासी हैं, जो अरण्यगमन द्वारा आरण्यकों की जीवन-दृष्टि से अभिभूत होते हैं।

इसी कारण आदिवासियों की एक छवि भोले-भाले लोगों के रूप में प्राप्त हुई है। इसमें एक व्यंग्य भी है कि उनको अधिक सूझ-बूझ नहीं होती है, जो आज गुजरात में 'मामा' या फिर 'गोधरिया' नाम से तिरस्कृत सम्बोधन में द्रष्टव्य हैं। अवश्य, आदिवासी समाज छल-कपट से दूर है, इस अर्थ में 'भोला-भाला' है, लेकिन मूर्ख कतई नहीं है। उसका अपना निजी संवादयुक्त, पृथक व देशी ज्ञानशास्त्र है जो खान-पान, बसावट से लेकर कृषि या कुदरती संकटों के मुकाबले में भलीभाँति प्रकट हुआ है। उनके पास उनका अपना औषधि विज्ञान है। 'विचार' नामक पत्रिका (जुलाई-सित. 2015, पृ.सं. 26-28) में विनोद आचार्य का निरीक्षण मेरी इस बात का अनुमोदन करता है, साथ ही आजादी पश्चात् उनकी हुई बदहाल दशा का भी संकेत करता है। साथ ही इससे मुक्ति पाने के लिए क्या किया जा सकता है यह भी निर्दिष्ट करता है, "... उदाहरण के रूप में, दक्षिण गुजरात के कोटवालिया आदिवासी समुदाय के लिए बाँस उनके जीवन-निर्वाह का मुख्य आधार रहा है। गुजरात विद्यापीठ के श्री अरुण पटेल ने 'इंडियन जर्नल ऑफ ट्रेडिशनल नॉलेज' (2005) में लिखे एक आलेख में लिखा है कि, कोटवालिया आदिवासी समुदाय बाँस में से बाईस (22) प्रकार के उत्पाद बनाते हैं। यद्यपि, बाँस हेतु उन्हें वन-विभाग पर निर्भर रहना पड़ता है। बाँस के जंगल पर उनकी कोई मालिकी नहीं है। किसी प्रकार के कुदरती संसाधनों पर समुदाय के हक निर्धारित करने के लिए गुजरात में कोई अभियान नहीं चला। महाराष्ट्र और राजस्थान जैसे पड़ोसी राज्यों में कुदरती संसाधनों पर आधारित परम्परागत प्रवृत्तियों के लिए समुदायों के अधिकार व व्यवस्थापन को लेकर कई अभियान चलाए गए हैं। यहाँ 'द गुजरात माइनर फोरेस्ट प्रोड्यूस ट्रेड नेशनलाइजेशन एक्ट, 1979' तथा 'द गुजरात स्टेट फॉरेस्ट डेवलपमेंट कोर्पोरेशन प्रा. लि. (निगम) का उल्लेख जरूरी बन जाता है। यह सर्वविदित है कि

आदिवासी समुदाय मूलतः वन्य पैदाइश पर निर्भर है तथा कुछ गौण वन्य पैदाइश के व्यवस्थापन की कामगिरी प्रदान करने से आदिवासी स्व-शासन की व्यवस्था सक्षम बन सकती है। प्राप्त सूचना के अनुसार, गौण वन्य पैदाइश प्राप्त करने से लेकर उसका संग्रह, मूल्यवर्धन एवं बिक्री की कामगिरी का सम्पूर्ण नियन्त्रण वन निगम द्वारा किया जाता है तथा व्यवस्थापन सुपुदर्गी के लिए कोई सत्तावार चर्चा नहीं हो पाई है। हळपति व कोटवालिया जैसे समुदाय अपनी आजीविका पा सकें उतना ही उत्पादन पाते हैं। फलतः यदि गौण वन्य पैदाइशों की व्यवस्थापन कामगिरी, समुदाय अधिकार अधीन वन्य जमीन व बाँस बागायती काम आदिवासी समुदायों को सौंप दिया जाए तो उन्हें काफी सारा लाभ मिल सकता है। परिणामस्वरूप, भोले-भाले में 'असंस्कृत' व 'पिछड़ा' का जो भाव समाविष्ट है उसे स्वयं कुछ लेखकों ने ही दृढ़ किया है, तो दूसरी ओर आदिवासियों में कुछ कुप्रथाएँ भी हैं, जिसके कारण उन्हें 'राक्षस' के रूप में निरूपित करने का रुख बना हुआ है। इस तरह भोले-भाले इन्सान से लेकर राक्षस तक की उनकी भ्रान्तछवि में उनका मूल स्वरूप कहीं अदृश्य हो गया है जिसे उसके पृथक ज्ञानशास्त्र को उद्‌घाटित करने का काम आदिवासी साहित्य को करना है। क्योंकि यदि क्रूर हत्याएँ या प्रथाएँ ही 'असंस्कृत' होने का प्रमाण-पत्र हैं तो दो-दो महाविश्व युद्ध किन संस्कृत प्रजा ने खेले? भारत-पाक विभाजन जैसी घटना में लाखों हत्याएँ किस पिछड़ी जाति ने की? लाखों यहुदियों का संहार सुसंस्कृत जर्मन प्रजा ने किया, तो क्या वह हिटलर आदिवासी था? लाखों आदिवासियों का कत्लेआम करने वाले ऑस्ट्रेलिया के नगरजन राक्षस थे या आदिवासी? नितान्त शाकाहारी हिटलर आर्यन उग्र राष्ट्रवाद के नाम पर लाखों लोगों का कत्लेआम करवा देता है।

युगों से प्रकृति के साथ संवाद साधकर जीवन जी रही यह प्रजा नगरवासियों के इस प्रकार के ज्ञान या सिद्धान्त के आक्रमण के चलते उत्पीड़ित अस्मिता बन गई। 'विकास' की अग्रवर्गगामी बातों ने इस उत्पीड़न को और तीव्र बनाया है तो इसके विपरीत सहानुभूतियुक्त कर्मशीलों ने इस वर्ग के मुक्तिदायी संघर्ष को भी तीव्र बनाया है। सच्चे आदिवासी साहित्य को चाहिए कि इन सबका उल्लेख करे। जो लेखक इस वर्ग को उद्‌घाटित करना चाहते हैं उनकी संवेदनशीलता व राजकीय दृष्टि सघन होनी चाहिए। इस प्रकार के वर्तमान लेखकों में मैं हिन्दी लेखक रणेन्द्र का उल्लेख करना चाहूँगा। 'आरण्यक' से विकास पाते-पाते हम यहाँ तक पहुँचे हैं। आदिवासी साहित्य की विभावना को कुछ-कुछ अंश तक सार्थक बनाने वाली रचना 'इयाकईंगम' (वीरेन्द्र कुमार भट्टाचार्य) मूलतः असमिया उपन्यास है। कभी-कभार संस्मरण कथाओं ने भी यह चुनौती स्वीकार की है। हिन्दी में शानीकृत 'शाल वनों के बीच' को मैं इस प्रकार की रचना मानता हूँ। जिसमें पीड़ा के साथ-साथ प्रजा

का असली मिजाज व्यक्त होता है। गुजराती साहित्य-जगत में कानजी पटेल रचित कविता-संग्रह 'धरती के वचन' आदिवासी साहित्य सौन्दर्य को रूपायित करता है। प्रभुदास पटेल ने भी 'वन्यराग' शीर्षक अन्तर्गत समूचा कहानी-संग्रह आदिवासी जीवन निरूपता पर प्रदान किया है जो बेशक उल्लेखनीय है, परन्तु इस प्रतिमान तक पहुँचना उन्हें बाकी है।

मेरे कहने का मतलब यह है कि 'आदिवासी साहित्य' की विभावना को आप नितान्त स्वायत्त रूप में नहीं देख सकते। उसका समूचा अर्थ समकालीन सत्ता संरचना, शास्त्रीय विमर्शकार तथा इस प्रकार के सर्जन का सामना करने से प्राप्त होगा। उसका कारण है कि दलित-साहित्य, प्रतिबद्ध साहित्य, नारीवादी साहित्य या आदिवासी साहित्य– ये सब केवल साहित्यिक आन्दोलनों की उपज मात्र नहीं हैं, मात्र कलात्मक आन्दोलन की उपज नहीं हैं, उन सबके साथ सामाजिक, राजकीय, सांस्कृतिक आन्दोलन आदि गहन रूप से जुड़े हुए हैं। 'साहित्य' की सामान्य विभावना या सौन्दर्यशास्त्र के साथ भी इस प्रकार के आन्दोलनों की क्रिया-प्रतिक्रिया सहज रूप से जुड़ी होती है। यद्यपि यहाँ इतना दृढ़ अनुबन्ध नहीं होता है कि वह हमें आश्चर्यचकित कर दे उतना स्पष्ट हो।

आदिवासी साहित्य तो अनादि काल से लिखा जा रहा है, केवल उसका शास्त्रीय विभाजन समकालीन घटना है। अतीत में उसकी तीव्र उपेक्षा होती थी, फलतः मुख्य धारा का साहित्य (श्रवण) (शायन) आदिवासी साहित्य की भाँति कर्णोपकर्ण (श्रवण) या कंठोपकंठ (शायन) परम्परा में होने के बावजूद उसे विलुप्त कर देने के प्रयास होते रहे हैं। उसे गम्भीरता से देखने-समझने का प्रयास ही नहीं किया गया। प्राचीनकाल से लेकर आधुनिक काल तक चली इस उपेक्षा को नज़रअन्दाज कर 'आदिवासी साहित्य' को नहीं समझा जा सकता। किसी ने पंचमहल में, जयानन्द जोशी ने वर्षों पूर्व दक्षिण गुजरात में या वर्तमान में भगवानदास पटेल ने उत्तर गुजरात में, या फिर पुनः दक्षिण गुजरात के सन्दर्भ में पुंडरीक पवार, डाह्याभाई वाढु, विक्रम चौधरी, प्रभुदास पटेल, जयश्री चौधरी इत्यादि ने जो सामग्री एकत्र की है उसे आलोचना के नये-नये मानदंडों के निकष पर जाँचकर समृद्ध-शास्त्रीय विमर्श प्रतिपादित करना होगा। दूसरी ओर मौखिक परम्परा पर ऐसा साहित्य जिसकी रचना कानजी पटेल, प्रभुदास पटेल (खेडब्रह्मा) या सुरमल वहोनिया आदि कर रहे हैं, उसे भी जाँचना पड़ेगा। सम्भव है ये सब लेखक उस तरह का सर्जन न कर रहे हों, जिसकी रचना कानजी पटेल जैसे लेखक ने मुख्यधारा के प्रतिरोध में नयी धारा के रूप में की है।

मूलतः आदिवासी साहित्य में आदिवासी समुदाय का परिप्रेक्ष्य भलीभाँति बना रहना चाहिए। इसमें घटना, परिवेश आदि से जुड़ी संवेदना उसकी अपनी भाषा-बोली

में व्यक्त होनी चाहिए। मैंने इसकी चर्चा 'इयारुइंगम' उपन्यास पर लिखे लेख में उदाहरण सहित अवश्य की है। ऐसे क्षणों में आदिवासी पात्र यूँ ही प्रतिभाव दें इसकी सहृदय को प्रतीति होनी चाहिए। इसी कारण दलित, आदिवासी या नारीवादी पात्र ऐसी ही प्रतिक्रिया देगा। सहृदय को इसकी प्रतीति होनी चाहिए। फलतः दलित, आदिवासी या नारीवादी साहित्य में स्वानुभूति की महिमा है। इस वर्ग से जिसका ताल्लुकात नहीं है ऐसा सर्जक सहानुभूतिपूर्ण, सरोकार से सर्जन कर सकता है, किन्तु स्वानुभूतियुक्त लेखन अधिक प्रामाणिक लगता है। 'इयारुइंगम' के सर्जक आदिवासी समुदाय से न होने के बावजूद इस चुनौती को सफलतापूर्वक पार कर पाए हैं।

इसके पीछे एक कारण यह है कि आदिवासी समाज सदैव मुख्यधारा से अलग-थलग रहा है। उसकी भौगोलिकता, भाषा, समाज आदि मुख्यधारा से पृथक रहे हैं। दूसरी बात यह कि वह नगरवासी की तरह एकान्त में बसावट नहीं करता है। वह जंगल में रहता है सामूहिकता में। नगरवासी एक साथ समूह में रहकर भी होते हैं अकेले। यह भेद भी आदिवासी साहित्य के सन्दर्भ में द्रष्टव्य है। आदिवासी साहित्य में दलित व नारीवादी साहित्य की भाँति आत्मकथा-लेखन नहीं मिलता है। 'वैयक्तिकता' की जगह पर गहन सामाजिकता आदिवासी साहित्य का महत्त्वपूर्ण लक्षण है। उनका प्रकृति के साथ रहा नाता भी मुख्यधारा के सर्जक/नायक की भाँति वैयक्तिक-स्पर्श बन सीमित नहीं होता है।

पूर्वोक्त कथन की भाँति जिस तरह आदिवासी लोगों को सांस्कृतिक राष्ट्रवाले वामपन्थियों ने 'वनवासी' कहा तो सरकार ने अनुसूचित जनजाति! जहाँ जाति ही नहीं है वहाँ जनजाति। भारतीय समाज की कलंक समान वर्णव्यवस्था 'पिछड़े' कहे जाने वाले इन आदिवासियों में गैर-मौजूद है। उन्हें समरसता सम्मेलन की आवश्यकता नहीं पड़ती, सामाजिक वर्गों का जटिल स्तरीकरण आदिवासियों में गैरहाजिर है। फलतः जो कुंठाएँ मुख्यधारा के पात्रों में मौजूद हैं, आदिवासी इनसे मुक्त हैं।

इस प्रकार के प्रगतिशील मूल्य जिस समाज में मौजूद हैं वह स्थापित व आदिम कहलाता है। यद्यपि यह समूह छोटा नहीं है। दुनिया के पाँचवें हिस्से जितनी, 37 करोड़ आबादी आदिवासियों की है, जिनमें लगभग 5000 जितनी विभिन्न संस्कृतियाँ हैं। दुनिया के 90 करोड़ जनसंख्या में से तीसरा हिस्सा इन आदिवासियों का है। पूर्वोक्त कथन की भाँति उन्होंने उस संग्रहखोरी-वृत्ति के अभाव में 'कथित सम्पत्ति' का सर्जन नहीं किया है। परन्तु जो अपने आस-पास था, उन सबका विवेकपूर्वक उपयोग किया है। उनसे सीखने की बजाय 'घर वापसी' जैसे भ्रान्त आन्दोलन कर उनका हिन्दूकरण किया जा रहा है। मैंने अपनी कविता 'घर वापसी' में कहा था कि यदि वाकई में 'घर वापसी' करनी है तो हम सबको आदिवासी बनना पड़ेगा।

जी.एस. धूर्ये जैसे प्रसिद्ध समाजशास्त्री ने भारतीय आदिवासियों को 'पिछड़े हिन्दू' कहा है। जिसका लाभ आज सत्ता-संरचना भलीभाँति उठाती है। राममन्दिर की तरह शबरी मन्दिर बनाया जाता है, पम्पा सरोवर की खोज की जाती है। आदिवासियों को अपनी जड़ों से उखाड़ देने वाली सत्ताएँ उन्हें मतबैंक (वोटबैंक) के लिए इस प्रकार की पहचान देती हैं। आदिवासियों की ईसाई संस्थाएँ जो कि दूर-दराज में हैं, उन पर हमले होते हैं। झंखवाव की घटना, शान्तिनिकेतन का किस्सा भी प्रसिद्ध है। अहमदाबाद, वड़ोदरा या सूरत में सम्पन्न परिवारों को पढ़ाने वाली ये ईसाई संस्थाएँ इन हिन्दुओं को अनुकूल आती हैं, किन्तु धोती पहने आदिवासियों को पढ़ाने वाली संस्थाओं पर हमले होते हैं। आदिवासियों का पढ़-लिख जाना उनको कतई पसन्द नहीं है। गुजराती सर्जकों का ध्यान ऐसी घटनाओं की ओर कतई नहीं जाता है। समानता और भाईचारा जैसे मूल्यों के लिए फ्रान्स क्रान्ति हुई, फिर भी विश्व पर आतंकवाद का साया मँडराता रहता है। हमारे यहाँ सामन्ती मानस जीवित है। जो मूल्य थोड़े-बहुत अंश में आदिवासी समाज में देखने को मिलते हैं। जो 'रक्षक' थे उनको 'राक्षस' बना दिया है। जिनके साहित्य में पृथ्वी का इतिहास छुपा है उनकी ओर हमारी नज़र जानी चाहिए। कश्मीरी पंडितों के विस्थापन पर कई बार ध्यान जाता है। अकेले झारखंड में से 10 लाख आदिवासियों का विस्थापन और विनाश प्रगति का लक्षण नहीं है; यह सवाल-आदिवासी साहित्य को पूछना पड़ेगा। पर्यावरण विवेचना का शोर मचाया जा रहा है। ऐसे में आदिवासी साहित्य उसका सशक्त निदर्शन प्रदान करता है, पर पंडितों के ध्यान में आए तब ना! एक स्त्री नाचती है और समूह मज़े लूटता है यह सामन्ती, दरबारी, नवाबी, बार-डाँस का बदबुदार-कल्चर आदिवासियों में कहाँ हैं? यहाँ तो स्त्री-पुरुष परस्पर आलिंगनबद्ध हो नाचते हैं। क्या नारीवादियों को यह छोटी-सी समानता ध्यान में लेने लायक नहीं लगती है? विकसित यूरोप को भी सह-नृत्य करते-करते सदियाँ बीत गई थीं। ओपन युनिवर्सिटी का नामाभिधान 'एकलव्य' के अलावा दूसरा रखा जा सकता है क्या? नया (आज का) बिरसा मुंडा हाथ में तीर की बजाय कलम को प्रत्यंचा बनाएगा। आदिम समाज की समाजवादी व्यवस्था को व्यापक व सर्वग्राही बनाएगा। जुगतराम दवे, नरसिंह भावसार जैसे पुराने गाँधीवादी कार्यकर्ता या गणेश देवी जैसे आधुनिक कर्मशील लेखक आदिवासी और उनके साहित्य की महत्ता भलीभाँति समझ गए हैं, उसे शास्त्रीय बना रहे हैं। इस प्रकार के आन्दोलनों का प्रभाव साहित्य पर अवश्य पड़ता है। फलतः वर्तमान में ही गुजराती में 'गेदेवीनो गलो' (में गणदेवी का गला) नामक नाटक उपलब्ध हुआ है जिसके केन्द्र में आदिवासी नायक हो इस प्रकार का यह प्रथम नाटक है। गैर-आदिवासी समाज से ताल्लुकात रखने वाले लेखक आदिवासी समाज को किस रूप में देखते हैं, इस आधार पर इसका अध्ययन करना रसप्रद बनेगा।

वैश्वीकरण बनाम आदिवासी समाज

हरिराम मीणा

भारतीय संविधान में लोकतन्त्र को ऐसी जीवन-पद्धति के रूप में संकल्पित किया गया है जिससे मानव-गरिमा के साथ समग्र समाज का सर्वांगीण विकास सुनिश्चित किया जा सके, संविधान की प्रस्तावना पर ज़रा गौर किया जाए : "हम भारत के लोग, भारत को एक सम्पूर्ण प्रभुत्व-सम्पन्न, समाजवादी, धर्मनिरपेक्ष, लोकतन्त्रात्मक गणराज्य बनाने के लिए तथा उसके समस्त नागरिकों को :

सामाजिक, आर्थिक, और राजनीतिक न्याय, विचार, अभिव्यक्ति, विश्वास, धर्म और उपासना की स्वतन्त्रता, प्रतिष्ठा और अवसर की समता प्राप्त करने के लिए तथा उन सबमें व्यक्ति की गरिमा और राष्ट्र की एकता और अखंडता सुनिश्चित करने वाली बन्धुता बढ़ाने के लिए दृढ संकल्प होकर अपनी इस संविधान सभा में आज तारीख 26 नबम्बर, 1949 ई. (मिति मार्ग शीर्ष शुक्ल सप्तमी, संवत् दो हजार छह विक्रमी) को एतदद्वारा इस संविधान को अंगीकृत, अधिनियमित और आत्मार्पित करते हैं।"

संविधान द्वारा स्थापित प्रमुख मूल्यों में सामाजिक, आर्थिक व राजनैतिक न्याय, विचार, अभिव्यक्ति, विश्वास, धर्म व उपासना की स्वतन्त्रता, प्रतिष्ठा व अवसर की समानता और व्यक्ति-गरिमा, राष्ट्रीय एकता व अखंडता सुनिश्चित करने हेतु बन्धुत्व पर जोर दिया गया है। न्याय, स्वतन्त्रता, समानता व बन्धुत्व के इन बहुआयामी पक्षों की बात करने के पीछे भारतीय समाज की परम्परा में रही असमतामूलक वर्ण-व्यवस्था की कठोरता को तरलीकृत करने के लिए आर्थिक असमानता की समाप्ति हेतु 'समाजवादी', धर्म के नाम पर साम्प्रदायिक राजनीति पर अंकुश लगाने हेतु 'पन्थनिरपेक्ष' एवं राजसत्ता पर किसी वर्ग-विशेष के वर्चस्व से मुक्ति प्राप्त करने के लिए 'लोकतन्त्रात्मक गणराज्य' की भावना को अंगीकृत किया गया। संविधान निर्मात्री सभा का यह सर्वमत निर्णय था कि इसके बिना भारत को एक सम्पूर्ण प्रभुत्व सम्पन्न राष्ट्र नहीं बनाया जा सकेगा।

दिनांक : 25 नवम्बर, 1949 को संविधान सभा की अन्तिम बैठक में

बाबासाहब अम्बेडकर ने बहुत महत्त्वपूर्ण सन्देश देते हुए कहा है कि 'ऐसा नहीं है कि भारत में प्रथम बार गणतन्त्र की स्थापना होने जा रही, हमारे यहाँ प्राचीन काल में लोकतन्त्र था जिसे जनपदों व गणराज्यों एवं बौद्ध संघों में देखा जा सकता है। हम यहाँ आधुनिक प्रजातन्त्र की स्थापना करने जा रहे हैं।' फिर उन्होंने तीन चेतावनियाँ दी। प्रथम; अपनी माँगों के लिए संवैधानिक तौर-तरीकों का इस्तेमाल न कि जनाक्रोश, आन्दोलन व क्रान्तिकारी तौर-तरीके, ये सब अराजकता की श्रेणी में आते हैं। दूसरी; चाहे कितना भी सशक्त और चमत्कारी राजनैतिक नेतृत्व हो, उसके प्रति 'भक्ति भाव' अथवा 'व्यक्ति-पूजा' लोकतन्त्र के पतन एवं अधिनायकवाद का मार्ग प्रशस्त करेगा। तीसरी; सामाजिक-आर्थिक लोकतन्त्र की स्थापना। भारतीय परम्परा वर्ण-व्यवस्था एवं जातिवाद के कारण सामाजिक-आर्थिक असमानता की रही है। राजनैतिक प्रजातन्त्र की भाँति इन क्षेत्रों में भी 'एक व्यक्ति एक वोट' की तर्ज़ पर 'एक व्यक्ति एक मूल्य' के सिद्धान्त को लागू करना होगा, अन्यथा राजनैतिक प्रजातन्त्र खतरे में पड़ जाएगा।

भारतीय परम्परा और संविधान के संकल्पों की इस पृष्ठभूमि में राष्ट्र-समाज के विकास का जो ढाँचा प्रथम चरण में विकसित किया गया उसमें मिश्रित अर्थ-व्यवस्था के साथ परम्परागत 'ग्राम-गणराज्य' की गाँधीवादी 'ग्राम-स्वराज' को पंचायती राज के रूप में स्वीकार किया गया। प्रधानमन्त्री के रूप में पंडित जवाहरलाल नेहरू को भौगोलिक दृष्टि से छिन्न-भिन्न, सामाजिक स्तर पर क्षेत्र, धर्म, जाति, भाषा के झगड़ों से त्रस्त, आर्थिक क्षेत्र में ब्रितानी हुकूमत द्वारा लूटा हुआ दरिद्र, अशिक्षित, भूखा, राजनैतिक दशा में 562 रियासतों का खंडित और विभाजन की त्रासदी से लहूलुहान भारत मिला था। सीमाओं की रक्षा हेतु कोई सैन्यबल नहीं था। नेहरू ने इन सब चुनौतियों को स्वीकार किया। उन्होंने लोकतन्त्र, धर्मनिरपेक्षता, औद्योगीकरण, विज्ञान व तकनीकी से युक्त आधुनिक भारत के निर्माण का संकल्प लेते हुए उसकी अन्तरराष्ट्रीय पहचान बनाने तक का महान योगदान दिया। अपने 17 वर्षों के शासन में पंचवर्षीय योजनाओं व विराट परियोजनाओं के माध्यम से राष्ट्रीय सेना, भारी उद्योग, इस्पात, ऊर्जा, यन्त्र, उर्वरक, रिफाईनरी जैसे संयन्त्र, भाखड़ा नांगल जैसी बहुद्देशीय बाँध परियोजनाएँ, तकनीकी क्षेत्र में आईआईटी व आईआईएम जैसे प्रतिष्ठित संस्थान, इसरो, बीएआरसी, सीएसआईआर जैसे शोध-केन्द्रों सहित अन्य हजारों शिक्षण संस्थानों की स्थापना की गई। किसान, मजदूर, महिलाओं, बालकों, वृद्धों, दलितों, आदिवासियों एवं समाज के अन्य पिछड़े वर्गों के कल्याण की योजनाओं को लागू किया। कृषि-क्षेत्र को प्रमुखता देते हुए औद्योगीकरण को बढ़ावा दिया। भूमि बन्दोबस्त व सीलिंग के कानून बनाए। इसमें कोई सन्देह नहीं कि नेहरू की अगुवाई में भारत का निर्माण भी हुआ और भारत में निर्माण भी।

वास्तव में वे आधुनिक भारत के निर्माता थे।

इन्दिरा गाँधी ने नेहरू के अधूरे सपनों को पूरा करने का प्रयास किया। ऐतिहासिक, साहसिक व सराहनीय कदमों में बीमा, तेल, कोयला सहित बैंकों के राष्ट्रीयकरण, पूर्व राजघराने के प्रिविपर्सेज की समाप्ति, बँगलादेश का निर्माण, सिक्किम का विलय, हरित क्रान्ति, परमाणु परीक्षण आदि की गणना की जा सकती है। इस योगदान को आपातकाल के काले धब्बे से ढँका नहीं जा सकता। भारतीय लोकतन्त्र के इस प्रथम चरण में एक शक्तिशाली व कल्याणकारी राज्य का विकास दिखाई देता है। जनतान्त्रिक भारत में विकास का द्वितीय चरण 1991 से आरम्भ होता है जब नयी आर्थिक नीति लागू की जाती है। नीति के पीछे प्रमुख तर्क पिछले दशक में पैदा हुए आर्थिक संकट से उबरने का दिया गया था। नयी आर्थिक नीति के तीन प्रमुख तत्त्व थे– उदारीकरण, निजीकरण व वैश्वीकरण। रामो-वामो व एनडीए की सरकारों ने इस नीति को आगे बढ़ाया। सन् 2004 से 2014 की अवधि में काँग्रेस के नेतृत्व में संयुक्त प्रगतिशील गठबन्धन की सरकार ने इस प्रक्रिया को और गति दी।

भारतीय राजनीति के वर्तमान दौर में विकास का ढाँचा पूरी तरह से पूँजीवादी रुझान ले लेता है। 'मेक इन इंडिया, डिजीटल इंडिया, स्किल इंडिया, स्मार्ट इंडिया' जैसे उद्घोष वातावरण द्वारा 'इंडिया मिंस बिजनिस' का नारा दिया जाता है। हालाँकि उनका सन्देश बहुराष्ट्रिक निगमों को निवेश व औद्योगीकरण हेतु आह्वान करने का था, किन्तु इससे यह संकेत मिलते हैं कि विकास के ढाँचे के केन्द्र में आर्थिक गतिविधियों को प्राथमिकता दी जा रही है। आर्थिक विकास को भी आर्थिक वृद्धि की सीमित अवधारणा का रूप दिया जा रहा है, जिसका तात्पर्य उत्पादित वस्तुओं व सेवाओं की कुल मात्रा में वृद्धि मात्र है। आर्थिक विकास से अभिप्राय आर्थिक वृद्धि के साथ-साथ अर्थव्यवस्था में गुणात्मक परिवर्तन से है जिसका ध्येय जीवन-स्तर में सुधार, असमानता में कमी एवं तकनीकी उन्नति होता है। सन् 1990 में संयुक्त राष्ट्र विकास कार्यक्रम (UNDP) द्वारा आर्थिक विकास के मुख्य आधार प्रति व्यक्ति आय, स्वास्थ्य एवं शिक्षा के क्षेत्र में वृद्धि को माना है।

विकास की इस अवधारणा का संचालन पूँजीवादी वैचारिकी है। इसके केन्द्र में भी केवल आर्थिक गतिविधियाँ हैं जो आर्थिक विकास के साथ अनेक तरह की आर्थिक गड़बड़ियाँ भी पैदा किए जा रही हैं। इयान क्लाउस नामक अमरीकी विद्वान ने सन् 1914 में प्रकाशित अपनी पुस्तक 'फोर्जिग कैपिटलिज्म' में उन्नीसवीं व बीसवीं सदी के पूँजीवाद का गहन विश्लेषण करने के पश्चात, यह निष्कर्ष निकाला है कि 'पूँजीवादी व्यवस्था में आदमी धन के लालच में कोई भी अपराध करने को प्रेरित हो जाता है, उसे मानवीय एवं नैतिक मूल्यों की कोई परवाह नहीं रहती।' उनका स्पष्ट कहना है कि 'आधुनिक पूँजीवाद के विकास में अपराधियों

की महत्त्वपूर्ण भूमिका रही है।' इस 'चालू' सदी के आरम्भ में सर्वोच्च रहे वैश्विक-धनाढ्य बिल गेट्स ने कुछ साल पहले यह कहा था कि 'अब पूँजी को मानवीय चेहरे के साथ सामने आना चाहिए।' ज़ाहिर है वह भी यह स्वीकार करते हैं कि पूँजी का चेहरा अमानवीय रहा है।'

ध्यान देने की बात यह है कि सन् 1991 में 'रामो-वामो' की सरकार में वित्त मन्त्री मनमोहन सिंह थे। उस सरकार में काँग्रेस व वामपन्थियों का वर्चस्व था। इसके बावजूद निजीकरण के माध्यम से पूँजीवाद के लिए देश की खिड़कियाँ खोली गईं। तत्पश्चात भाजपा की अगुआई में एन.डी.ए. की सरकार आई जिसके वित्त मन्त्री यशवन्त सिन्हा रहे। उन्होंने पूँजीवाद की राह को और आसान बनाते हुए देश के दरवाजे खोल दिए। फिर आती है प्रधानमन्त्री मनमोहन सिंह के नेतृत्व वाली यू.पी.ए. की सरकार। पूँजीवादी के लिए देश का आँगन ही खोल दिया गया। और इस वर्तमान सरकार के समय में समग्र विकास की अवधारणा को पूरी तरह से अमरीकी पूँजीवाद से जोड़कर देखा जा रहा है जबकि स्वयं अमरीका में पूँजीवादी के अन्तर्विरोध खुलकर सामने आने लगे हैं।

ताज़ा अध्ययनों के अनुसार पूँजीवाद की उभर रही प्रमुख प्रवृत्तियों में सामाजिक प्रतिबद्धता की कमी, उसका लालची स्वभाव, कतिपय धनाढ्यों के पास राष्ट्र की अधिकांश सम्पदा का सिमटकर रह जाना, स्वतन्त्रता व व्यक्तिवाद केवल बहुराष्ट्रिक निगमों के लिए, सहयोग के स्थान पर गलाघोंटू स्पर्धा का होना, मकसद केवल मार्केट, नैतिक मूल्यों का पतन, प्रजातन्त्र का दुश्मन और सबसे बड़ी बात यह कि पृथ्वी के पारिस्थितिकीय संकट के लिए सबसे बड़ा खतरा पूँजीवाद सिद्ध हुआ है।

विश्व के अधिकांश राष्ट्रों में कल्याणकारी लोकतान्त्रिक प्रणालियाँ संचालित रही हैं जहाँ राज्य एवं उसके द्वारा नियन्त्रित सार्वजनिक उपक्रमों की भूमिका महत्त्वपूर्ण रही है। भू-मंडलीकरण की आँधी ने निजीकरण को बढ़ावा दिया है जहाँ बहुराष्ट्रिक निगमों की गतिविधियाँ तेजी से बढ़ने लगी हैं। इस प्रक्रिया में येन-केन-प्रकारेण सम्पत्ति अर्जित करना सबसे बड़ा लक्ष्य बन गया है। स्वार्थी तत्त्वों के लिए जालसाज़ी के माध्यम से सार्वजनिक धन की हड़प आसन दिखाई देने लगी है। नयी आर्थिक नीति के साथ अमरीका व यूरोपीय समुदाय के पूँजीवादी राष्ट्रों, विश्व बैंक, अन्तरराष्ट्रीय मुद्रा कोष, विश्व व्यापार संगठन, विश्व आर्थिक मंच, अन्तरराष्ट्रीय विकास संघ, अन्तरराष्ट्रीय आर्थिक विकास परिषद् जैसे संगठनों और बहुराष्ट्रिक निगमों का हस्तक्षेप बढ़ने लगा। चुनावों के माध्यम से लोकतन्त्र अपना सर्वाधिक रखरखाव करता है। सर्वत्र पूँजी के हस्तक्षेप ने इन्हें भी अत्यन्त महँगा कर दिया है। खबरों के अनुसार सन् 2014 के आम चुनाव में भाजपा ने बीस से पच्चीस हजार करोड़ और काँग्रेस ने दस से पन्द्रह हजार करोड़ रुपया खर्च किया। यह धन

कारपोरेट घरानों से आता है।

प्रधानमन्त्री बनने के दावेदार नेता पूँजीपतियों के संगठनों/सम्मेलनों में शामिल होकर खुलेआम कहते हैं, 'हमें जितवाइए हम आपका काम करेंगे।' भारतीय लोकतन्त्र को कारपोरेट घरानों ने हाईजैक कर लिया है, पूँजी के बल पर उद्योगपतियों द्वारा राज्यसभा की सदस्यता ग्रहण करते हुए लोकतान्त्रिक सत्ता में सीधी भागीदारी और नीतिगत निर्णयों में हस्तक्षेप की प्रवृत्ति साफ़ दिखाई दे रही है। प्रसिद्ध उद्योगपति अनिल अम्बानी उत्तर प्रदेश से राज्यसभा में चुने जाते हैं और यहाँ अनावश्यक समय खराब नहीं करके त्यागपत्र दे देते हैं। राज्यसभा के सदस्य की हैसियत से विजय माल्या भारी आर्थिक घोटाला करने के बाद देश छोड़कर चले जाते हैं। बीड़ी सम्राट श्यामचरण गुप्ता राज्यसभा के सदस्य बनते हैं और अपने व्यवसाय का पक्ष लेते हुए यह दलील देते हैं कि 'तम्बाकू से कैंसर जैसा रोग नहीं होता।' रियल एस्टेट की हस्ती कुपेन्द्र रेड्डी, 'जुपिटर केपिटल प्राईवेट लिमिटेड' के मालिक राजीव चन्द्रशेखर राज्यसभा में चुने जाते हैं। प्राकृतिक सम्पदा की दृष्टि से झारखंड पूँजीपतियों के लिए स्वर्ग है। इस स्वर्ग का आनन्द लेने के लिए भारतीय ओलम्पिक संघ के उपाध्यक्ष व बड़े वकील आर. के. आनन्द दिल्ली और भारतीय हॉकी संघ के अध्यक्ष व उद्योगपति के.डी. सिंह हरियाणा छोड़कर झारखंड से राज्यसभा के सांसद बनते हैं। बड़ौदा शेयर मार्केट, गुजरात क्रिकेट संघ एवं अम्बानी ग्रुप से जुड़े हुए परिमल नथवानी भी झारखंड से ही राज्यसभा के सदस्य बनते हैं। स्वयं झारखंड के उद्योगपति धीरज साहू एवं महेश पोद्दार को तो वहाँ से झारखंड का 'आर्थिक' प्रतिनिधित्व करना ही है।

उदारीकरण, निजीकरण व भू-मंडलीकरण की ध्वजा उठाए नयी आर्थिक नीति की यात्रा इसी प्रारम्भिक अवधि में आर्थिक विकास कृषि प्रधानता की राह से निजी क्षेत्रीय औद्योगीकरण की दिशा में उन्मुख हुई है। इसका किसानों के जीवन से कोई-न-कोई सम्बन्ध अवश्य जुड़ता है। सन् 1990 के पश्चात् ही भारत में किसान-आत्महत्याओं का सिलसिला आरम्भ होता है। सन् 1995 से 2011 के बीच 7 लाख, 50 हजार, 860 किसानों ने आत्महत्या की है। भारत में धनी और विकसित कहे जाने वाले महाराष्ट्र में अब तक आत्महत्याओं का आँकड़ा 50 हजार से ऊपर पहुँच चुका है। आश्चर्य की बात यह है कि सन् 2016 के पश्चात् किसानों की आत्महत्याओं के कोई सरकारी आँकड़े जारी नहीं किए जा रहे हैं। मार्च, 2018 में राज्यसभा में कृषि राज्यमन्त्री ने बताया कि कृषि ऋण के कारण किसानों की आत्महत्या के बारे में वर्ष 2016 के बाद से कोई आँकड़ा उपलब्ध नहीं है, क्योंकि गृहमन्त्रालय ने अभी तक इसके बारे में रिपोर्ट प्रकाशित नहीं किया है।' किसानों की आत्महत्याओं का जो औसत वर्ष 1995 के आस-पास 10000 चल रहा था वह

सन् 2015 में 12000 पहुँच गया है।

किसानों की आत्महत्याओं के पीछे के कारणों में नयी आर्थिक नीति मुख्य रूप से जिम्मेदार रही है। विश्वव्यापार समझौतों की दिशा में विश्व बैंक की ओर से भारत एवं अन्य विकासशील देशों पर इस बात को लेकर निरन्तर दबाव डाला गया कि सरकारी खरीद और सार्वजनिक वितरण प्रणाली को समाप्त किया जाए। बहुत सारे पिछड़े और विकासशील देशों ने सार्वजनिक वितरण प्रणाली को छिन्न-भिन्न करना शुरू कर दिया। हमारी सरकार भी धीरे-धीरे इस व्यवस्था को कमजोर और निष्प्रभावी बनाती जा रही है। सार्वजनिक वितरण प्रणाली पर भ्रष्टाचार के आरोप पहले से ही लगते रहे हैं पर खाद्य सुरक्षा और नगद भुगतान की आड़ लेकर आज इस व्यवस्था को खत्म करने के प्रयास किए जा रहे हैं। बहुसंख्यक जनता की खाद्य सुरक्षा पर्याप्त सरकारी खरीद और जनवितरण प्रणाली के माध्यम से उचित दर पर जनसाधारण तक खाद्यान्न पहुँचाने पर ही निर्भर है, किन्तु जनसंख्या बढ़ने के साथ ही सरकारी खरीद निरन्तर घटती जा रही है। 2005-06 में चावल, गेहूँ एवं अन्य खाद्यान्नों की कुल सरकारी खरीद 4.24 करोड़ टन की गई थी जो 2006-07 और 2007-08 में घटकर क्रमशः 3.59 तथा 3.76 करोड़ टन हो गई। विभिन्न राज्यों में गैर-खाद्य निर्यात योग्य वस्तुओं के लिए जिन विभिन्न बोर्डों का गठन किया गया था, उन्हें जान-बूझकर अक्षम बना दिया गया। कपास, कॉफ़ी, चाय, रबर और मिर्च उत्पादक किसानों द्वारा वैश्विक स्तर पर गिरे मूल्यों पर अपने उत्पादों को बेचना महाराष्ट्र, आन्ध्र, कर्नाटक और केरल जैसे राज्यों में किसान आत्महत्याओं का सबसे बड़ा कारण रहा है। उत्सव पटनायक, जयन्ति घोष व प्रभात पटनायक जैसे अर्थशास्त्रियों ने निजीकरण, उदारीकरण व वैश्वीकरण को किसानों की आत्महत्याओं का बड़ा कारण बताया है। यही वज़ह रही किसान ने बहुराष्ट्रिक निगमों द्वारा उत्पादित महँगे खाद व बीज के लिए जो ऋण स्थानीय साहूकारों व लघु ऋण-बैंकों से लिया उसे चुकाने में असमर्थ हो गए। ऊपर से राज्य सरकारों द्वारा न्यूनतम समर्थन मूल्य की नीति को क्रियान्वित नहीं किया गया।

वैश्वीकरण के दौर में दुनिया-भर के उद्योगपति एकजुट होते जा रहे हैं। फलस्वरूप मजदूरों की सुरक्षा, संरक्षण एवं उनके कल्याण-सम्बन्धी जितने भी कानून थे उन्हें कमज़ोर कर दिया गया। उन सब पर उद्योगपतियों की शर्तें हावी होती जा रही हैं। श्रमिक संगठनों की भूमिका को निष्प्रभावी बनाया जा रहा है। अन्तरराष्ट्रीय श्रम संगठन ने श्रमिकों के लिए सुगम्य कार्य की धारणा पर बल दिया था। पूँजीपतियों का एक मात्र मकसद मुनाफा कमाना है। उन्हें मजदूरों के सुख-दुःख से कोई ताल्लुक नहीं। इसी वज़ह से बड़े पैमाने पर रोजगार के लिए श्रमिकों का भटकाव बढ़ता जा रहा है। भारत जैसे विकासशील देशों में व्यापक पूँजी निवेश,

विशेषकर प्रत्यक्ष विदेशी निवेश को आकर्षित करने के लिए श्रमिक कानूनों के महत्त्व को कम कर दिया है, श्रम का कोई महत्त्व नहीं रह गया, वो मनमानी शर्तों के अधीन हो गया। रोजगार सुरक्षा एवं सामाजिक सुरक्षा के तथ्य की अनदेखी की जा रही है।

भू-मंडलीकरण की इस प्रक्रिया ने समाज के दलित-वर्ग की समस्याओं को पहले से अधिक बढ़ा दिया है। आरक्षण सहित संविधान में प्रदत अनेक सुविधाओं व संरक्षण की वज़ह से हजारों सालों के दमन से वे उबरते दिखाई दे रहे थे। निजीकरण से सरकारी नौकरियों में लगातार कमी आती जा रही है। वैश्वीकरण के लाभ उस वर्ग को मिल सकते हैं जिसके पास पूँजी, तकनीकी व बाज़ार को आकर्षित करने की कला, यथा-विज्ञापन, मीडिया, व नेटवर्क है। दलित-वर्ग इस प्रतिस्पर्धा में कहीं नहीं टिक सकता। भू-मंडलीकृत दुनिया को स्किल्ड मानव संसाधन चाहिए जिसकी दलित-वर्ग के पास कमी है। निजीकरण की दुनिया में कोई आरक्षण नहीं है। वहाँ दलित-वर्ग के लोगों को रोजगार मिलना कठिन है। इस वर्ग के लिए शिक्षा की नयी चुनौतियाँ सामने आ रही हैं। वैश्वीकरण की आवश्यकतानुसार कैरियर केन्द्रित शिक्षा निजी शिक्षण संस्थानों द्वारा उपलब्ध कराई जा रही है। यह शिक्षा बेहद खर्चीली है जो साधारण दलितों की पहुँच से बाहर है। जहाँ तक रोजगार के अवसरों की दशा है तो वैश्वीकरण के शुरुआती दौर में सन् 1991-94 में बेरोजगारी की दर जहाँ 6 फीसदी थी वह दशक के अन्त में बढ़ाकर 7.3% हो गई। वैश्वीकरण की गति तेज होती है सन् 2014 से। तब से सन् 2017 तक बेरोजगारी का सालाना ग्राफ क्रमशः 3.41, 3.49, 3.51 व 3.52 प्रतिशत पहुँच जाता है। वैश्वीकरण के इस दौर में युवा बेरोजगारों की फ़ौज बढ़ती जा रही है। सन् 2007 में बेरोजगारी की दर 9.98 थी जो सन् 2017 में 10.54% हो जाती है। विश्व बैंक के मुताबिक भारत में प्रतिवर्ष 80 लाख युवाओं को रोजगार की ज़रूरत है तब जाकर हालत सामान्य हो सकेंगे (सन्दर्भ : चैतन्य मालापुर)। भारत में वर्ष 2015 की रोजगार दर 52% रही जो नेपाल (81), मालदीव (66), भूटान (65) और बँगलादेश (60) से भी नीचे थी।

वैश्वीकरण का अन्य नकारात्मक प्रभाव अपराध की दुनिया में देखा जा सकता है। जब विकास का हर पहलू आर्थिकी से जुड़ा हुआ है तो ज़ाहिर है इसी से सम्बन्धित आपराधिक गतिविधियों का ग्राफ़ बढ़ने लगेगा। इस दौरान हम देखते हैं कि आर्थिक व साइबर अपराधों में अप्रत्याशित वृद्धि हुई है। बैंक घोटालों की चर्चा पहले की जा चुकी है। शिकागो विश्वविद्यालय की शोध पत्रिका में प्रकाशित लेख में किसलय प्रसाद ने यह निष्कर्ष निकाला है कि आर्थिक उदारीकरण और हिंसक अपराधों के बीच निकट से सम्बन्ध पाए गए हैं। अर्थ-व्यवस्था पर राज्य का नियन्त्रण

ढीला पड़ने से आर्थिक उदारीकरण अवैध व्यापार व वाणिज्य को बढ़ावा देता है। इस लेख का केन्द्रीय विषय सन् 1991 में भारत में लागू की गई नयी आर्थिक नीति के आपराधिक प्रभाव का रहा है। जब हम आर्थिक घोटालों के इतिहास पर तनिक ध्यान देते हैं तो देश का पहला सबसे बड़ा आर्थिक घोटाला सन् 1951 में हुआ था जब हरिदास मूंदड़ा नामक व्यवसायी ने भारतीय जीवन बीमा कम्पनी के साथ धोखाधड़ी करके करीब सवा करोड़ की राशि हड़पी। उल्लेखनीय है कि इस मुद्दे को संसद में प्रधानमन्त्री पंडित जवाहरलाल नेहरू के दामाद फ़िरोज़ गाँधी ने उठाया और वित्त मन्त्री टी.टी. कृष्णमाचारी को इस्तीफ़ा देना पड़ा। इसके बाद हम देखते हैं कि सन् 1951 से लेकर 1989 तक प्रति दशक तीन के हिसाब से कुल 12 मामले सामने आए। सन् 1991 में हमारे देश में निजीकरण, उदारीकरण व भू-मंडलीकरण के नाम पर नयी आर्थिक नीति लागू की जाती है। यहीं से भारतीय आर्थिक नीति समाजवादी संकल्प से दूर होती हुई पूँजीवादी राह अपनाने लगती है।

सन् 1991 के बाद की तस्वीर अपराध के और अधिक गहरे रंगों में उभरकर सामने आती है, वह पूँजीवाद के असली चेहरे को बेनकाब करती हुई प्रतीत होती है। सन् 1992 में हर्षद मेहता का शेयर घोटाला सामने आता है। उसके पश्चात् जालसाजी का ग्राफ लगातार बढ़ता है। सन् 2000 तक कुल 18, अगले दशक में 37 और चालू दशक में अब तक 132 घोटालों का भंडा-फोड़ हो चुका है। इक्कीसवीं सदी के टॉप दस घोटालों की बात करें तो अब तक की जाँच से कुल 5,60,000 करोड़ की धनराशि हड़पी गई है। यह राशि वर्ष 2017-18 के बज़ट में कृषि, शिक्षा एवं स्वास्थ्य जैसे अहम् क्षेत्रों को आवंटित धन का करीब दोगुना है। न्यूज़ एजेन्सी रायटर ने हाल ही में यह समाचार प्रसारित किया है कि गत पाँच वर्षों में भारतीय सरकारी बैंकों में हुए कुल 8,670 ऋण घोटालों में करीब साठ करोड़ से ऊपर की राशि को हड़पा गया है। इससे अन्दाज़ लगाया जा सकता है कि पूँजीवादी व्यवस्था के जालसाज़ खिलाड़ियों ने देश में कैसी लूट मचा रखी है। ये तो वे घोटाले हैं जो सामने आते जा रहे हैं, निजी अस्पतालों, शिक्षण संस्थानों, गैर-सरकारी संगठनों को दी जाने वाली सुविधाओं में सम्मिलित बड़े पैमाने पर आवंटित भूमि एवं आयातित मशीनों वगैरा के मामले अपने-आप में बड़े घोटाले हैं जो यदा-कदा उजागर होते हैं। पब्लिक सेक्टर की इकाइयों के निजीकरण व डी-इन्वेस्टमेंट जैसे अन्य विषय हैं जिनके माध्यम से बड़ी तादात में जन-सम्पदा को समाप्त किया जा रहा है। सरकारी कोष में जमा जन-धन के पीछे यह लोकतान्त्रिक भरोसा होता है कि केन्द्र अथवा प्रान्तीय सरकारें अन्ततः जनता की होती हैं, इसलिए जनता का धन चाहे वह टैक्स के रूप में है या बचत अथवा अन्य किसी धरोहर के रूप में, वह सुरक्षित रहेगा और सरकारी तन्त्र के माध्यम से उसका उपयोग

जन-हित में किया जाएगा। किसी भी किस्म के घोटालों के द्वारा इस धन को हड़पने की हरकत के पीछे सरकार के सम्बन्धित विभाग, निकाय, उपक्रम, संगठन अथवा अन्य किसी भी अधिकरण के सदस्य या सदस्यों की मिलीभगत अवश्य होती है जो सतर्कता, निगरानी व नियमन के स्तर पर किसी-न-किसी कमजोरी के कारण ही सम्भव हो सकती है। इस सम्भावना के निवारण के लिए सोशल ऑडिट, निगरानी, पारदर्शिता की आवश्यकता अनिवार्य है। यह चौंकाने वाली बात है कि देश के जिस बड़े सरकारी बैंक को कुछ अर्सा पहले भ्रष्टाचार पर नियन्त्रण व सतर्कता के लिए सर्वश्रेष्ठ संगठन का पुरस्कार दिया गया उसी बैंक में यह ताज़ा घोटाला हुआ।

वैश्वीकरण की इस मुहिम से सबसे बड़ा नुकसान आदिवासी समाज को हो रहा है। जिस कदर वैश्वीकरण-निजीकरण-उदारीकरण की नीतियों को अन्धाधुन्ध तरीकों से लागू किया, उसकी वजह से गरीबी ने 15 करोड़ लोगों को प्रभावित किया। इस जनसंख्या की एक-तिहाई आबादी आदिवासी-समाज की रही। आदिवासी दृष्टिकोण से वैश्वीकरण का दुष्प्रभाव अब स्पष्ट रूप से सामने आने लगा है, देशी-विदेशी कम्पनियों का इस कदर व्यवस्था पर वर्चस्व कायम होगा, यह शायद किसी ने उम्मीद नहीं की थी। विज्ञान एवं पर्यावरण केन्द्र (एस.सी.ई.) की निदेशक सुनीता नारायण ने सितम्बर 2011 में रपट जारी करते हुए यह तथ्य उजागर किया कि 11वीं पंचवर्षीय योजना के तहत इतनी परियोजनाओं को वन एवं पर्यावरण मन्त्रालय ने स्वीकृति दे दी जो 12वीं पंचवर्षीय परियोजना के लक्ष्य से भी अधिक है। रपट में यह खुलासा किया गया हैं कि वर्ष 2007 से 2011 की अवधि में देश के तमाम क्षेत्रों में प्रस्तावित विकास परियोजनाओं को दी गई मंजूरियों से पहले यह नहीं सोचा गया कि ताप, ऊर्जा, कोयला, सीमेंट, स्टील एवं अन्य इकाइयों को कुल मिलाकर 8284 परियोजनाओं के लिए दो लाख तीन हजार पाँच सौ छिहत्तर हेक्टेयर वन भूमि औद्योगिक संस्थानों को दी गई, जो पिछले तीस सालों में इस्तेमाल की गई वन भूमि का 25 प्रतिशत है। अकेले वर्ष 2009 में ही सबसे ज्यादा सत्तासी हजार आठ सौ तिरासी हेक्टेयर भूमि का इस्तेमाल विकास परियोजनाओं में किए जाने की मंजूरी दी गई। सी.एस.ई. के उपमहानिदेशक चन्द्र भूषण ने सवाल उठाया कि जब पहले से मंजूर परियोजनाओं पर काम शुरू नहीं हुआ, ऐसे में नयी परियोजनाओं को मंजूरी देने में इतनी तेजी दिखाने के पीछे सरकार की क्या मंशा है। क्या यह जल, जमीन, जंगल पर निजी क्षेत्र के कब्जा करने का कोई नया घोटाला है? इनमें तमाम ऐसे मामले शामिल हैं जिनमें वन और पर्यावरण मन्त्रालय की मंजूरी की आड़ में कम्पनियाँ खानों, पानी व कोयले का लाइसेन्स ले रही हैं। यह उन्हें राज्य-स्तर पर ही मिल जाता है। केन्द्रीय नियन्त्रण बोर्ड ने जिन इलाकों को अत्यधिक प्रदूषित बताते हुए वहाँ नये संयन्त्र न लगाने की सिफारिश की थी उन इलाकों में भी बड़े

पैमाने पर नयी परियोजनाओं को हरी झंडी दी गई। सी.एस.ई. ने ऐसी मंजूरियों को रद्द करने की माँग की। ऐसे इलाकों में चन्द्रपुर, धनबाद, रायपुर वगैरह शामिल हैं।

ओड़िसा में 14 लाख लोग विस्थापित किए गए। 'एक्शन एण्ड इंडियन सोशियल इन्स्टीट्यूट' और 'लाया' संगठन द्वारा किए गए सर्वेक्षणों से यह तथ्य सामने आया। सर्वे-क्षेत्रों में विस्थापितों में 79 प्रतिशत अनुसूचित आदिवासी थे। जबकि भारत की कुल आबादी का आदिवासी लोग मात्र 8.6 प्रतिशत हैं। विस्थापन के कारण आदिवासियों को अपनी जमीन, जीविका, पुश्तैनी आवास और पूजा-स्थलों के साथ-साथ प्रकृति और वन्य-जीवों के परिवेश से बेदखल होना पड़ा। इसके साथ-साथ उनके कुएँ, श्मशान स्थल, तालाब, नदी, झरने आदि छूट गए और उन्हें अपनी जीवन-शैली बदलने की मजबूरी सहनी पड़ी, जो उनकी हजारों वर्षों की परम्परा को छिन्न-भिन्न करने का कारण बना। सर्वाधिक नुकसान हुआ उनकी सामूहिकता और सामाजिक सुरक्षा को। इस सबके लिए इस क्षेत्र में केवल चार ही परियोजनाएँ उत्तरदायी रहीं जो हैं– वेदान्त रिफाइनरी (ओड़िसा), पोल्लवरम बाँध (आन्ध्र प्रदेश), टाटा आयरन (छत्तीसगढ़) और सुवर्ण रेखा परियोजना (झारखंड)। इन सर्वेक्षणों से यह तथ्य सामने आया कि 66 प्रतिशत विस्थापितों का पुनर्वास सरकार के स्तर पर नहीं किया गया और उन्हें अपने हाल पर जीवन गुजारने को विवश होना पड़ा। विस्थापितों में से 86 प्रतिशत ने अन्य जागरूक लोगों के सहयोग से इस विस्थापन का आरम्भ से तीव्र विरोध किया। घनश्याम शाह ने लिखा है कि, "एक अनुमान के अनुसार भारत में 1950 और 1990 के बीच में 213 लाख लोग सिंचाई योजनाओं, आणविक ऊर्जा संयन्त्र, वन्यजीवन संरक्षण संस्थान, उद्योग आदि के कारण विस्थापित हुए हैं।

गढ़चिरौली जिले में स्थित है सूरजगढ़। यह गाँव महाराष्ट्र की उस महत्त्वपूर्ण पट्टी पर है, जिसमें राज्य का 60 फीसदी खनिज है। इस इलाके में कोयला, चूना पत्थर, लोहे अयस्क और मैग्नीज सहित 17 तरह के खनिजों का 575.3 करोड़ टन अनुमानित संचित भंडार है, जो भारत के कुल संचित खनिज भंडार का 22.56 प्रतिशत है। सामाजिक अधिकारों के लिए काम करने वाली संस्था विस्थापन विरोधी जन विकास आन्दोलन के कार्यकर्ताओं का कहना है कि जिले के छह तालुका-भर में 18,000 से अधिक एकड़ में 25 नये खनन परियोजनाओं के लिए पूर्वेक्षण लाइसेन्स जारी किए गए हैं। इसी कारण वहाँ के आदिवासी भयंकर रूप से चिन्तित हैं। देश-भर के कुल ऊर्जा उत्पादन में कोयले का योगदान 60 फीसदी है। वर्ष 2011 से 2014 के बीच केन्द्रीय खान मन्त्रालय द्वारा देश-भर में 48 खनन पट्टों को आदिवासी क्षेत्रों में अनुमोदित किया गया है। भारत के कुल क्षेत्रफल में करीब 24% वनक्षेत्र है जबकि भारत की खनिज उत्पादक जिलों में वनों का औसत 28 फीसदी

है। यहाँ खनन होने की स्थिति में सम्पूर्ण भारत का वन प्रतिशतांक असन्तुलित होने का खतरा है। इसी तरह छत्तीसगढ़ के कोरबा जिले, आन्ध्र प्रदेश के विशाखापत्तनम जिला और ओडीशा के खन्दादर हिल्स के इलाकों में भी खनन कार्य में वृद्धि होती जा रही है। इन समस्त क्षेत्रों के आदिवासी खनन परियोजनाओं के खिलाफ एकजुट हैं और खनन लाइसेन्स देते समय ग्राम सभाओं द्वारा सलाह-मशविरा नहीं किए जाने से लोगों में आक्रोश है।

बड़े कारोबारियों के लिए किस कदर सरकारें आसान रास्ता बनाती हैं इसका एक उदाहरण यह है कि सन् 2016 में महाराष्ट्र के गढ़चिरौली जिला की 1,267 ग्राम सभाओं में तेन्दू की बिक्री से 35 करोड़ रुपए की कमाई हुई, जिसके बाद महाराष्ट्र सरकार ने राज्य के एकाधिकार से तेन्दू और बाँस की बिक्री को मुफ्त कर दिया है। निजी खरीददारों की दखल से स्थानीय लोगों को मिलने वाले लाभ पर निश्चित रूप से विपरीत असर पड़ने लगा है। यदि इसी व्यवसाय को सहकारी संस्थाओं से जोड़ दिया जाता तो एक अनुमान के अनुसार हर परिवार 15 दिन में 30,000 रुपए से 50,000 रुपए तक कमा सकता है। महाराष्ट्र ग्राम विकास जन आन्दोलन के कार्यकर्ताओं का आरोप है कि सरकार इस क्षेत्र में बुनियादी ढाँचा परियोजनाओं की स्थापना स्थानीय परिस्थितियों को बेहतर बनाने के लिए नहीं, बल्कि बड़े कारोबार के लिए आसान रास्ता बनाने के लिए करना चाहती है। आदिवासी अपनी दैनिक जरूरतों के लिए थेले (मछली जाल) और धेनकी (चावल कुटाई) जैसे सरल और साधारण उपकरण का उपयोग करते हैं, जिसे मुख्यधारा के प्रचलन में लाने की जरूरत है। उनका मानना है कि वनाधिकार के साथ-साथ आदिवासियों के लिए उनकी वस्तु विनिमय और सामूहिक कार्य की समृद्ध परम्परा को बढ़ावा देना चाहिए जो उनके समाज में आज भी प्रचलित हैं। लोगों का मानना है कि यदि जंगलों को नष्ट किया जाएगा, आदिवासियों को विस्थापित होना पड़ेगा। मध्य प्रदेश में ट्राइबल सबप्लान की 100 करोड़ की राशि को राज्य सरकार ने इन्दौर मेट्रो प्रोजेक्ट में दे दिया। मनावर तहसील में 32 गाँवों का विस्थापन करके ज़मीन अल्ट्राटेक सीमेंट को दे दी गई, जबकि संविधान की 5वीं अनुसूची और वनाधिकार क़ानून के अनुसार आदिवासी की ज़मीन ग़ैर-आदिवासी को स्थानान्तरित की ही नहीं जा सकती। फिर भी हज़ारों परिवार की ज़मीन सीमेंट फैक्ट्री को आवंटित कर दी गई। बाँध बनाने के नाम पर मध्य प्रदेश के डिंडोरी जिला में भी कई गाँव विस्थापित हो रहे हैं। रतलाम और सीधी ज़िले मतलब कि अभी पूरे राज्य में लगभग 1000 गाँव विस्थापित होने की प्रक्रिया में हैं। पचमढ़ी हिल स्टेशन हो या पन्ना टाइगर रिज़र्व अथवा बाँधवगढ़ रिज़र्व क्षेत्र, सब जगह से आदिवासियों को विस्थापित किया जा रहा है।

सर्वोच्च न्यायालय ने दिनांक 13 फरवरी, 2019 को फैसला दिया, जिसमें कहा

गया है कि जंगलों व वनभूमि में रहने वाले उन आदिवासियों को तुरन्त बेदखल किया जाए जिनके दावे वनाधिकार कानून के तहत खारिज किए जा चुके हैं।' इस फैसले से देश के 16 राज्यों के करीब 10 लाख आदिवासियों पर संकट आया। इनमें से 75 समुदायों को सरकार ने पहले से ही 'विशेष रूप से संकटग्रस्त जनजातीय समूहों' (PVTGs) में सम्मिलित कर रखा है। ये लोग त्रिपुरा, मणिपुर, पश्चिम बंगाल, ओडिशा, बिहार, उत्तराखंड, मध्यप्रदेश, छत्तीसगढ़, गुजरात, राजस्थान, महाराष्ट्र, तेलंगाना, आन्ध्रप्रदेश, कर्नाटक, तमिलनाडु, केरल, अंडमान व निकोबार द्वीप समूहों के जंगलों में हजारों सालों से निवास कर रहे हैं। ये सारे-के-सारे मानव समुदाय अभी भी लोकतन्त्र एवं विकास से अपरिचित हैं। सन् 2006 से लागू हुए उस वनाधिकार कानून के बारे में इनमें से कोई भी कुछ नहीं जानता, जिसकी वैधता को लेकर दायर याचिका पर न्यायालय ने यह निर्णय दिया है। इन समुदायों के लिए अपने वनाधिकारों के लिए दावा पेश करने की बात तो सोची भी नहीं जा सकती। जिस केन्द्रीय सरकार द्वारा आदिवासी समाज की भलाई के वास्ते वनाधिकार कानून लाया गया, उसी सरकार के सम्बन्धित जनजातीय मामलों के मन्त्रालय ने आदिवासियों के पक्ष को सही ढंग से आला अदालत में पेश नहीं किया। या तो उस मन्त्रालय का वकील अदालत में खड़ा ही नहीं हुआ अथवा पूछे गए मुद्दों पर वह चुप रहा। सम्बन्धित विभाग ने भी अपनी तरफ से तथ्यों व तर्कों से अदालत को समय पर अवगत नहीं कराया। यह केस गत दस वर्षों से चल रहा था। कानूनी विशेषज्ञों का कहना है कि 'नोटिस दिए बगैर किसी को उसकी जमीन से बेदखल नहीं किया जा सकता।' दूसरी तरफ सभी राज्यों में वनाधिकार का दावा पेश करने और उनके निस्तारण की प्रक्रिया अभी जारी है। चौंकाने वाला एक अन्य तथ्य यह है कि केन्द्र सरकार के स्तर पर वनाधिकार कानून की पहल करने वाले जनजातीय मामलों के मन्त्रालय और केन्द्रीय पर्यावरण मन्त्रालय के मध्य कोई तालमेल नहीं है। जब कानून बन रहा था तब कई आधारों पर पर्यावरण मन्त्रालय ने इसका विरोध किया था। सुनवाई के दौरान सर्वोच्च न्यायालय ने सम्बन्धित राज्यों से वनाधिकार के दावों के ताज़ा आँकड़े जानने चाहे मगर उन्हें पेश नहीं किया गया। अक्टूबर, सन् 2018 में सोलिसिटर जनरल नरसिम्हा के हट जाने के बाद सरकार ने इस केस में अपना पक्ष रखने के लिए किसी अन्य वरिष्ठ वकील को नहीं लगाया। इस फैसले से ठीक पहले तारीख 5 फरवरी को करीब आधा दर्ज़न संगठनों के एक प्रतिनिधि मंडल ने बाकायदा जनजातीय मामलों के मन्त्रालय को पत्र लिखकर चेताया था कि सन् 2018 के माह मार्च, मई व दिसम्बर में सर्वोच्च न्यायालय में जो सुनवाई की गई, उस दौरान सरकारी पक्ष पूरी तरह से बेअसर दिखाई दिया।

करीब दस लाख लोगों को उनकी पुश्तैनी जमीन से एक ही झटके में बेदखल

करने का मतलब होता है भारत की कुल आदिवासी आबादी 10.4 करोड़ में से एक फ़ीसदी का बेदखल हो जाना, यानी कि देश की कुल आबादी का करीब एक करोड़ लोगों की रोजी-रोटी छीनकर उन्हें बेसहारा भटकने के लिए छोड़ देना। सर्वोच्च न्यायालय के सामने याचिका दायर करते हुए यह आरोप लगाया कि जंगलों में रहने वाले आदिवासियों से जंगलों को खतरा है। आदिवासी समाज तो मानवेतर जीव-जगत सहित वनस्पतियों और पर्वत-नदियों को अपना सगा मानकर चला है। आदिवासी समुदायों के नाम और उनकी पहचान गण-चिह्नों के आधार पर होती है जो वन्यजीव अथवा वनस्पतियाँ होते हैं। इसी आस्था से ये लोग अपने गण-चिह्नों से सम्बन्धित जीवों व पेड़-पौधों को पवित्र मानकर पूजते रहे हैं। सवाल यह उठता है कि क्या आदिवासियों से जंगल को खतरा हो सकता है? आश्चर्यजनक तथ्य यह है कि सरकार की तरफ से अदम पैरवी की वज़ह से न्यायालय को ऐसा खतरनाक आदेश पारित करना पड़ा। देशव्यापी आदिवासी आक्रोश को देखते हुए करीब पन्द्रह दिनों बाद जब सरकार ने गुहार लगाई तब न्यायालय ने अपने आदेश को स्थगित तो कर दिया, किन्तु आदिवासियों के सर पर बेदखली की तलवार तो लटकने लग ही गई।

वेरियर एल्विन ने सन् 1945 में ही यह कह दिया था कि 'आदिवासियों का दृढ़ विश्वास है कि जंगल उनसे सम्बन्धित हैं। उसकी रक्षा के लिए जो भी सम्भव है वह सब कुछ करने का उनका अधिकार है। वे जंगल में सैकड़ों सालों से रहते आए हैं। यही उनकी जिन्दगी है जिसे छीनने का जो कोई भी प्रयास करेगा उसका प्रतिरोध हमारे लिए न्यायसंगत होगा। एक अनुमान के अनुसार सन् 1950 से 1990 की अवधि में सिंचाई परियोजनाओं, खनन, ताप विद्युत् संयन्त्रों, वन्यजीव अभ्यारण्यों व अन्य उद्योगों की वजह 213 लाख लोगों का विस्थापन हुआ जिनमें से 85% आदिवासी जनसंख्या है (Fernandes and Paranjpe 1997)।

नयी आर्थिक नीति के अवतरण के साथ यानी कि गत करीब डेढ़ दशकों में हमारे देश ने वैश्विक तथा हाई-टैक की स्पीड पकड़ी है। भौतिक प्रगति विभिन्न किस्म की सुविधाओं के साथ उग्र व्यक्तिवाद, गलघोंटू प्रतिस्पर्धा, अपूरित लालसा छोड़ता सम्पत्ति-अर्जन, जीवन-दर्शन में नफ़ा-नुकसान के गणित की ज़रूरत से ज्यादा घुसपैठ आदि प्रवृत्तियों को जन्म देती है। यह आचरण अन्ततः प्रकृति, मनुष्य तथा मानवेतर प्राणी-जगत का विरोधी होता है। ऐसी दशा विकसित करने वाले आई.क्यू. व शिक्षा-प्रणाली के समान्तर जब आदिम सरोकारों और अनुभवजन्य रोबस्ट कामनसेन्स की बात की जाती है तो उक्त प्रवृत्तियाँ बहुत कम मात्रा में विकसित होती दिखाई देती हैं। वहाँ भौतिक पिछड़ापन खूब मिलेगा किन्तु आधारभूत समझदारी का टोटा नहीं दिखाई देगा।

यह जानने के लिए बहुत पापड़ नहीं बेलने पड़ेंगे कि तथाकथित मुख्यधारा के विकसित लोग ही सर्वाधिक राजनैतिक घोटाले, हाई-टैक अपराध, गलघोंटू होड़, फ़र्ज़कारी, षड्यन्त्र, भ्रष्टाचार के अन्य कुकृत्य, लोकतन्त्र का विरूपीकरण, संसद में हंगामा, आम जनता के साथ 'फेंकूगिरी', गलत काम करवाने के लिए दबाव-सिफारिशें, प्रतिशोध की भावना, विज्ञापन बहकावा, पंचसितारी अनैतकिता, टैक्स चोरी, गलत रिकॉर्ड तैयार करना, घूसखोरी, चमचागिरी, धमकी, अवैध कब्ज़ा, दादागिरी, सुपारी किलिंग, फ़र्ज़ी दिवालियापन, कुल मिलाकर निजी-स्वार्थ-साधने के लिए किसी भी सीमा तक जा सकने वाले अष्टभुजाधारी ऑक्टोपस बन जाते हैं।

धन के लिए वे अपनी देहावसित माँ को भी बाज़ार में बेचने से बाज़ नहीं आते। मैं यहाँ फेसबुक की एक पोस्ट को उद्धृत कर रहा हूँ जिसे लगाया है सुपरिचित लेखक व प्रकाशक विकास नारायण राज जी ने। 'देश का जितना बड़ा सितारा यानी अपने को बेचने की माहिरी में उतना ही बेशर्म! अपवादों को छोड़कर, अमिताभ बच्चन साहब का साइकिल अगरबत्ती का नया विज्ञापन आया है। पूजा का दृश्य है और वे भावुक स्वर में कह रहे हैं कि माँ तो रही नहीं पर पहले जब वे अगरबत्ती जलाते हुए मेरी ओर देखती थीं तो लगता बस मुझे ही आशीर्वाद दे रही हैं। कोई फिल्म नहीं है यह कि वे किसी लिखे किरदार को निभा रहे हैं। विज्ञापन में उन्हें मोटे पैसे (औसतन आठ करोड़) अमिताभ बच्चन के रूप में आने के मिलते हैं। माँ थीं तो साइकिल अगरबत्ती नहीं थी। पैसों की कोई कमी है नहीं। फिर भी लालच में माँ को सरे-आम बेचना!'

खनन व जल स्रोतों की दृष्टि से भारत के जो अंचल जितने समृद्ध हैं वहाँ के लोग उतने ही दरिद्र हैं। यह बात सभी आदिवासी क्षेत्रों पर लागू होती है। करीब 70 फ़ीसदी कोयला भंडार और 50 फ़ीसदी अन्य खनिज इन इलाकों में सुरक्षित हैं। विकास के नाम पर यहाँ की आबादी का 50 प्रतिशत हिस्सा अब तक अपनी मूल धरती से विस्थापित किया जा चुका है। जब से वैश्वीकरण, उदारीकरण व निजीकरण की नीति के आधार पर विकास का नया ढाँचा क्रियान्वित किया गया है तब से आदिवासियों की दशा भयंकर रूप से खराब हुई है। इस प्रकार के 'विकास' का अर्थ विराट स्तरीय खनन, स्टील व सीमेंट उद्योग, पर्यटन, वन्यजीव संरक्षण एवं ऊर्जा परियोजनाएँ हैं जिनके कारण आदिवासी समाज के लिए अस्तित्व का संकट पैदा हो गया है।

आर्थिक विकास के वैश्विक स्तर पर स्वीकृत इस वर्तमान ढाँचा से आगे समाज के सर्वांगीण विकास पर गहनता से विचार करने की आवश्यकता है। नोबेल पुरस्कार से सम्मानित प्रसिद्ध अर्थशास्त्री अमर्त्य सेन द्वारा प्रतिपादित आर्थिक दर्शन का सन्दर्भ यहाँ देना उचित होगा। उन्होंने विकास की अवधारणा को जन-स्वतन्त्रता

से जोड़ते हुए गरीबी, आर्थिक अवसरों की कमी, भ्रष्टाचार, सरकारों की अक्षमता, शिक्षा के अभाव व स्वास्थ्य जैसे मुद्दों को प्राथमिकता दी है। अमर्त्य सेन द्वारा लोक-कल्याणकारी अर्थशास्त्र की अवधारणा का प्रतिपादन किया गया है। उनकी प्रसिद्ध पुस्तक 'न्याय का स्वरूप' में सामाजिक न्याय के विभिन्न पक्षों पर विस्तार से चर्चा की गई है।

अभीष्ट तो यह है कि विकास का अर्थ उसकी समग्रता, समतावादी समाज, आधारभूत भौतिक सुविधाएँ, आदर्श लोकतन्त्र, वैज्ञानिक दृष्टिकोण, पारिस्थितिकीय सन्तुलन, मानवीय गरिमा, सन्तोष, मानसिक शान्ति व प्रसन्नता में होना चाहिए, किन्तु विकास का यह वर्तमान वैश्वीकृत ढाँचा पूँजीवादी मानसिकता से संचालित अन्धी दौड़ है। लम्बे अर्से तक दुनिया का सर्वोच्च धनाढ्य व्यक्ति बिल गेट्स यदि इस निष्कर्ष पर पहुँचता है कि 'अब पूँजी को मानवीय चेहरे के साथ आना चाहिए' तो पूँजी के बेलगाम घोड़े को काबू में लिया जाना मनुष्य, मानवेतर जीवजगत, पृथ्वी व प्रकृति के लिए अनिवार्य है।

भूमंडलीकरण और आदिवासी अस्मिता

डॉ. खन्नाप्रसाद अमीन

जाहिर है कि आदिवासी समाज का सदियों से जल, जंगल और जमीन से बहुत ज्यादा लगाव रहा है। वे प्राकृतिक संसाधन के सदियों से संरक्षक रहे हैं। इसलिए उनकी संस्कृति प्राकृतिक संसाधनों के साथ-साथ फलती-फूलती गई है। लेकिन आज भूमंडलीकरण और बाजारवाद के अमानवीय चेहरे ने आदिवासियों की प्राकृतिक सम्पदा एवं संस्कृति को विनाश के कगार पर खड़ा कर दिया है। भूमंडलीकरण के नाम पर सरकार वास्तव में भूमंडलीकरण कर रही है। सरकार विकास के नाम पर आदिवासियों का विनाश कर रही है। भारत में बहुराष्ट्रीय कम्पनियाँ, वोलमार्ट और रोजमर्रा नयी-नयी परियोजनाओं से केवल विनाश होता है—आदिवासी अस्मिता का। भूमंडलीकरण गरीब और अमीरों के बीच दूरियाँ बढ़ाकर नवीन जातियों का निर्माण कर रहा है। गरीब को और ज्यादा गरीब यानी कि गुलामी तक पहुँचाना उनकी सबसे बड़ी साजिश है। भूमंडलीकरण के बढ़ते कदम ने केवल यन्त्रों का महत्त्व बढ़ा दिया, मनुष्य का नहीं। विश्वग्राम के नाम पर उच्चवर्ग के लोगों का कल्याण हो रहा है और आदिवासी समुदाय की श्रम, शक्ति, सभ्यता, संस्कृति, शिक्षा और आरोग्य के सामने सबसे बड़ा खतरा मँडरा रहा है। इसके कारण आदिवासी की अस्मिता का सबसे बड़ा सवाल हमारे सामने आया है। इसलिए संजय नवले लिखते हैं कि– "भूमंडलीकरण के कारण शिक्षा बेची जा रही है। जिनके पास पैसा है उनके लिए अलग से शिक्षा की व्यवस्था की जा रही है। जो गरीब झोपड़ी-पट्टी में रहते हैं, उन्हें नगरपालिका, महानगरपालिका के स्कूलों में जाना पड़ता है। जिनके पास पैसा है उनके बच्चे, नवीन तकनीकी के आधार पर शिक्षा ग्रहण कर रहे हैं। ट्यूशन व नवीन उपकरणों की सुविधा उनके लिए होती है। आगे यही लड़के अच्छे पदों पर विराजमान होते हैं। जंगलों में, पर्वतों में, गाँवों में रहने वाले बच्चे, पारम्परिक शिक्षा के कारण वहीं-के-वहीं रह जाते हैं। उनके नसीब में चपरासी की नौकरी होती है। हाँ, इन गरीब बच्चों के पास मेहनत, बुद्धि होती है, परन्तु पैसों के अभाव के कारण वे आगे नहीं बढ़ पाते। भूमंडलीकरण के कारण बनी व्यवस्था के कारण

कुछ लोग जमीन-जायदाद बेचते हैं और अपने बच्चों की पढ़ाई के लिए खर्च करते हैं। भूमंडलीकरण के ठेकेदारों को यही तो चाहिए कि आम आदमी के पास जो है वह उसे बेचता रहे और ये लोग उसे कम कीमत में खरीदते रहें। आम आदमी बच्चों की नौकरी के लिए परेशान रहता है। उस वक्त उसके पास बेचने के लिए कुछ नहीं रहता। वह बेकार घूमने-फिरने को मजबूर हो जाता है।"[1]

अधिकांश आदिवासी समुदाय गिरि-कन्दराओं में रहते हैं, जिन्हें शिक्षा की सुविधा नसीब नहीं होती है। उन्हें बाजार का चमकीला वातावरण या व्यापार करना नहीं आता वे पर्वतों में रहते हैं, लेकिन उन्हें मालूम नहीं है कि पर्वत भी बेचे जाते हैं, प्राकृतिक पानी भी बेचा जाता है। वे बेचारे भोले-भाले होते हैं। श्रम ही उनका जीवन और जल, जंगल एवं जमीन उनका सर्वस्व होता है। प्रकृति की पूजा करना उनका जीवन मन्त्र होता है। वे चमकीली दुनिया और शाईनिंग इंडिया, अन्तरराष्ट्रीय एम.ओ.यु, डिजीटल इंडिया, मेक इन इंडिया, स्टार्ट अप इंडिया से बहुत दूर हैं। उन्हें बाजारवाद की भावना-शून्य नकली दुनिया अच्छी नहीं लगती। भूमंडलीकरण की दुनिया की मंडी में वस्तु के साथ मनुष्य भी बिकता है। यहाँ पैसों को अधिक महत्त्व दिया जा रहा है, मनुष्य को नहीं, जब कि आदिवासी समुदाय में मनुष्य महान है, पैसे नहीं। वे भावना से जुड़े हुए होते हैं। उनको थोड़ा-बहुत रोटी, कपड़ा मिलने पर खुश रहते हैं। वे आज की मंडी की दुनिया से बहुत अनजान हैं। इनके पास मोबाइल एवं कम्प्यूटर खरीदने के लिए पैसे नहीं हैं। दुनिया से दूर जंगलों, पहाड़ों में इनका बसेरा होता है। इनकी अपनी एक संस्कृति है। उन्हें बुनियादी जरूरतों की पूर्ति नसीब नहीं होती है। यह भी सही है कि प्रगति का एक भी सोपान इनके पास अभी तक पहुँचा नहीं है या साजिश से पहुँचाया नहीं जा रहा है। जंगलों में शुरू हुआ उनका जीवन जंगलों में ही समाप्त हो जाता है। भूमंडलीकरण की गतिमान तकनीकी दौड़ में आदिवासी बच्चे बहुत पीछे रह जाते हैं। इसलिए मैं कहता हूँ कि भूमंडलीकरण जान-बूझकर अमीर-गरीब के बीच खाई निर्माण करने की सबसे बड़ी साजिश है। भूमंडलीकरण के कारण गरीब और गरीब बनता जा रहा है और अमीर और अमीर बनता जा रहा है। इसका मतलब यह हुआ कि एक अमीर है तो हजारों गरीब हैं। अमीर गरीबों का उपयोग करके खुद अमीर बनता जा रहा है और गरीब कर्ज के मारे और परेशान होता जा रहा है। इसलिए संजय नवले जी ने लिखा है कि- "संगणक संस्कृति मनुष्य को पराजित कर रही है। वैश्विक महासत्ता लोगों को उच्चत्तम जीवन देने के लिए शोषण को आधार मानकर नवीन व्यवस्था का निर्माण कर रही है। मनुष्य को अस्तित्वहीन, निराधार करना इस संस्कृति का काम है। आम आदमी को कर्ज लेकर जन्म लेना चाहिए, जीना चाहिए, कर्ज लेकर ही मरना चाहिए। यह है इनकी संस्कृति। मंडी को आपकी वेदना, संवेदना से कुछ लेना-देना

नहीं है। वह मात्र पैसा देखती है। पाँच सितारा औद्योगिक संस्कृति का विकास करना ही इनका उद्देश्य है। यह संस्कृति सिखा रही है– रोबोट की पूजा करना और मनुष्य का तिरस्कार करना। अर्थात भूमंडलीकरण से विश्व नजदीक आया, लेकिन मनुष्य दूर जा रहा है। मनुष्य गाँव छोड़कर शहर की ओर भाग रहा है। शहर की चमकीली दुनिया गाँव के लोगों को आकर्षित कर रही है। कहा जाता था भारत गाँवों में है। वही गाँव शापित बन रहे हैं। गाँवों की यह अवस्था है तो जंगलों में, पहाड़ों की जिन्दगी भूमंडलीकरण के कारण कैसी होगी, इसका विचार भी नहीं कर सकते।"[2]

हिन्दी के प्रसिद्ध कवि एवं उपन्यासकार हरिराम मीणा भी वैश्वीकरण के बारे में अपना मत बताते हुए कहते हैं कि- "वैश्वीकरण के सारे फायदे राष्ट्र-समाज के भद्र वर्ग को मिलते रहे हैं जिनके अधिकार में प्रमुख शक्तियों तथा साधन-संसाधन रहते आए हैं। यथा राज-धन-ज्ञान-धर्म की शक्तियाँ, पूँजी, बाजार, तकनीकी, उच्च शिक्षा तथा अन्य सुविधाएँ। इस दृष्टि से भारत के आम आदमी के समाज का विश्लेषण किया जाए तो गरीब, भुखमरी, बेरोजगारी, अच्छी शिक्षा का अभाव, स्वास्थ्य की समस्याएँ, पेयजल आपूर्ति का संकट तथा अन्य आधारभूत सुविधाओं का अभाव दिखाई देता है। इसी सन्दर्भ में जब आदिवासी समाज की दशा में सुधार की चर्चा की जाएगी तो उनकी दशा में नहीं के बराबर परिवर्तन हुआ है। इससे उलट आदिवासी अंचलों में प्राकृतिक संसाधनों की जो लूट वैश्वीकरण के इस दौर में मची है उसने आदिवासी जीवन को नरक-तुल्य बना दिया है जहाँ आधारभूत सुविधाओं, मानवाधिकारों, लोकतन्त्र में साझेदारी आदि की बात तो बहुत दूर, आदिवासी समाज का अस्तित्व ही गहरे संकट में फँसता जा रहा है।"[3]

आदिवासी समुदाय जब शहरों की ओर आने लगे तो शहर में उनका किसी-न-किसी तरह से शोषण किया जाने लगा। यहाँ तो हर रोज नये तरीके से निम्न जातियों का शोषण किया जाता है।

"तुम इस शहर में
क्यों आए हो?
यहाँ तो–
हर रोज बिकता है
अपनी जाति के
मनुष्य का खून,
पसीना
यहाँ तक कि–
पूरा मनुष्य भी।

यहाँ तो–
होती है–हर दिन
साम्प्रदायिकता की खेती
दंगें, फसाद
जातिवाद का जहर।
यहाँ तो–
तुम्हारे हाड़-मांस को
खा जाएँगे
दीमक रूपी मनुष्य
तू हो जाएगा ठूँठ पेड़।।" (फेसबुक से)- खन्नाप्रसाद अमीन

इस प्रकार आदिवासी अस्मिता का सबसे बड़ा सवाल हमारे सामने आया। शहरों में भी उनके साथ अन्याय या भेदभावपूर्ण व्यवहार किया जाता है। नगर बसाने के नाम पर उनकी जमीन हड़प ली गई। जंगल को काट डाला गया। टाटा, एस्सार जैसी अनेकों कम्पनियों ने आदिवासियों का भला करने की जगह बरबाद कर दिया। विकास पथ के नाम पर आज आदिवासी को दिशाहीन बना दिया गया। इस मशीनी दुनिया के सामने आदिवासी के अस्तित्व का सवाल सामने आया। उनको बेरोजगार होना पड़ा। उनकी सभ्यता और संस्कृति पर नगरीय संस्कृति हावी होने लगी। बाँध परियोजना के विस्थापन के कारण आदिवासियों की स्थिति बहुत दर्दनाक दिखाई देती है। भूमंडलीकरण के कारण लोगों में 'पैसा मेरा परमेश्वर और मैं पैसे का दास' वाली नीति सामने आई। इस भूमंडलीकरण की भयानक दौड़ एवं अर्थव्यवस्था तथा समाज-व्यवस्था में आदिवासियों की स्थिति बहुत दयनीय हो गई है। सरकार की विकास नीति उनके लिए कोरे कागजात जैसी सिद्ध हुई है।

सन्दर्भ

1 आदिवासी अस्मिता और विमर्श-सं. डॉ. खन्नाप्रसाद अमीन, पृ. 66।
2 वही, पृ. 68।
3 समवेत पत्रिका, जुलाई-2014, पृ. 03।

हिन्दी उपन्यास और आदिवासी चिन्तन : संघर्ष, सपने, चुनौतियाँ और 21वीं सदी

रणेन्द्र

भारत के आदिवासी समाज के छह सौ पैंतालिस समुदाय अनुसूचित जनजाति के रूप में भारत सरकार के खातों में दर्ज हैं। 2011 की जनगणना के अनुसार इनकी आबादी लगभग साढ़े आठ करोड़ है। बीसवीं सदी के प्रारम्भ से ही आदिवासी समाज हिन्दी उपन्यासों का विषय बनता रहा है। श्री रमेशचन्द्र मीणा और स्व. प्रो. दिनेश्वर प्रसाद की मानें तो रामचीज सिंह वल्लभ द्वारा विरचित उपन्यास 'वन विहंगिनी' 1909 में प्रकाशित हुआ था, 1930 ईसवी में रामानन्द शर्मा का आदिवासी विषयक उपन्यास 'कोरा कुमारी' प्रकाशित हुआ। वन विभाग के एक वरिष्ठ पदाधिकारी योगेन्द्रनाथ सिन्हा के 'हो' आदिवासी समुदाय को केन्द्र में रखकर पचास के दशक में दो उपन्यास 'वन लक्ष्मी' और 'वन के मन में' प्रकाशित हुए। 1948 ई. में वृन्दावन लाल वर्मा का 'कचनार', देवेन्द्र सत्यार्थी का 'रथ के पहिये' प्रकाशित हुए। उसके बाद के दशक में रांगेय राघव का उपन्यास 'कब तक पुकारूँ', राजस्थान के नटों के जीवन एवं शोषण पर आधारित है तो 'धरती मेरा घर' में बंजारा लोहरा समाज का दर्द-संघर्ष वर्णित हुआ है। गोंड़ जीवन को केन्द्रित कर राजेन्द्र अवस्थी के दो उपन्यास 'जंगल के फूल' और 'सूरज किरण की छाँव' प्रकाशित हुए। फणीश्वरनाथ रेणु के 'मैला आँचल' में भी सन्ताल टोला अपने पूर्ण सौन्दर्य के साथ उभरता है। जयप्रकाश भारती ने 'कोहरे में खोए चाँदी के पहाड़' में राजस्थान की बहूप्रथा में विश्वास करने वाली जौनसार बाबर आदिवासी समुदाय को कथा-विषय बनाया।

लेकिन नब्बे के दशक के पूर्व तक हिन्दी आलोचना इस आदिवासी स्वर को अलग से रेखांकित नहीं कर सकी। यह कहा जा सकता है कि विमर्शमूलक आलोचना दृष्टि से रचनाओं को देखा जाना उस काल तक प्रारम्भ नहीं हुआ था। साथ ही उपर्युक्त उल्लेखित रचनाओं में रांगेय राघव, देवेन्द्र सत्यार्थी जैसे उपन्यासकारों को अपवाद मानें तो अधिकांश रचनाकार एक बाहरी व्यक्ति की तरह आदिवासी यथार्थ को निरख रहे थे और अपनी लेखनी के अभ्यास के बल

पर विवरण प्रस्तुत कर रहे थे। गोपीनाथ मोहन्ती और महाश्वेता देवी जैसा लगाव, जुनून और एकात्मकता इस दौर के आदिवासी विषयक उपन्यासों में नहीं दिखता। इन उपन्यासकारों की 'घोटुल ग्रन्थि' पर अलग से विस्तार से बात की जा सकती है।

नब्बे के दशक से संजीव, मनमोहन पाठक, पुन्नी सिंह, तेजिन्दर, मैत्रेयी पुष्पा, भगवानदास मोरवाल, राकेश कुमार सिंह की समर्थ और उर्वर लेखनी ने हिन्दी उपन्यास फलक को साँवले-सलोने-जामुनी, एक खास आदिवासी रंग से रंग डाला। इस विविधता और विपुलता की अब उपेक्षा नहीं हो सकती थी। ऐसे भी हाशिये के समुदायों– स्त्री, दलित और आदिवासी की विशिष्ट समस्याएँ, शोषण के खास सामाजिक-सांस्कृतिक-आर्थिक औजार तद्जनित दुःख-पीड़ा की अनन्त कराहें-हिचकियाँ अलग से रेखांकित किए जाने की सदियों से प्रार्थना कर रही थीं। महा आख्यान की गूँज में इनकी आवाजें खो गई थीं। किन्तु यहाँ यह स्पष्ट करना आवश्यक है कि इनकी विशिष्ट समस्याओं का रेखांकन मात्र इसलिए नहीं किया कि इनकी अस्मिताओं को केवल अलग से पहचान भर मिले। बल्कि इसलिए कि इन मोर्चों को बड़ी लड़ाई के लिए, मानव-मुक्ति के महान स्वप्न के लिए हिरावल दस्ता में ढाला जा सके। अस्मितावादी आन्दोलनों की घृणा के बदले घृणा, लिंग-जाति द्वेष के बदले द्वेष, नस्लीय आक्रामकता हमें स्वीकार नहीं है। यह एक बन्द गली का सफर है जो कहीं नहीं पहुँचाएगा। उल्टे व्यवस्था के खिलाफ मुकम्मल लड़ाई को कमजोर करेगा।

औद्योगीकरण का बुलडोजर आदिवासी इलाके में किस तरह जलजले की तरह तबाही लाता है इसे देखना हो तो संजीव के 'सावधान नीचे आग है', 'धार' और 'पाँव तले की दूब' के पन्नों से गुजरिए। लेकिन मुझे उनका उपन्यास 'जंगल जहाँ से शुरू होता है' अपनी पठनीयता और थारू जनजाति के विविध रूपों के कारण ज्यादा बाँधता रहा है।

मनमोहन पाठक का 'गगन घटा गहरानी' पलामू की महाजनी सवर्ण सामन्ती शोषण की चक्की में पिसते उराँव जीवन की कथा इतने मनोयोग और गझिन बुनावट के साथ सुनाता है कि यह एक रचना ही उनको हिन्दी साहित्य के इतिहास में स्मरणीय बनाने के लिए पर्याप्त लगती है।

तेजिन्दर का 'काला पादरी' धार्मिक संस्थाओं के रूमान को एक झटके में तोड़ देता है। उसके संस्थागत स्वार्थ को बेलाग भाव से नितान्त नंगा कर उससे पाठक को मुठभेड़ करवाता है।

क्रिमिनल ट्राइब के रूप में घोषित कबूतरा समुदाय की अन्तहीन पीड़ा और व्यवस्था के साथ-साथ कथित सभ्य समाज की क्रूरताओं की इन्तहा का मैत्रेयी पुष्पा की लेखनी से निःसृत प्रामाणिक चित्रण 'अल्मा कबूतरी' को हमारी स्मृति में सदा

के लिए टाँक जाता है। राकेश कुमार सिंह ने 'पठार पर कोहरा', 'जहाँ खिले हैं रक्तपलाश', 'जो इतिहास में नहीं है' और 'हूल पहाड़िया' जैसे उपन्यासों के माध्यम से हिन्दी साहित्य के इस अध्याय को सम्पन्न और बहुवर्णी बनाया है।

संघर्षशील शिबू सोरेन और महाजनी-सामन्ती सत्ता से उनका टकराव पत्रकार उपन्यासकार विनोद कुमार की लेखनी से 'समर शेष है' में कौंधता-सा दिखता है। पुन्नी सिंह का 'सहराना', भगवानदास मोरवाल का 'रेत' और इस वर्ष प्रकाशित संजीव बख्शी का 'भूलन काँदा' और प्रदीप जिलवाने का 'आठवाँ रंग - पहाड़ गाथा' तक आदिवासी समाज की औपन्यासिक यात्रा अनवरत जारी है।

श्री प्रकाश मिश्र का खासी जनजाति को केन्द्र में रखकर लिखा गया उपन्यास 'रूपतिल्ली की कथा' एवं मिजो जनजाति वर्णित उपन्यास 'जहाँ बाँस फूलते हैं' का अलग से उल्लेख करने का कारण यह है कि योगेन्द्रनाथ सिन्हा से लेकर श्री प्रकाश मिश्र तक एक धारा है जिसे रेखांकित करने की आवश्यकता है जहाँ आदिवासी समुदाय 'अन्य' रूप में ही वर्णित है। उसकी विचित्रताएँ ही रेखांकित करने योग्य हैं क्योंकि हमारी अभिजात श्रेष्ठता ग्रन्थि कमियाँ निहारने में ही तुष्टि पाती है। जहाँ सिन्हा जी उद्धारक की भूमिका में हैं वहीं श्री प्रकाश मिश्र मिजो स्त्रियों के देह की मादकता निहारने और अंगों के डोलन को वर्णित करने में रसमग्न हैं तो 'रूपतिल्ली की कथा' के बहाने खासी जनजाति को बर्बर-मानुषमारू चित्रित करने में एड़ी-चोटी का जोर लगाते हुए दिखते हैं। ऐसे उपन्यासकारों की लेखनी 'हम' और 'वे' के विभाजन को मजबूत करती चलती है।

लेकिन संघर्षपथ के सहयात्री-सहकर्मी-साथी के रूप में संजीव, मनमोहन पाठक, मैत्रेयी पुष्पा, तेजिन्दर, पुन्नी सिंह की लेखनी की मौजूदगी के बावजूद खुद आदिवासी समाज से निकलकर आए उपन्यासकारों की अलग महत्ता है। यहाँ शेर खुद अपने शिकार बनाए जाने के दर्द की दास्तां कह रहा है। भले यहाँ कहन की शैली अनगढ़ है किन्तु स्वानुभूति उल्लेखनीय रहेगी। यहाँ पीटर पॉल एक्का की औपन्यासिक रचनाएँ 'जंगल के गीत', 'मौन घाटी', 'सोन पहाड़ी' और 'पलाश के फूल' स्मृति में कौंध रही हैं। मंगल सिंह मुंडा का 'छैला सन्दु', हरिराम मीणा का बीसवीं सदी के पहले दो दशकों में उभरे भील विद्रोह के नेता गोविन्द गुरु के आन्दोलन को वर्णित करता उपन्यास 'धूणी तपे तीर', वाल्टर भेंगरा तरुण के उपन्यास एवं मेनेस ओड़ेया के मुंडारी से हिन्दी में अनूदित उपन्यास 'मथुरा की कहानी' को रेखांकित किया जाना चाहिए। साहित्य अकादमी पुरस्कार से सम्मानित और अरुणाचल प्रदेश के शेरदुकपेन आदिवासी समुदाय से सम्बद्ध साहित्यकार येसे दरजे थोंगछी का बहुचर्चित असमिया उपन्यास 'सोनाम' का हिन्दी अनुवाद उपलब्ध है। अरुणाचल के पशुपालक समुदाय ब्रोकपा के सांस्कृतिक-सामाजिक परिवेश का

मार्मिक लेखा-जोखा प्रस्तुत करता है यह उपन्यास। नायिका सोनाम और उसके दो पतियों—लबजाँग और पेमा वांगछू के त्रिकोण की जटिलता को उपन्यासकार येसे दरजे थोंगछी ने बड़ी कलात्मकता से चित्रित किया है।

विश्वास है कि इस धारा से न केवल हिन्दी साहित्य के इस अध्याय का पाट चौड़ा होगा और गति तेज होगी बल्कि वह गहरी भी होगी, साथ ही हिन्दी उपन्यास के इतिहास में कई स्वर्णिम पृष्ठ जुड़ते चलेंगे। 645 आदिवासी समाज की विशिष्टताएँ 'उक्त समाज के मध्यवर्ग का अन्तर्विरोध।'

आदिवासी चिन्तन

झारखंड के सुदूर आदिवासी इलाकों में एक दशक से ज्यादा समय बिताने के क्रम में उनकी जीवन-शैली, चिन्तन-दर्शन की चार बातें— चार स्तम्भ आकर्षित करते रहे हैं, ये हैं : (अ) प्रकृति के साथ गहरा तादात्म्य का भाव-समभाव, (ब) सामुदायिकता में प्रबल आस्था, (स) श्रमरस में पगा स्वभाव, (द) स्त्री के प्रति सहज सम्मान-समता का भाव।

यूँ तो हम सभी उसी निःसर्ग के एक तुच्छ अंश हैं किन्तु हमारी यूरो सेंट्रिक जीवन-शैली, आर्थिक-सांस्कृतिक-सामाजिक धारा हमें निरन्तर प्रकृति से दूर ले जा रही है। यूरोप की तरह प्रकृति पर विजय, उसकी लूट और भोग हमारा भी लक्ष्य हो गया है। किन्तु आज भी आदिवासी संस्कृति-समाज और आर्थिकी के केन्द्र में प्रकृति है। उसकी आदिवासियत, भौतिक और आधिभौतिक आवश्यकताएँ प्रकृति से जुड़ी हैं। उसके सर्वोच्च देवता सिंगबोंगा-धर्मेश सखुआ वृक्ष के झुंड में निवास करते हैं। वृक्षों की पूजा एक तरह से वनस्पति जगत के प्रति कृतज्ञता ज्ञापन है। अगर जीव-जगत के आगमन के पूर्व लाखों वर्ष तक वनस्पति जगत वायुमंडल से कार्बन डाईआक्साइड ग्रहण कर प्रकाश संश्लेषण के द्वारा आक्सीजन नहीं छोड़ते रहते तो पृथ्वी जीव विहीन ही रहती। जीवमंडल ही निर्मित नहीं होता। अतएव पूजा के रूप में यह कृतज्ञता ज्ञापन आदिवासी समाज से वैदिक-ब्राह्मण समाज में भी तुलसी पूजा, पीपल-वट पूजा के रूप में शामिल हुआ।

शंकराचार्य का अद्वैत दर्शन सभी जीवों में ईश्वर के अंश को महसूस करता है यह उसका एक ओर अपूर्व विस्तार है तो सीमा भी है। लेकिन जहाँ अद्वैत दर्शन की सीमा खत्म होती है वहीं से सरना दर्शन का प्रस्थान बिन्दु प्रारम्भ होता है। आदिवासी दर्शन, 'आदि धर्म', 'सरना धर्म' न केवल समस्त जीव-जगत में बल्कि अजीवों में भी ईश्वर की मौजूदगी का अहसास करता है। उससे आध्यात्मिक जुड़वा महसूस करता है। वह मरांगबुरु बोंगा के रूप में पहाड़, इकिर बोंगा के रूप में नदियों की भी आराधना करता है। समस्त जीव-जगत-समस्त वनस्पतियाँ गोत्र-टोटम के तौर

पर उसके जीवन से जुड़ी हैं।

केन्द्रीकृती पूँजीवाद उत्पादन प्रणालियों ने न केवल सामुदायिकता को बल्कि परिवार की अवधारणा को भी तोड़ा है। औद्योगीकरण और सर्विस सेक्टर ने न्यूक्लियर परिवार की अवधारणा दी तो सूचना प्रौद्योगिकी ने 'लिविंग टू गेदर' विवाह-विहीन, जिम्मेदारी-विहीन जीवन-शैली को जन्म दिया। समृद्धि के साथ अकेलेपन ने कई नयी बीमारी, मानसिक बीमारियों-विकारों को जन्म दिया। 'आत्महत्या' के लिए उकसाया किन्तु आदिवासियत सामुदायिकता के साथ नाभिनाल के रूप में जुड़ी है। वही उसकी जिजीविषा है, वही आपदा-विपदा उसकी रक्षा करता है। कृषि और वन आधारित आर्थिकी बिना सामुदायिकता के चल नहीं सकती।

वर्णव्यवस्था से मुक्त समाज को हाथ से मेहनत को लेकर कोई कुंठा या झिझक नहीं है। श्रम की महत्ता को मार्क्सवाद का दर्शन या गाँधी की जीवन-शैली, वर्चस्वशाली धारा के सामन्ती-वर्णवादी मन में बैठ नहीं सकी, वहीं आदिवासी समाज के पहान-पूजार-मानकी-पड़हा राजा के लिए भी हल, फावड़ा, खुरपी, टाँगी पकड़ना वैसा ही है जैसा मछली के लिए पानी में तैरना।

श्रम आधारित जीवन-शैली ने स्त्रियों के प्रति सहज समता-सम्मान भाव का संस्कार किया है। मुख्यधारा का 'जनानी-जननी' और आदिवासी समाज का 'सियानी' शब्द की व्याख्या इस गहरे फर्क को स्पष्ट करता है। जहाँ आदिवासी समाज अपनी स्त्रियों की बुद्धिमता-मस्तिष्क के सौन्दर्य, सियानेपन को 'सियानी' कहकर रेखांकित करता है। वहीं वर्चस्वशाली समुदाय स्त्री के गर्भ-त्वचा के स्तर पर ठिठका हुआ है। जबकि नारीवाद की धाराएँ इसी मस्तिष्क के सौन्दर्य को रेखांकित किए जाने की माँग तो दशकों से कर रही हैं।

'भारोपीय भाषा परिवार' से जुड़ी कथित वर्चस्ववादी धारा का समाज अपने संस्कृत, लैटिन-अँग्रेजी, अरबी-फारसी आदि की समृद्धि-सम्पन्नता पर इतना आत्ममुग्ध, इतना अहम्मन्यता भाव से भरा है कि अन्य भाषा परिवार की विशिष्टताओं पर नजर भी नहीं डालना चाहता।

मुंडा, सन्ताल, हो, खड़िया, खेरवार, बिरहोर, असुर, उत्तर-पूर्व के अधिकांश आदिवासी समुदायों की भाषाएँ "आस्ट्रो-एशियाटिक भाषा' परिवार की सदस्याएँ हैं। यह भाषा-परिवार आस्ट्रेलिया से एशिया तक फैले आदिवासी समुदायों में बोली-लिखी जाती है जो भाषा झारखंड के मुंडा बोलते-लिखते हैं वही भाषा न्यूजीलैंड के 'माओरी' और हंगरी के 'मग्यार' भी बोलते हैं।

इस भाषा-परिवार की सम्पन्नता का अन्दाज इस बात से लगाया जा सकता है कि कथित 'देव भाषा' संस्कृत या अँग्रेजी का कोई शब्दकोश मैंने अभी तक सोलह खंडों में नहीं देखा। किन्तु जब बेल्जियम का एक युवा पादरी फादर जॉन

हॉफमैन 1892 ई. में राँची पहुँचा तो मुंडारी गीतों से आकर्षित होकर 1898 ई. से मुंडारी सीखनी प्रारम्भ की। 1914 ई. में प्रथम विश्व युद्ध के प्रारम्भ होते उसे भारत छोड़ना पड़ा। लेकिन उनका अध्ययन-लेखन चलता रहा और सोलह खंडों में एन्साइक्लोपीडिया मुंडारिका का प्रकाशन सम्भव हुआ।

उसी सन्तालों की इसी भाषा परिवार की भाषा सन्ताली का दस खंडों में शब्द कोष पी.ओ. बडिंग ने प्रकाशित करवाया। डब्लू.जी. आर्चर की उपलब्धियाँ कुछ पंक्तियों में नहीं समा सकतीं।

आदिवासी जीवन-दर्शन की जो सबसे खास बात मुझे आकर्षित करती रही है वह है लाभ, लोभ, लूट, वर्चस्व की भावना का नितान्त अभाव। इस भयावह-मनुष्य विरोधी वैचारिकता से मुक्त समाज इनके विरुद्ध सदैव प्रतिकार करता आया है। जबकि सामन्ती-वर्णवादी-पूँजीवादी चिन्तन के प्राण इन्हीं में बसते हैं।

आदिवासी संघर्ष

1557 ईस्वी में प्लासी के युद्ध में ईस्ट इंडिया कम्पनी की ऐतिहासिक जीत ने इतिहास के पन्नों की तस्वीर बदल दी। 1864 ईस्वी में बक्सर के युद्ध में जीत और 1865 ई. में बंगाल की दीवानी के बाद 'इमिनेंट डोमेन' के सिद्धान्त के साथ यूरोपीय राज्य की सर्वग्रासी अवधारणा प्रकट हुई। मुख्यधारा के भारत और उसके नकली सामन्ती-राजवंशी नायकों ने प्रतिकार के लिए 100 वर्षों तक प्रतीक्षा की। 1857 ईस्वी में तथाकथित प्रथम स्वतन्त्रता युद्ध लड़ा गया। उसके पूर्व जागीरदारी-जमींदारी बचाने के लिए सामंजस्य बनाए रखने की हरसम्भव कोशिशें की गईं।

किन्तु आदिवासी भारत को न अपनी अभिजात्य जीवन-शैली बचानी थी न कोई जागीरदारी-जमींदारी, अतः 1857 ईस्वी से ही क्रान्ति की लहर इन इलाकों में उठी जो अनवरत चलती रही और कहा जा सकता है कि अब भी जारी है, क्योंकि जंगल-जमीन और अन्य संसाधनों के हक के सवाल कल भी थे और आज भी हैं।

1867 ईस्वी में बंगाल के जंगल महाल के खैरा और माँझियों ने क्रान्ति की शुरुआत की जो वर्तमान झारखंड के तमाड़ के मुंडाओं से होती हुई रघुनाथ महतो के नेतृत्व में दिल्ली तक पहुँची।

ऐसी क्रान्तियों, हूल, उलगुलानों को झारखंड, छत्तीसगढ़, मध्यप्रदेश, उड़ीसा, बंगाल के इलाकों में सूचीबद्ध किया जा सकता है किन्तु केवल दो क्रान्तियों का उल्लेख करना चाहता हूँ जिनकी विशिष्टताओं को रेखांकित करने की आवश्यकता है।

1831-32 के 'हो', मुंडा, उराँव क्रान्ति के दौरान राँची के पास के सिलगाई गाँव के वीर वुधु भगत की लड़ाई और शहादत को याद करने की आवश्यकता महसूस होती है। 1831 ईस्वी से ही ईस्ट इंडिया कम्पनी की सेना और कैप्टन

विलकिन्सन वीर वुधु भगत के छापामार युद्ध से तबाह हो रहे थे। उनकी तलवार और उनका घोड़ा किंवदन्ती बन चुके थे। अन्ततः कैप्टन इम्पे के नेतृत्व में तोपों के साथ बड़ी फौजी टुकड़ी ने गुप्त सूचना के आधार पर 13 फरवरी, 1832 को सिलगाई को घेर लिया। विकट युद्ध के बाद जो शहादतें हुईं उसका कोई सानी विश्व इतिहास में नहीं मिलता है कि एक परिवार-कुल-गोत्र के 150 से 200 व्यक्ति एक दिन एक साथ शहीद हुए हों। वीर वुधु भगत तक पहुँचने के पूर्व उनके भाई-भतीजों के साथ-साथ उनके पुत्र उदयकरण-हलधर-गिरिधर-बेटी रुनिया-झुनिया की शहादतें हुईं। एक परिवार की आजादी की बलिवेदी पर इतनी बड़ी शहादतों को भारतीय इतिहास में कोई जगह नहीं मिली। 22 फरवरी, 1832 का 'बंगाल बरकारा अखबार' में अगर यह छोटी खबर नहीं छपी होती तो वीर वुधु भगत एवं उनके आत्मीयजनों की शहादतें हवा में गुम हो गई होतीं।

1855-56 के सन्ताल हूल की महत्ता इसलिए है कि 16 जुलाई, 1855 को पीरपैंती के युद्ध में मेजर बरोज की आधुनिक हथियारों तोपों-बन्दूकों से सजी सेना सिद्धो-कान्हो-चाँद-भैरव, बहन फूलो-झानों की तीर-तलवार-टाँगी-ढेलफाँस की सेना से हार गई। पुनः 21 जुलाई, 1855 को वीरभूमि के युद्ध में लेफ्टिनेंट टोल मेइन की बड़ी सेना सन्तालों की सेना से हारी। नतीजन गोरों की अपराजयेता का मिथक टूटा, 1857 की क्रान्ति सम्भव हुई।

1897 के वन कानून के खिलाफ अल्मोड़ा इलाके में भी आन्दोलन हुए। 1907 में टेहरी के मैदान में गोली चली, शहादतें हुईं। अन्तर यह है कि इस आन्दोलन से जुड़े स्व. गोविन्द वल्लभ पन्त उत्तर प्रदेश के प्रथम मुख्यमन्त्री बने, भारत के गृहमन्त्री भी हुए, किन्तु आदिवासी भारत के शहीदों की सन्तानें गरीबी और वंचना के घुप्प अँधेरों में गुम हो गईं।

आदिवासी सपने

वेरियर एल्विन और मरांग योमके जयपाल सिंह मुंडा के तर्कों से प्रभावित हो कर प्रथम प्रधानमन्त्री पंडित नेहरू ने पंचशील का सिद्धान्त दिया था। इस सिद्धान्त के तत्त्व निम्नवत थे–

1. आदिवासी जन अपनी चेतना और बोध के अनुसार आगे बढ़ें और हमें इन पर कोई चीज थोपने से परहेज करनी चाहिए।
2. आदिवासियों के जमीन एवं जंगल सम्बन्धी अधिकारों का आदर होना चाहिए।
3. हमें आदिवासियों के एक ऐसे कार्यदल को प्रशिक्षित करना चाहिए जो स्वयं प्रशासनिक और विकास-कार्यों का संचालन कर सके। इसमें सन्देह

नहीं है कि प्रारम्भ में कुछ तकनीकी व्यक्तियों की आवश्यकता होगी, जो बाहरी होंगे, लेकिन हमें आदिवासी क्षेत्रों में बाहरी लोगों की अधिकता बढ़ाने की प्रवृत्ति से बचना चाहिए।

4. इन इलाकों में प्रशासन अधिक नहीं बढ़ाया जाना चाहिए और न वहाँ कार्यक्रमों की भरमार होनी चाहिए। आदिवासियों की सामाजिक और सांस्कृतिक संस्थानों से प्रतिस्पर्धा के बजाय उनके माध्यम से काम किया जाना चाहिए।
5. हमें नतीजों की परख खर्च की गई राशियों, आँकड़ों से नहीं करनी चाहिए। बल्कि मानवीय जीवन के गुणवत्तापूर्ण विकास के आधार पर करनी चाहिए।

आदिवासी राष्ट्र भूटान के राष्ट्राध्यक्ष पूर्व राजा जगमे सिग्मे वांकचूक ने ग्रॉस नेशनल हैप्पीनेस (Gross National Happiness) का सिद्धान्त दिया था। जिसके चार स्तम्भों की व्याख्या बाद में निम्नवत की गई–

1. टिकाऊ विकास (Sustainable Development)
2. सांस्कृतिक मूल्यों का संवर्धन एवं परिवर्धन
3. प्रकृति-पर्यावरण का संरक्षण एवं
4. सुशासन।

लाभ-लोभ-लूट-वर्चस्व (more-more money and hegemony) के पूँजीवादी कथित विकास के दर्शन के प्रतिकूल समता सामुदायिकता-सामंजस्य-सम्मान का सपना आदिवासी दुनिया अपने आँखों में सँजोए है।

चुनौतियाँ

कल भी चुनौतियाँ जमीन एवं अन्य प्राकृतिक संसाधनों पर हक-हकूक की थीं आज भी चुनौतियाँ वही हैं। सर्वोच्च न्यायालय ने 5 जुलाई, 2011 को छत्तीसगढ़ के सलवा जुडुम से जुड़े फैसले में 'विकास के आतंकवाद' को उद्धृत किया, 1950 से 1990 के बीच विकास परियोजनाओं के कारण 85 लाख विस्थापित आदिवासियों की चर्चा की, दाँतेवाड़ा के पास मोरापल्ली, टाड़मेटला और टीमापुरम गाँवों में आदिवासियों के तीन सौ घरों को जलाए जाने का उल्लेख किया।

2013 में न्यायमूर्ति जे.एस. वर्मा समिति ने 'आर्म्ड फोर्स स्पेशल पावर एक्ट' जैसे कानूनों में आन्तरिक सुरक्षा की प्रक्रिया में 'व्यवस्थित और छिटपुट यौन हिंसा' की चर्चा करते हुए निवारण के उपाय बताए जिस पर ध्यान देने की जरूरत नहीं महसूस की गई।

विकास के बुलडोजर की गति बढ़ाने के लिए वनाधिकार कानून 2006 में ग्राम सभा के अधिकारों को संशोधित करने की सुगबुगाहट है अब खोंड अपनी नियमागिरी को बचा नहीं सकते।

दिक्कत यह है कि छह सौ पैंतालिस आदिवासी समुदायों में पचहत्तर आदिवासी समुदाय ऐसे हैं जो आदिम जनजाति समुदाय के रूप में चिह्नित हैं, जिन्हें कृषि आधारित जीवन भी मयस्सर नहीं है। जिनकी संख्या बिरहोर, बिरिजिया, कोरबा, असुर जैसे समुदाय के रूप में घटते-घटते सात से दस हजार के बीच रह गई है, अतः इन्हें तो नष्ट होना ही है। इनके साथ-साथ एक भाषा-बोली-गीत-कथाएँ-नृत्य और विशिष्ट परम्पराएँ एक पूरी-की-पूरी संस्कृति को नष्ट होना है। 'ग्लोबल गाँव के देवता' से उद्धृत रेड इंडियन कवि चीफ सिएटल की कविता की पंक्तियों के अनुसार घायल हिरण को शिकारी के बूटों की धमक सुनाई पड़ रही है। लेकिन अनुज लुगुन के शब्दों का सहारा लें तो यह जंगल में पलाश खिलने, लहकने और दहकने का मौसम भी है।

आदिवासी सवाल और आदिवासी कविताएँ

दयाशंकर

भारत को बनाने में केवल भारत के तथाकथित भरत के वंशजों का नहीं, भारत में बसने वाले हर प्रजाति के मानव-समूहों का भी उतना ही महत्त्वपूर्ण योगदान है। भारत सिर्फ यहाँ निवास करने वाली मनुष्य की प्रजातियों की दृष्टि से नहीं, बल्कि भूगोल, भाषा, संस्कृति, धर्म, सभ्यता की दृष्टि से एक बहुरंगी देश है। भारत की पहचान उसके इसी बहुरंगी रूप से बनती है। भारत को एक रंग, एक संस्कृति और धर्म, एक भाषा में बाँधने की कोशिश उसकी अस्मिता को मिटाने जैसा है। भारत को अपनी संस्कृति, समाज-व्यवस्था, कला, भाषा से विशिष्ट रूप देने और समृद्ध बनाने में आदिवासी समाज के योगदान को भुलाया नहीं जा सकता है। आधुनिक भारत के विकास के पूँजीवादी ढाँचे के चलते आदिवासी समाज ने सबसे ज्यादा सहा है, उसके खिलाफ संघर्ष किया है और सबसे ज्यादा नुकसान भी उठाया है। राजशाही का रवैया उनके प्रति शोषक का तो था ही और पूँजीवादी समाज का रवैया तो उससे भी घातक और अमानवीय है। उनकी भौगोलिक, सामाजिक, सांस्कृतिक, धार्मिक, भाषाई, कलात्मक अस्मिता के सामने सर्वाधिक संकट आधुनिक पूँजीवाद और उत्तर आधुनिक विकास ने खड़ा किया है। अस्मिता का संकट भीषण होकर अस्तित्व का संकट बन गया है।

उत्तर-आधुनिक औद्योगिक विकास नगरों, महानगरों को फलाँगते हुए गाँवों और जंगलों को हथियाने की जुगत में लगा है। भारतीय सरकार किसानों और आदिवासियों के कल्याण की जुमलेबाजी एक तरफ करती है और दूसरी तरफ किसानों की आत्महत्या और आदिवासियों के विस्थापन और पलायन में बढ़ोत्तरी हो रही है। जो भारतीय सरकार किसानों और आदिवासियों के कल्याण की योजनाएँ बनाने और उन पर जमीनी तौर पर अमल करने का गाल बजाते हुए दम भरती है वही किसानों और आदिवासियों की जमीनों का औने-पौने दाम पर अधिग्रहण करने में बहुराष्ट्रीय कम्पनियों की मदद भी करती है। किसानों और आदिवासियों के सामने सबसे भीषण प्रश्न यही है कि सरकार के इस दो मुँहेपन से लड़े कैसे?

वाहरु सोनवणे, भुजंग मेश्राम, चामुलाल राठवा, हरिराम मीणा, निर्मला पुतुल,

ग्रेस कुजूर, महादेव टोप्पो, अनुज लुगून आदि ऐसे आदिवासी कवि और कवयित्रियाँ हैं जो सरकार और उत्तर-आधुनिक विकास के मौजूदा चरित्र को बड़ी चौकन्नी और आलोचनात्मक नज़र से देखते हैं। सरकार और मौजूदा विकास, उत्तर-आधुनिक पूँजीवादी विकास के प्रति उनमें गहरी आशंका और प्रश्नाकुलता है, आश्वस्ति के बदले गहरी बेचैनी और पीड़ा है, कारण यह है कि आदिवासियों के प्रति वफादारी नहीं, बल्कि चतुराई और व्यावसायिक गणित का सोचा-समझा समीकरण है। सरकार चलाने वालों का चरित्र बड़ा नाटकीय है। जो मंच आदिवासियों के लिए है, उनकी अपनी समस्या और दुःख के बयान के लिए है, उस पर तथाकथित सरकारी नेता काबिज हैं। आदिवासियों के जंगल-जमीन के अधिग्रहण के पीछे सरकारी नेताओं, साहबों और बाबुओं की यही मानसिकता रही है। वे आदिवासियों को उनकी समस्याओं को हल करने में, योजना बनाने में न तो मंच साझा करना चाहते हैं और न ही भागीदार बनाना चाहते हैं। वे अपने अभिनय के मंच का आदिवासियों को सिर्फ मूक दर्शक बनाना चाहते हैं। वाहरु सोनवणे, निर्मला पुतुल, महादेव टोप्पो से लेकर अनुज लुगून जैसे युवा आदिवासी कवि सरकार के इस चरित्र को न केवल बेहतर समझते हैं, बल्कि उसका पर्दाफाश भी करते हैं। वाहरु सोनवणे की बहुत चर्चित और लोकप्रिय कविता है– 'मंच'। इस कविता में वे मंच के सरकारी अभिनेताओं की पोल खोलते हैं। व्याख्या से बेहतर है उनकी कविता पढ़िए–

> हम मंच पर गए ही नहीं / और हमें बुलाया भी नहीं /
> उँगली के इशारे से / हमें अपनी जगह दिखाई गई
> हम वहीं बैठ गए / हमें शाबासी मिली
> और वे मंच पर खड़े होकर / हमारा दुख हमसे ही कहते रहे
> 'हमारा दुख हमारा ही रहा / कभी उनका हो नहीं पाया'
> हमने अपनी शंका फुसफुसाई / वे कान खड़े कर सुनते रहे
> फिर ठंडी साँस भरी / और हमारा ही कान पकड़कर हमें डाँटा
> माफी माँगों बर्ना ...। (पहाड़ हिलने लगा है)

मौजूदा लोकतन्त्र हर समस्या का राजनीतीकरण करने में लगा हुआ है और हालिया उत्तर-आधुनिक अर्थ हर चीज का विज्ञापन और बाजारीकरण करने में लगा है। परिणाम यह हुआ है कि दोनों ने सबको विकृत कर दिया है। सत्तारूढ़ लोकतन्त्र हर चीज का इस्तेमाल करने की फिक्र में लगा है और अर्थतन्त्र हर चीज को विकास और मुनाफे का माल समझकर बेचने-खरीदने की जुगत भिड़ाने में लगा है। लोकतन्त्र और अर्थतन्त्र के मुखौटे ने आदिवासियों के बुनियादी सवालों तक उन्हें पहुँचने ही नहीं दिया है। जो आदिवासी हाड़-मांस के जीवित भारतीय नागरिक हैं सरकार,

सरकारी तन्त्र, पुलिस प्रशासन, राजनीतिक पार्टियों ने उनको समझने में ऐसी-ऐसी युक्ति भिड़ाई है कि आदिवासी स्वयं नहीं समझ पा रहे हैं कि वे क्या हैं और उनकी हैसियत और पहचान क्या है? इस क्रूर हकीकत को महादेव टोप्पो से बेहतर कौन समझ सकता है, कारण कि, उनकी जमात स्वयं इसकी भुक्तभोगी है। महादेव टोप्पो की 'मैं पूछता हूँ' कविता को देखें–

सरकार के शब्द कोश में / हम हैं कमजोर वर्ग के आदमी
जैसा कि आकाशवाणी, दूरदर्शन / और अखबारों में आते हैं
सरकार के बयान / दफ्तर में अपने सहकर्मियों के बीच हम
चपरासी क्लर्क या अधिकारी नहीं हैं /
हम हैं मन्द बुद्धि, पियक्कड़ / या फिर रिजर्व कोटे के आदमी
स्कूल-कॉलेज में पढ़ते छोटे भाई हमारे / पुलिस की निगाहों में छात्र नहीं
मोटर साइकिल लुटेरे हैं या बैंक डकैत / या फिर झारखंडी उग्रवादी
संविधान की भाषा में हम / अनुसूचित जाति या अनुसूचित जनजाति हैं
मनु की भाषा में शूद्र / कम्युनिष्टों की भाषा में शोषित
ईसाइयों की नजरों में अपवित्र लोग / भाजपाइयों की भाषा में पिछड़े हिन्दू
मैं पूछता हूँ तुम सबसे / आखिर इस देश में, इस प्रजातन्त्र में
हम क्या हैं? हम क्या हैं? (जंगल पहाड़ के पाठ)

सरकार की आदिवासी कल्याणकारी योजनाओं से बहुत कम मात्रा में आदिवासियों को लाभ हुआ है, लेकिन उसके पीछे सरकार की मानसिकता साफ-सुथरी नहीं है। मुख्यधारा में लाने की मुहिम में एक ओर उनके जमात का अवमूल्यन, दूसरी तरफ उनकी आदिवासी अस्मिता मिटाने की कुटिल मानसिकता है। महादेव टोप्पो की प्रश्नाकुलता वाली एक कविता है– 'कब तक' उस पर गौर फरमाएँ–

कई पंचवर्षीय योजनाओं के / इस जंगली इलाके में लागू होने के बाद
अब लोग कहते हैं / हम सभ्य हो रहे हैं / हम शिक्षित हो रहे हैं
हमारी राजनीतिक, सामाजिक चेतना / हो रही है धारदार
और कुछ वर्षों में शायद। मुख्यधारा में हो जाएँगे हम शामिल
और शायद हमारी बुद्धि का वजन / उनकी उदार नजरों में
कुछ ग्राम से कुछ ग्राम और बढ़ जाएगा
लेकिन एक सवाल तब भी बचा रहेगा कि
इस देश में कास्ट सर्टिफिकेटों के माध्यम से ही
पहचाने जाते हैं हम लोग
चौथी-श्रेणी के नागरिक होने का / दर्द भोगते रहेंगे कब तक?
(जंगल पहाड़ के पाठ)

आदिवासी कवियों के दर्द का एक रेशा भारतीय इतिहास में उनके अवमूल्यन और विकृतीकरण से जुड़ा है। भारत का हर जागृत आदिवासी रचनाकार इस समस्या के रूबरू होता है। आदिवासियों का अपना समृद्ध इतिहास रहा है, लेकिन वह वंशानुगत मौखिक रहा है और जिन लोगों ने, वे हिन्दू-मुसलमान हों या ईसाई हों, उनके क्षेत्रों में प्रवेश किया, उन्होंने या तो उसका अवमूल्यन किया या फिर उन्हें इतिहास से बेदखल कर दिया, कारण कि उनके पास इतिहास को दर्ज करने की लिखित परम्परा थी! भुजंग मेश्राम महाराष्ट्र के अच्छे आदिवासी कवि हैं। उनकी एक कविता है कि किस प्रकार ईसाई मिशनरियों ने आदिवासियों को उनकी जमीन और इतिहास से विस्थापित कर दिया, का बयान करती हैं।

वे आए। उनके हाथों में थी बाइबिल
और हमारे हाथों में थी जमीन
वे बोले– 'परमेश्वर नहीं मानता काले-गोरे का भेद
आओ आँखें बन्द कर प्रार्थना करें।'
खुश हुए हम / आँखें अपने आप बन्द हो गईं
बड़ी उम्मीद से खुलीं जब आँखें
तो उनके हाथों में थी जमीन / हमारे हाथों में बाइबिल
ग्रैंड फादर तुम्हें बताने जैसा कुछ भी नहीं है
वे आए तो उनके पास थी भटकन / और हमारे पास इतिहास
वे बोले– 'हम हर चीज की करेंगे अदला-बदली
और इस तरह बदल देंगे यह दुनिया।'
हमने किया यकीन / अब उनके पास है इतिहास
और हमारे पास है भटकन। (अबूझमाड़)

भारत में आदिवासियों का गैर-आदिवासियों से संघर्ष बड़ा पुराना है। इसके प्रमाण उनकी पुराकथाओं और गीतों में मिलते हैं। लेकिन गैर-आदिवासी आर्यों ने अपनी विजयगाथाओं में आदिवासियों के वीरतापूर्ण गौरवशाली संघर्ष के इतिहास को हाशिये पर डाल दिया और जो आदिवासी उनके संघर्ष में सहयोगी बने उन्हें भालू-बन्दर यानी असभ्य जंगली जातियों के रूप में वर्णित किया। महादेव टोप्पो अपना इतिहास अपने हाथों लिखने का आह्वान करते हैं। वे गैर-आदिवासियों द्वारा लिखे विकृत इतिहास के बरक्स अपना दुरुस्त इतिहास स्वयं लिखने का प्रस्ताव करते हैं–

इतिहास तुम्हारा / इतिहास के पन्नों पर
गढ़ा नहीं शब्दों में / ना ही दर्ज़ हो सका ग्रन्थों में
तुम्हारी विजयगाथाओं और संघर्षों के गवाह

पेड़ हैं, नदियाँ हैं, चट्टाने हैं / पुरखों की आत्माए हैं
सासनदिरी है / जाहेरथान है / तुम्हारे लोकगीत हैं
पर-इन सबकी गवाही / उन्हें नहीं है स्वीकार
इसलिए तुम इतिहास के ग्रन्थों में / हाशिये पर डाल दिए गए हो
या कर दिए गए हो उससे बाहर
इससे पहले कि वे पुनः तुम्हारा / अपने ग्रन्थों में बन्दर, भालू या किसी
अन्य जानवर के रूप में करें वर्णन / तुम्हें अपने आदमी होने की
खोजनी होगी परिभाषा / उनके सिद्धान्तों, स्थापनाओं, मन्तव्यों के विरुद्ध
उनके बर्बर वैचारिक हमलों के विरुद्ध / रचने होंगे / स्वयं ग्रन्थ।
(पहाड़ और जंगल के पाठ)

पूँजीवादी और उत्तर-आधुनिक औद्योगिक विकास ने एक ओर आदिवासियों को अपनी जमीन, रोजी-रोटी, संस्कृति, धर्म, भाषा और पर्यावरण से विस्थापित कर दिया है वो दूसरी ओर उनके क्षेत्रों में शहरीकरण और बाजारवाद के हस्तक्षेप ने उनके जीवन-संघर्ष को और तेज कर दिया है। वे चाहे खनिज उत्खनन हो या कोयले की खदानें, बाँध हों।

मौजूदा औद्योगिक विकास, शहरीकरण और बाजारवाद ने आदिवासियों के सामने एक अघोषित युद्ध छेड़ दिया है। अनुज लुगून की एक बहुचर्चित कविता है 'अघोषित उलगुलान' जिसमें आदिवासियों की इस मुश्किल को बड़ी शिद्दत के साथ उठाते हैं। आदिवासी अपने इलाके में रहें, चाहे शहर की तरफ भागें उनके लिए तो एक ओर कुँआ हैं और दूसरी ओर खाई है। वे कहीं जाएँ, लड़ना और मरना उन्हीं को है। कविता देखें–

वे जो शिकार खेला करते थे निश्चिन्त / ज़हर बुझे तीरों से
या खेलते थे / रक्तरंजित होली / अपने सत्त्व की आँच से
खेलते हैं शहर में / क्रंकरीट के जंगल में / जीवन बचाने का खेल
शिकारी शिकार बने फिर रहे हैं / शहर में / अघोषित उलगुलान में
लड़ रहे हैं जंगल / लड़ रहे हैं ये / नक्शे में घटते अपने घनत्व के खिलाफ
जनगणना में घटती संख्या के खिलाफ / गुफाओं की तरह टूटती /
अपनी ही जिजीविषा के खिलाफ / ... बोलते हैं लोग केवल बोलने के लिए
लड़ रहे हैं आदिवासी / अघोषित उलगुलान में / कट रहे हैं वृक्ष
माफियाओं की कुल्हाड़ी से / और बढ़ रहे हैं कंक्रीटों के जंगल
दांडू जाए तो कहाँ जाए / कटते जंगल में / या बढ़ते जंगल में।

निर्मला पुतुल एक ऐसी कवयित्री हैं जो एक ओर अपनी कविताओं में आदिवासी

समाज के सवालों को उठाती हैं दूसरी तरफ पुरुष समाज के भीतर स्त्री की पहचान, अस्मिता, अपनी जमीन, घर और आकाश का सवाल उठाती हैं। उनकी स्त्री केन्द्रित कविताएँ आदिवासी पुरुष कवियों की कविता से अपना अलग मिज़ाज रखती हैं। अपनी सभी कविताओं में स्त्री-जाति के सवाल हैं, आदिवासी जमात की स्त्रियों के सवाल हैं और इन सबका अलग एक व्यक्ति के रूप स्त्री की पहचान के सवाल हैं। उनकी ये कविताएँ बहुत बेबाक हैं और सामने है पितृसत्तात्मक व्यवस्था के संस्कारों से ग्रस्त वर्चस्वशील पुरुष समाज। इन कविताओं में निर्मला पुतुल की आक्रामक प्रश्नाकुलता परवान चढ़ती है। उनकी एक कविता है– 'क्या तुम जानते हो'?

> क्या तुम जानते हो / एक स्त्री के समस्त रिश्ते का व्याकरण
> बता सकते हो तुम / एक स्त्री को स्त्री की दृष्टि से देखते
> उसके स्त्रीत्व की परिभाषा / अगर नहीं / तो फिर जानते क्या हो तुम
> रसोई और बिस्तर के गणित से परे / एक स्त्री के बारे में।

एक दूसरी कविता है जिसमें वे स्त्री की अपनी दृष्टि के साथ अपनी जमीन, आकाश की माँग करती है और इसके साथ स्त्री को जाल मे फाँसने वाले घर, प्रेम और स्त्री-जाति से मुक्ति की बात करती हैं। व्याख्या बेकार है, 'अपनी-जमीन तलाशती बेचैन स्त्री' कविता ही देखिए–

> यह कैसी विडम्बना है / कि हम सहज अभ्यस्त हैं
> एक मानक पुरुष दृष्टि से देखने / स्वयं की दुनिया
> मैं स्वयं को स्वयं की दृष्टि से देखते / मुक्त होना चाहती हूँ
> अपनी जाति से / अपनी कल्पना में हर रोज / एक ही समय में
> स्वयं को / हर बेचैन स्त्री तलाशती है / घर, प्रेम और जाति से अलग
> अपनी एक ऐसी जमीन / जो सिर्फ उसकी अपनी हो
> एक उन्मुक्त आकाश / जो शब्द से परे हो
>
> एक हाथ / जो हाथ नहीं / उसके होने का आभास हो।

(नगाड़े की तरह बजते शब्द)

आदिवासी कविता अपनी जमात के सवालों को जिस प्रकार उठाती है भारतीय प्रजातन्त्र और विकास के मौजूदा चरित्र को प्रश्नविद्ध करती है, वह भारतीय साहित्य में नया है। वस्तु और अभिव्यक्ति दोनों दृष्टियों से आदिवासी कविता भारतीय कविता का न केवल व्याप बढ़ाती है, बल्कि उसे समृद्ध भी करती है।

हिन्दी साहित्य और आदिवासी कविता

डॉ. दिलीप मेहरा

कविता आदिवासी साहित्य की महत्त्वपूर्ण विधा है। आदिवासी साहित्य जंगलों में निवास करने वाले मानवों के समाज और संस्कृति से जुड़ा साहित्य है। सदियों से मूक आदिवासी में अपनी वेदना की चुप्पी को तोड़कर स्थापितों द्वारा बनाए गए दायरे को तोड़ने की ताकत या चेतना अब जन्म ले चुकी है। आज शिक्षा के बढ़ते प्रचार-प्रसार से कुछ आदिवासी लोग अपने समाज के प्रति सजग हो चुके हैं। फलतः वे आदिवासियों की समस्याओं को साहित्य में ढालने की कोशिश कर रहे हैं। जिस प्रकार दलित-साहित्य में चेतना आई उसी प्रकार आदिवासी साहित्य में भी चेतना आई है। यहाँ आदिवासी कविता के विकास-क्रम को देखने का हमारा उपक्रम है।

पौराणिक साहित्य में आदिवासी स्वर

हिन्दी साहित्य के प्राचीन ग्रन्थों में आदिवासी जीवन का वर्णन मिलता है। तुलसी के 'रामचरितमानस' महाकाव्य में भी आदिवासी जीवन देखने को मिलता है। इस महाकाव्य में केवट, कोल तथा किरात आदिवासी पात्र हैं। प्रभु राम जब वनवास जाते हैं, तब उनके आगमन के समाचार सुनकर कोल-भील बहुत खुश हो जाते हैं। वे रामचन्द्र जी के लिए कई फल लेकर देने जाते हैं इसका वर्णन करते हुए तुलसी लिखते हैं–

> "यह सुधि कोल किरातन्ह पाई। हरषे जनु नव निधि घर आई।
> कन्दमूल फल भरि भरि दोना। चले रंक जनु लूटन सोना।।"[1]

राम को ऐसा लग रहा था कि मानो वे अपने घर ही आ गए हों। सभी आदिवासियों ने प्रभु रामचन्द्र के दर्शन किए, उन्होंने दोने भरकर फल अर्पण किए और उन्हें बार-बार जोहार करते रहे। इस प्रकार 'रामचरितमानस' में तुलसी ने आदिवासी जीवन का संकेत किया है।

स्वातन्त्र्योत्तर हिन्दी कविता में आदिवासी स्वर

हिन्दी की पहली आदिवासी कवयित्री सुशीला सामद हैं। 1930-40 के दशक

में इनके दो काव्य-संग्रह प्रकाशित हो चुके थे। उनका पहला काव्य-संग्रह 1934 में 'प्रलाप' नाम से छपा था। सुशीला सामद के बाद 1966 दयालचन्द्र मुंडा का 'नव पल्लव' नामक काव्य-संग्रह मिलता है। स्वातन्त्र्योत्तर हिन्दी साहित्य में कई कवियों ने आदिवासी जीवन को लेकर अनेक कविताओं की रचना की है। जैसे– भवानीप्रसाद मिश्र, नागार्जुन, कपिल देवसिंह चौहान, दामोदर सिंह, विद्याप्रसाद सिंह तथा इन्द्र बहादुर सिंह आदि प्रमुख हैं। भवानी दादा जनजातीय माँ का यथार्थ वर्णन करते हुए लिखते हैं–

> "एक माँ
> चल रही है सड़क पर
> अपने बच्चों को
> छाती से चिपकाएँ हुए
> और अस्वस्थ है वह
> कि प्रलय तक
> ले जाएगी उसे निकाल कर
> चारों तरफ से
> उमड़कर आ रही आफतों से।"[2]

आदिवासी जीवन पर हिन्दी के प्रगतिवादी कवि नागार्जुन ने भी अपनी कलम चलाई है। नागार्जुन आदिवासियों के जीवन की यथार्थ स्थिति का वर्णन करते हुए लिखते हैं–

> "मयस्सर नहीं जिन्हें बीघा भर जमीन, घंटा भर काम
> मयस्सर नहीं जिन्हें भोजन और आराम
> मयस्सर नहीं जिन्हें ज्ञान-विज्ञान का अंजन
> मयस्सर नहीं जिन्हें ललित मनोरंजन
> आज नहीं तो कल पहुँचेंगे
> उन दुखियों तक तुम्हारे विप्लवी पैगाम।"[3]

नागार्जुन बहुत ही स्पष्ट वक्ता थे। वे सच कहने में किसी से डरते नहीं थे। आदिवासी अब अपने हक के लिए जागरूक हो चुके हैं। अब कोई भी व्यक्ति उसे उल्लू बना नहीं सकता। इसलिए, तो आदिवासी कहते हैं–

> "हमारी धरती हमें वापस दे दो
> हमें झंडे वाली आजादी नहीं चाहिए
> वापस लेके रहेंगे, हम अपने जंगल
> अपनी पगडंडिया अपनी लाल मिट्टी

खबरदार, खबरदार!!
हम भूले नहीं हैं तीर धनुष चलाना
हमें नहीं चाहिए तुम्हारा पटना
नहीं चाहिए तुम्हारी नयी दिल्ली।"[4]

इस प्रकार नागार्जुन कवि को आदिवासी-विमर्श में आपको शामिल करना ही होगा। उसे आप नकार नहीं सकते।

समकालीन हिन्दी कविताओं में आदिवासी सन्दर्भ

आदिवासी केन्द्रित काव्य-संग्रह बहुत ही कम मिलते हैं। प्रारम्भ में रमणिका गुप्ता जी ने 'आदिवासी-विमर्श और नयी शताब्दी' में बारह कवियों की कुछ रचनाएँ प्रकाशित की थीं। समकालीन आदिवासी कविता का प्रारम्भ 90 के दशक से माना जाता है। इसी समय आदिवासी और गैर-आदिवासी कवियों का आदिवासी जीवन पर क्रमिक लेखन दिखाई पड़ता है। उस समय दो कवि ज्यादा सक्रिय दिखाई देते हैं– बलदेव मुंडा और रामदयाल मुंडा। बलदेव मुंडा ने 1986 में 'सपनों की दुनिया' नामक काव्य-संग्रह प्रकाशित किया था। राम दयाल मुंडा के काव्य-संग्रह हैं– 'वापसी', 'पुनर्मिलन' तथा अन्य गीत, तथा 'नदी और उसके सम्बन्धी अन्य गीत'। हम ऐसा कह सकते हैं कि इन कवियों ने समकालीन कविता की नींव रखी थी, परन्तु प्रचलित प्रकाशन में कविताएँ न छपने के कारण ये रचनाएँ पाठकों तक पहुँचने में कामयाब नहीं हुईं। सन्थाली कवयित्री निर्मला पुतुल के तीन काव्य-संग्रह प्रकाशित हुए हैं।

रामदयाल मुंडा और आदिवासी सन्दर्भ

रामदयाल मुंडा आदिवासी चेतना के सबसे बड़े कवि माने जाते हैं। वे अपनी छोटी-छोटी कविताओं में आदिवासी जीवन की कई बातें कह जाते हैं। इस दृष्टि से 'विरोध' कविता देखने लायक है–

"उसे बाँधकर ले जा रहे थे
राजा के सेनानी
और नदी
छाती से पीटकर रो रही थी
लौटा दो, लौटा दो
मुझे मेरा पानी।"[5]

रामदयाल मुंडा की कविता के मूल में प्रकृति है। आजकल प्रकृति को नष्ट किया

जा रहा है। कवि इसका बेबाक विरोध करता नज़र आता है। एक अन्य कविता में भी कवि लिखते हैं–

"नदी और आग से
मत कीजिए नादानी
एक मारती है पानी से
दूसरी बिन पानी।"[6]

रामदयाल मुंडा ने आदिवासियों के विस्थापन के दर्द का भी यथार्थ वर्णन किया है। 'वापसी' कविता में विस्थापित आदिवासियों का यथार्थ चित्रण किया गया है। विस्थापित आदिवासी ने आसाम के चाय बागानों से अपने गाँव की स्मृति को इस प्रकार याद किया है–

"गाँव को जाती लाल मिट्टी की सड़क
अब तो पक्की हो गई होगी।
वह बूढ़ा ओझा, रोदो गुरू अब क्या करता होगा?
अस्पताल को दवा दारू और सूई टिकियाँ के सामने
उसकी झाड़ फूँक अब कमजोर पड़ गई होगी।"[7]

निर्मला पुतुल और आदिवासी सन्दर्भ

सन्थाल कवयित्री निर्मला पुतुल अभी तक तीन कविता-संग्रह हिन्दी साहित्य को दे चुकी हैं। जैसे– 'अपने घर की तलाश में', 'नगाड़े की तरह बजते हैं शब्द' और 'बेघर सपने'। ये सभी काव्य-संग्रह इक्कीसवीं सदी में प्रकाशित हुए हैं। आदिवासी विस्थापन का दर्द निर्मला पुतुल की कविता में उजागर हुआ है। आजकल पहाड़ का भूगोल बदल रहा है। पहाड़ पर बसने वाले आदिवासियों को विकास के नाम पर जंगलों से खदेड़ा जा रहा है। जो पहाड़ी पुरुष था अब पहाड़ की तरह शान्त हो चुका है। उपभोक्तावादी संस्कृति ने जल, जमीन, जंगल को प्रभावित कर रखा है। न पहाड़ी गीत बचे हैं न पहाड़ी लिपि। चारों ओर सब कुछ नष्ट होता जा रहा है। पहाड़ी पुरुष केवल मूक दर्शक बनकर बैठा है–

"पहाड़ पर गुमसुम बैठे
पहाड़ी आदमी के चेहरे पर दिख रहा है
पहाड़ का भूगोल
उसके भीतर चुप्पी साधे बैठा है
पहाड़ का इतिहास।"[8]

निर्मला पुतुल मूलतः आदिवासी कवयित्री हैं, इन्होंने सन्थाली भाषा में काव्य लिखे हैं। सन्थाली भारत की बहुत ही पुरानी आदिवासी भाषा है। निर्मला पुतुल की कविता का मुख्य स्वर आदिवासी जीवन-संघर्ष एवं स्त्री-संवेदना या स्त्री-प्रश्नों पर केन्द्रित है। अपने दोनों काव्य-संग्रहों में- 'अपने घर की तलाश', 'नगाड़े की तरह बजते हैं शब्द' इसी विषय को कवयित्री ने आधार बनाया है। आदिवासी स्त्रियों को सूर्य के उजाले में देखकर सभ्य लोग नाक-भौं सिकुड़ते हैं, लेकिन रात के अँधेरे में उसको भोगने को लालायित रहते हैं। इसका पर्दाफाश करती हुई कवयित्री लिखती है–

"ये वे लोग हैं जो दिन के उजाले में
मिलने से कतराते हैं
और रात के अँधेरे में
मिलने का माँगते आमन्त्रण
ये वे लोग हैं जो
हमारे ही नाम पर लेकर
गटक जाते हैं हमारे हिस्से का समुद्र।"[9]

शताब्दियों से हाशिये पर रहने वाले आदिवासियों को न्याय दिलवाने के लिए कवयित्री मक्कम है। इसीलिए तो वह आह्वान करती है–

"अक्सर चुप रहने वाला आदमी
कभी न कभी बोलेगा
जरूर सिर उठाकर
चुप्पी टूटेगी एक दिन धीरे-धीरे उसकी
व्यवस्था के खिलाफ
भीतर-भीतर ईजाद करते-करते
कई-कई खतरनाक शस्त्र।"[10]

विकास एवं बदलाव के नाम पर आदिवासियों पर किए जाने वाले अत्याचार एक ओर आदिवासी की अस्मिता को समाप्त करता है, वहीं दूसरी ओर उसकी अपनी संस्कृति की हत्या होती है। पेड़ों को काटकर उनकी सम्पत्ति उजाड़ी जाती है। मानव इतिहास के सबसे आदिम वंशज यानी मूल निवासी का मानव द्वारा ही हनन किया जाता है। निर्मला पुतुल के शब्दों में–

"बाजार की तरफ भागते
सब कुछ गड्ड मड्ड हो गया है इन दिनों यहाँ
उखड़ गए हैं बड़े-बड़े पुराने पेड़

और कंक्रीट के पसरते जंगलों में
खो गई है इसकी पहचान
कायापलट हो रही है इसकी
तीर-धनुष-माँदल-नगाड़ा-बाँसुरी
सब बटोर लिये जा रहे हैं।"[11]

निर्मला पुतुल चाहती हैं कि एक बार फिर बिरसा मुंडा को जन्म लेना होगा तभी आदिवासी आगे बढ़ सकते हैं। तत्कालीन परिस्थिति से कवयित्री बहुत ही दुःखी है। बिरसा मुंडा के सिवाय कोई भी व्यक्ति आदिवासियों के जल, जंगल और जमीन को नहीं बचा सकता। इसलिए निर्मला पुतुल लिखती हैं–

"मैं चाहती हूँ
मेरे शब्दों की जमीन से
उगे कई-कई बिरसा मुंडा
चाहती हूँ मैं
नगाड़े की तरह बजें मेरे शब्द
और लोग निकल पड़े
अपने-अपने घरों से सड़कों पर।"[12]

सरिता बड़ाईक की कविताओं में आदिवासी जीवन

सरिता बड़ाईक नागपुरी एवं हिन्दी भाषा में अपनी कविताएँ लिखती हैं। इनकी कविता निर्मला पुतुल तथा ग्रेस कुजूर की परम्परा को आगे बढ़ाती है। सरिता जी का 'नन्हें सपनों का सुख' नामक कविता-संग्रह प्रकाशित है। सरिता ने अपनी कविताओं में झारखंड के सपनों और हकीकत का मार्मिक वर्णन किया है। सरिता जी न तो पुराने झारखंड से खुश हैं और न नये झारखंड से; उनके सपने चूरचूर हो गए। इसलिए 'सपनों का छोटानागपुर-दो' में वह लिखती हैं–

"झारखंड के सपनों को करने के लिए
साकार
जिसने छोड़ा अपना
उन्हें नक्शे से मिटाने की साजिश
बहुमंजिला इमारतों में
सियासी दाँवपेंच लेन-देन
रिंग रोड और पावर प्लांट के नाम पर
जमीनों की लूट

योजनाओं के नाम पर
जमीनों की भूख।"[13]

निर्मला पुतुल की तरह सरिता बड़ाईक की कविताओं में भी आदिवासी नारी-शोषण का यथार्थ चित्र मिलता है। आदिवासी स्त्री को मात्र देह समझने वाले समाज का पर्दाफाश करती नज़र आती है। कई बार आदिवासी बेटियों को मेले में से अपहरण कर लिया जाता है। इस ओर संकेत करते हुए कवयित्री कहती है–

"पर उस शाम
वह घर नहीं लौटी
अब तक नहीं लौटी
लौटी है उसकी
शान्त निष्प्राण
देह!"[14]

ग्लोबलवार्मिंग इसका श्रेष्ठ उदाहरण है। आज गरमी के मौसम में ठंड लगती है और ठंड के मौसम में गर्मी। तापमान बढ़ने के कारण ग्लेशियर पिघल रहे हैं। इसी का संकेत करते हुए सरिता बड़ाईक 'आज का जंगल' कविता में लिखती है–

"नहीं है अब वैसा जंगल
वीरान होते, उजड़ते जंगल, कटते पेड़
प्रदूषण का जाल फैला
बादल उड़ा, उड़ गई बारिश भी
भाग गए हैं जानवर, एक जंगल से दूसरे जंगल
पनाह मिलेगी अन्त में उन्हें चिड़िया घरों में
देखकर सोचती, उदास होता मेरा मन
बचपन का मेरा वह क्रीड़ास्थल
नहीं अब वैसा जंगल।"[15]

हरिराम मीणा की कविताओं में आदिवासी जीवन

हरिराम मीणा आदिवासी साहित्य के बहुत बड़े साहित्यकार हैं। उनके कई काव्य-संग्रह प्रकाशित हो चुके हैं। जैसे- 'रोया नहीं था यक्ष', 'हाँ चाँद मेरा है', 'सुबह के इन्तजार में' तथा सम्पादित काव्य-संग्रह 'समकालीन हिन्दी आदिवासी कविता' आदि। हरिराम मीणा की कविता अपने इलाके के आदिवासियों तक सीमित नहीं, बल्कि वह अंडमान के आदिवासियों तक जाती है। नौकरी के दौरान कई जगह

पर घूमे हैं, फलतः अंडमान के आदिवासियों का यथार्थ चित्रण करने में सफल हुए हैं। हरिराम मीणा का मानना है बिरसा मुंडा की आज भी जरूरत है। यथा–

"उसकी आवाज
जंगलों में अभी भी गूँजती है–
मैं केवल देह नहीं
मैं जंगल का पुश्तैनी दावेदार हूँ
पुश्तें और उनके दावे मरते नहीं
मैं भी मर नहीं सकता
मुझे कोई भी
जंगलों से बेदखल नहीं कर सकता।
उलगुलान!
उलगुलान!!
उलगुलान!!!"[16]

आदिवासी प्रकृति-प्रेमी होता है। वह प्रकृति को कभी नष्ट न करेगा न होने देगा। हरिराम मीणा भी प्रकृति-प्रेमी कवि हैं। उनके प्रकृति-प्रेम की संवेदना देखने लायक है–

"हरी टहनी के कट जाने पर रोती है पेड़ की आँखें
धरती की आत्मा तक पहुँचते हैं ढलकते आँसू
काँपता है जैसे आसमान किसी तारे के टूट जाने पर
लामबन्द होती है पूरी कायनात यहाँ से वहाँ तक।"[17]

महादेव टोप्पो की कविताओं में आदिवासी जीवन

महादेव टोप्पो झारखंड के आदिवासी कवि हैं। महादेव टोप्पो का 'जंगल पहाड़ के पाठ' नामक काव्य-संग्रह प्रकाशित हुआ है। उनकी अधिकतर कविताएँ झारखंड केन्द्रित हैं। वे आदिवासी अस्तित्व और अस्मिता को बचाने के लिए आह्वान करते नजर आते हैं। मुख्यधारा का समाज भोले-भाले आदिवासियों को अलग-अलग रूप धारण कर बेरहमी से लूटते हैं। फिर भी आदिवासी भाई उनका जोहार करते हैं। यानी नमस्ते करते हैं। वे कभी इंजीनियर तो कभी अधिकारी या नेता के रूप में आदिवासियों का शोषण करते हैं। इस पीड़ा का वर्णन करते हुए 'फिर भी हम कहते रहते हैं तुम्हें जोहार' कविता में कवि लिखते हैं–

"आखिर हम किन-किन रूपों में तुम्हें पहचानें
क्योंकि हमने तुम्हारे जिस भी रूप को माना सच

उसी रूप ने किया है, हमारे साथ विश्वासघात,
फिर भी हम कहते रहते हैं
तुम्हें जोहार! जोहार! जोहार!"[18]

आदिवासियों के विस्थापन से कवि बहुत ही दुःखी है। आज आदिवासियों को जंगलों में से उजाड़कर, प्रकृति का नाश करके वहाँ विकास के नाम पर बड़े-बड़े कारखाने, बड़ी-बड़ी कालोनियाँ, आफिसर के लिए बड़े-बड़े बँगले बनाए जा रहे हैं। यानी विकास के नाम पर विनाश किया जा रहा है। आज प्रदूषण चारों ओर फैला हुआ है। आज कब बारिश आ जाएगी, कब ठंड आ जाएगी, कब गर्मी बढ़ जाएगी इसका कुछ अता-पता नहीं होता। कारण जंगलों को काट दिया गया है, जिससे ग्लोबलवार्मिंग की समस्या पैदा हुई है। दूसरी बात, आदिवासी लोग अनेक रोगों के शिकार होते जा रहे हैं। अब शुद्ध हवा गायब होती नजर आ रही है।

वन्दना टेटे की कविताओं में आदिवासी जीवन

वन्दना टेटे ने भी आदिवासी जीवन को लेकर कविताएँ लिखी हैं। उनका 'कोनजोगा' काव्य-संग्रह आदिवासी जीवन पर आधारित है। निर्मला पुतुल, सरिता बड़ाईक की भाँति आपने भी आदिवासी महिलाओं की पीड़ा को उजागर किया है। वन्दना जी पूँजीवादी मॉडल का विरोध करती हुई आदिवासियों की दयनीयता का चित्रण करती हुई लिखती हैं–

"तुम्हारे विकास का गणित
मेरी समझ में नहीं आता
मेरी आँखें वर्तमान के अँधेरे में
कुछ ढूँढ़ती रह जाती है
और मेरे पाँव टिकने की
जगह ढूँढ़ते।"[19]

ग्रेस कुजूर की कविताओं में आदिवासी जीवन

ग्रेस कुजूर आदिवासी कवयित्री हैं। विभिन्न पत्र-पत्रिकाओं में उनकी कई कविताएँ छपी हैं, पर अभी तक उनका कोई अलग से काव्य-संकलन प्रकाशित नहीं हुआ है। 'कलम को तीर होने दो' आपकी श्रेष्ठ कविता है। इसमें वे आदिवासियों को आह्वान करते हुए लिखती हैं–

"धरती उजड़ी, जंगल उजड़े
रह गया क्या शेष?

झाड़ियाँ हो गईं कमान, सब बिरवे तीर
देखना बाकी है।"[20]

ग्रेस कुजूर की कविता में सहजता के साथ अधिकार-बोध का वर्णन इनकी लेखनी में मिलता है।

अनुज लुगून की कविताओं में आदिवासी जीवन

अनुज लुगून भी एक महत्त्वपूर्ण आदिवासी कवि हैं। इनका भी कोई काव्य-संग्रह प्रकाशित नहीं हुआ है। पर कई सालों से आदिवासी जीवन की वेदना को अपनी कविताओं में उजागर करते रहे हैं। 'अघोषित उलगुलान' इनकी श्रेष्ठ रचना है। इस कविता में कवि ने विकास के नाम पर आदिवासियों को जल, जंगल और जमीन से कैसे अलग किया जाता है उसका यथार्थ वर्णन किया है। यथा–

"लड़ रहे हैं आदिवासी
अघोषित उलगुलान में
कट रहे हैं वृक्ष
माफियाओं की कुल्हाडी से और
बढ़ रहे है कंक्रीट के जंगल,
दांडू जाए तो कहाँ जाए
कटते जंगल में
या बढ़ते जंगल में।"[21]

एक अन्य कविता में वे एकलव्य के माध्यम से अपने पुरखों को नसीहत देते हैं–

"हाँ, किसी द्रोण को अपना गुरु न मानना
वह छल करता है
हमारे गुरु तो हैं
जंगल में विचरते शेर, बाघ
हिरण, बरहा और वृक्षों के छाल।"[22]

वाहरू सोनवणे की कविताओं में आदिवासी जीवन

वाहरू सोनवणे मूलतः मराठी साहित्यकार हैं। मराठी के अलावा उनका एक काव्य-संग्रह 'पहाड़ हिलने लगा है' हिन्दी में भी प्रकाशित हुआ है। वाहरू सोनवणे की 'स्टेज' कविता काफी लोकप्रिय हुई है। किस प्रकार आदिवासियों की उपेक्षा होती है इसका यथार्थ चित्रण इस कविता में हुआ है। यथा–

"हम स्टेज पर गए ही नहीं

और हमें बुलाया भी नहीं गया
उँगली के इशारे से
हमें अपनी जगह दिखा दी गई
हम वहीं बैठ गए
हमें शाबाशी मिली
और वे मंच पर खड़े होकर
हमारा दुःख हमसे ही कहते रहे
हमारा दुःख हमारा ही रहा
कभी उनका नहीं हो पाया।"[23]

भुजंग मेश्राम की कविताओं में आदिवासी जीवन

भुजंग मेश्राम एक लोकप्रिय कवि हैं। 'उलगुलान' उनका आदिवासी केन्द्रित काव्य-संग्रह है। क्रिश्चियन पादरी किस प्रकार आदिवासियों का धर्म परिवर्तन कराते हैं उसका यथार्थ चित्रण उन्होंने 'गाड फादर' नामक कविता में किया है–

"वे आए तब
उनके हाथ में था बायबल
और हमारे हाथों में जमीन
वे बोले ईश्वर के पास भेद नहीं है
कोई काला या गोरा, करो प्रार्थना
बन्द करो आँखें, हमने बन्द की आँखें
जब आशा से आँखें खोलीं तो देखा
उनके हाथ में जमीं थी
और हमारे हाथ में बायबल।"[24]

भुजंग मेश्राम ने 'उलगुलान' में बिरसा मुंडा को आदर्श के रूप में वर्णित किया है। जैसे अन्य आदिवासी रचनाकारों ने किया है। बिरसा मुंडा ने आदिवासी तथा जंगलों को बचाने के लिए गोरों के साथ संघर्ष किया था। आज जंगल कट रहे हैं और आदिवासी खतरे में हैं। उनको विकास के नाम पर जंगलों से खदेड़ा जा रहा है। पर उन्हें कौन बचाए? वे बिरसा मुंडा को आह्वान करते कहते हैं–

"आज न गोरे हैं
न सपनों की आजादी है
आज न घने बीहड़ हैं
ना तू है

है केवल बीहड़ों में फैलता असन्तोष
होंठों पर तेरा नन्हा-सा गीत
उलगुलान! उलगुलान!!
जो बन गया है हमारी संस्कृति की लड़ाई।"[25]

संजय अलगजी की कविताओं में आदिवासी सन्दर्भ

संजय अलगजी का भी आदिवासी केन्द्रित काव्य-संग्रह 'पगडंडी छिप गई थी' प्रकाशित हुआ था। इस काव्य-संग्रह में संकलित 'गोदना' कविता में कवि ने आदिवासियों की विलुप्त कला पर चिन्ता जाहिर की है। आदिवासी अपने शरीर पर गोदना गुदवाते हैं। मगर यह कला फैशन का रूप धारण कर बाजार में पहुँच गई है। आज उसका नया नाम टैटू रख दिया है। इस ओर संकेत करते हुए कवि लिखते हैं–

"होने लगा वह जंगल से भी बाहर
उसको बनाने वाला भी होने लगा लुप्त
फैशन और बाजार ने भी किया घात
जिसके घात से
नहीं बचता कोई भी और कुछ भी
नाम बदल दिया टैटू
खोल ली इस कला की भी दुकान
बदल दिया उसका रूप भी
तब भी वह जीता रहा
पूरी जिजीविषा के साथ।"[26]

उषा किरण अत्राम की कविताओं में आदिवासी सन्दर्भ

उषा किरण अत्राम महाराष्ट्र की आदिवासी कवयित्री हैं। अत्राम हिन्दी और मराठी कविताएँ लिखती हैं। उनका 'म्होरकी' नामक काव्य-संकलन प्रकाशित हुआ है। इस काव्य-संग्रह में उषा किरण अत्राम ने मुख्यधारा की समाज-व्यवस्था पर करारी चोट की है। इसी पीड़ा को उजागर करती हुई कवयित्री 'तैयार' नामक कविता लिखती है–

"पत्थर के देवता मन्दिर में
बजते घंटे को
सुनकर दौड़ पड़ता है गाँव
पर मैं हाड़ मांस का आदमी

आक्रोश से भर उठता है
देखकर मेरा गुस्सा
भाग उठता है गाँव मुझसे दूर
अनादिकाल से ही जारी
यह प्रवास।"[27]

भले आदिवासियों को आज के नेता कैसे बेवकूफ बनाते हैं इस ओर भी कवयित्री ने हमारा ध्यान आकर्षित किया है। अब आदिवासी भी नेताओं के शब्दजाल को समझने लगे हैं। अब शब्दजाल के माध्यम से विकास या क्रान्ति की पैरवी नेता नहीं कर सकते हैं। अब आदिवासी इस शब्दजाल को भलीभाँति समझ चुके हैं। इसलिए तो उषा किरण अत्राम जी लिखती हैं–

"नेता जी के बोल सुने
चिथड़े में लिपटा अधनंग श्रोता
उठ खड़े हुए
और कहने लगे–
साहब
क्रान्ति किसे कहते हैं
तन ढाँकने को मिलने को क्रान्ति कहते हैं।"[28]

अन्य कवियों की कविताओं में आदिवासी-विमर्श

अन्य आदिवासी जीवन के यथार्थ वर्णन करने वाले कवि प्रभुनारायण मीणा, विनोद कुमार शुक्ला, लक्ष्मीनारायण पयोधि, संजीव बख्शी, दिलीप मेहरा, खन्ना प्रसाद अमीन आदि भी उल्लेखनीय हैं। बस्तर के कवि लक्ष्मीनारायण पयोधि का काव्य-संग्रह 'सोमरू' आदिवासी केन्द्रित हिन्दी काव्य-संग्रह है। आदिवासी जीवन में हाट का बहुत ही महत्त्व है। वे वहाँ मात्र सामान की खरीद-फरोख्त नहीं करते, बल्कि एक-दूसरे से मिलते हैं। यथा–

"हाट में लोग, मिलते-बिछड़ते
सोचते-विचारते, पीते
लांदा या सल्फी, एक जुट होकर।"[29]

विनोद कुमार शुक्ल छत्तीसगढ़ के रायपुर बिलासपुर के सम्भाग में रहते हैं। 'सब कुछ होना बचा रहेगा' आपका आदिवासी जीवन से केन्द्रित काव्य-संग्रह है। पिछले तीस वर्षों में आदिवासी बहुराष्ट्रीय कम्पनियों के कारण प्रभावित हुए हैं। आदिवासियों

को अपने जल, जंगल और घर से बेदखल किया जा रहा है। इसकी भयानकता का वर्णन विनोद शुक्ल अपनी कविता में इस प्रकार करते हैं–

"जो प्रकृति के सबसे निकट है
जंगल उनका है
आदिवासी जंगल में सबसे निकट है
इसलिए जंगल उन्हीं का है
अब उनके बेदखल होने का समय है
यह वही समय है
जब आकाश से
एक तारा बेदखल होगा/एक पेड़ से/पक्षी बेदखल होगा
आकाश से चाँदनी/बेदखल होगी
जब जंगल से आदिवासी/बेदखल होंगे
जब कविता से एक-एक शब्द
बेदखल होंगे।"[30]

संजीव बख्शी जी ने बस्तर में रहकर वहाँ के आदिवासी जनजीवन का यथार्थ चित्रण किया है। बख्शी ने दो काव्य-संग्रह आदिवासी जीवन-सन्दर्भ को लेकर लिखे हैं–एक है 'मौहा झोड़ को लाइफ ट्री कहते हैं जयदेव बघेल' और दूसरा काव्य-संग्रह 'सफेद से कुछ ही दूरी पर पीला रहता था।' आदिवासियों के जंगल आज खत्म होने के कगार पर है। संजीव बख्शी जी को यह चिन्ता सताने लगी है कि जिस प्रकार जंगली जानवरों यानी शेर को सर्कस या चिड़ियाघरों में दिखाए जाते हैं उसी प्रकार वृक्षों को भी दिखाया जाएगा। संजीव बख्शी जी 'जंगल का सागौन' नामक कविता में लिखते हैं–

"कल सागौन, शीशम दिखाए जाएँगे
साथ में रखी जाएगी वह मिट्टी, बताया जाएगा
इसी मिट्टी में
देखने को लगेगी टिकट
बच्चे पास जाकर छुएँगे, देखेंगे
कहेंगे पापा पापा जंगल का सागौन
जंगल का शीशम
हमने छू लिया, हम डरे नहीं।"[31]

दिलीप मेहरा कहानीकार के साथ-साथ कविता में भी अपना योगदान दे रहे हैं।

अलग से कोई काव्य-संग्रह इनका प्रकाशित हुआ नहीं, पर कई कविताएँ दलित और आदिवासी जीवन पर लिखी हैं। 'विस्थापन' कविता आदिवासियों के विस्थापन के दर्द को लेकर लिखी गई कविता है। यथा–

"मेरा गाँव अब नहीं रहा
वह तो डूब गया बड़े कृत्रिम समुद्र में।
वादा तो किया था तुमने
दूसरा घर देने का?
पर, तुमने मुझे कब घर दिया?
मेरे गाँव की गलियों से गुजरता हुआ पानी
न मेरे भाइयों को काम आया।
न ग्रामवासियों को,
हमारे ही पानी से
सींचा तूने सारा प्रदेश
हरियाली की है चहुँओर
पानी में छबछबिया लगाने
किया रीवर फ्रंट,
पर, मेरे बच्चों में
शिक्षा का सिंचन कौन करेगा?"[32]

निष्कर्षतः हम कह सकते हैं कि पिछले तीन दशकों से आदिवासी केन्द्रित अनेक काव्य-संग्रह कवियों ने दिए हैं। आदिवासी कविता में महिला कवयित्रियों का सराहनीय योगदान रहा है। निर्मला पुतुल, ग्रेस कुजूर, सरिता बड़ाईक, वन्दना टेटे, सुषमा केरकट्टा, सुषमा असुर, उज्वला ज्योति तिग्गा, दमयन्ती किस्कू, ज्योति लकड़ा जैसी अनेक महिलाओं ने आदिवासी जीवन की यातना, पीड़ा का बखूबी वर्णन किया है। एक बात तो तय हो गई कि आदिवासी कविता में महिला कवयित्रियों का अहम् योगदान है। कई कवियों का हम मात्र नाम उल्लेख करना चाहेंगे, कारण सबको यहाँ वर्णित करना मुश्किल काम है। जैसे- रवि कुमरा गोंड़, खन्नाप्रसाद अमीन, धनेश्वर माँझी, विजयसिंह मीणा, आलोक कुजूर, कृष्ण मोहनसिंह मुंडा, महेश अगस्तीन कुजूर आदि भी आदिवासी कविता के क्षेत्र में सक्रिय हैं।

सन्दर्भ

1. राचरितमानस, गीता प्रेस, पृ. 650।
2. भवानीप्रसाद मिश्र, सं. विजय बहादुर सिंह, पृ. 61।
3. हंस, सं. राजेन्द्र यादव, दिसम्बर-2007, पृ. 14।

4. शोभाकान्त सम्पादित, नागार्जुन रचनावाली भाग-2, पृ. 48।
5. रामदयाल मुंडा, कलम को तीर होने दो, विरोध, पृ. 32।
6. वही, पृ. 37।
7. रामदयाल मुंडा, वापसी, पुनर्मिलन और आम गीत, पृ. 10।
8. निर्मला पुतुल, नगाड़े की तरह बजते हैं शब्द, पृ. 53।
9. वही, पृ. 53।
10. क्या हूँ मैं तुम्हारे लिए? अपने घर की तलाश में, रमणिका फाउंडेशन, पृ. 40।
11. निर्मला पुतुल, सन्ताल परगना, पृ. 24।
12. निर्मला पुतुल, नगाड़े की तरह बजते हैं शब्द, पृ. 93।
13. सरिता बड़ाईक, नन्हें सपनों का सुख, पृ. 52।
14. आदिवासी काव्य चिन्तन, सं. खन्ना प्रसाद अमीन, पृ. 15।
15. सरिता बड़ाईक, आज का जंगल।
16. लोकप्रिय आदिवासी कविताएँ, पृ. 142।
17. मानगढ़ एवं अन्य कविताएँ, पृ. 14।
18. महादेव टोप्पो, जंगल पहाड़ के पाठ, फिर भी हम कहते रहे हैं जोहार, पृ. 87।
19. कोनजोगा, पृ. 70।
20. कलम को तीर होने दो, पृ. 102।
21. लोकप्रिय आदिवासी कविताएँ, पृ. 172।
22. आदिवासी काव्य चिन्तन, पृ. 23।
23. लोकप्रिय आदिवासी कविताएँ, पृ. 50।
24. भुजंग मेश्राम-उलगुलान, पृ. 23।
25. वही -उलगुलान, पृ. 24।
26. पगडंडी छिप गई थी, गोदना, पृ. 43।
27. म्होरकी, तैयार, पृ. 59।
28. वही, क्रान्ति, पृ. 12।
29. लक्ष्मीनारायण पयोधि, सोमरू, पृ. 85।
30. विनोद शुक्ल, वागर्थ, अंक-185, सितम्बर, 2010।
31. मौहा झाड़ को लाइफ ट्री कहते हैं, सागौन का जंगल, पृ. 66।
32. काव्य दर्पण, सं. डॉ. आर.एन.पी. चौधरी, रवीना प्रकाशन, नयी दिल्ली, पृ. 109।

खंड - च

- **कविता-संकलन : डॉ. आई.एल. राठवा**
- **विरासत :**
    - कबीर-बाणी
- **आदिवासी कविताएँ**
    - वाहरू सोनवणे की चार कविताएँ
    - निर्मला पुतुल की तीन कविताएँ
    - महादेव टोप्पो की चार कविताएँ
    - डॉ. रमेशचन्द्र मीणा की दो कविताएँ
    - केदार प्रसाद मीणा की दो कविताएँ
    - अनुज लुगुन की कविता
    - अशोक सिंह

● कविता-संकलन : डॉ. आई.एल. राठवा

● विरासत :

कबीर-बाणी

(1) जाति न पूछो साधु की, पूछ लीजिए ज्ञान।
मोल करो तरवार का, पड़ा रहने दो म्यान।।

(2) कबीर सोई पीर है जो जाने पर पीर।
जो पर पीर न जानई सो काफिर बेपीर।।

(3) जिन खोजा तिन पाइयाँ, गहरे पानी पैठ।
मैं बपुरा बूड़न डरा, रहा किनारे बैठ।।

(4) बोली एक अनमोल है, जो कोई बोलै जानि।
हिये तराजू तौलि के, तब मुख बाहर आनि।।

(5) हिन्दू कहे मोहि राम पियारा, तुर्क कहे रहमाना।
आपस में दोउ लड़त मुअत हैं, मरम न कोउ जाना।।

(6) बड़ा हुआ तो क्या हुआ जैसे पेड़ खजूर।
पन्थी को छाया नहीं फल लागे अति दूर।।

(7) ऊँचे कुल का जनमिया जे करनी उँच न होय।
सुबरन कलस सुरा भरा साधू निन्दै सोय।।

(8) रात गँवाई सोय के, दिवस गँवाया खाय।
हीरा जनम अमोल सा, कौड़ी बदले जाय।।

वाहरू सोनवणे की चार कविताएँ

मंच

हम मंच पर गए ही नहीं
और हमें बुलाया भी नहीं
उँगली के इशारे से
हमें अपनी जगह दिखाई गई
हम वहीं बैठ गए;
हमें शाबाशी मिली
और 'वे' मंच पर खड़े होकर
हमारा दुख हमसे ही कहते रहे।
'हमारा दुख हमारा ही रहा
कभी उनका हो नहीं पाया...'
हमने अपनी शंका फुसफुसाई
वे कान खड़े कर सुनते रहे
फिर ठंडी साँस भरी
और हमारे ही कान पकड़
हमें ही डाँटा
माफी माँगो; वर्ना...!

पहाड़ हिलने लगा है

जो उन लोगों की इन्सानियत
छील-छील खा गए
वे अभी भी जिन्दा हैं
और...
इन्सानियत के लहू से
चमक रही हैं—
चिनगारियाँ-साम्प्रदायिकता की

पहाड़ हिलने लगा है
उसमें जो आदम दबा है–
वह इन्सान है!

गुदड़ी

मेरी फटी गुदड़ी
मैली-कुचैली
गुदड़ी के अन्दर-ही-अन्दर
दम घुट रहा मेरा
नाक में खट्टी गन्ध
ऊपर-नीचे सुड़कते
बदलता रहा करवटें
गुदड़ी में नाक घुसेड़कर
खट्टी गन्ध सहता रहा
इसी गुदड़ी में
बुधते चले गए पुरखे
आँसुओं से भीगती रही गुदड़ी
और
खट्टी गन्ध
याद दिलाती रही
पुरखों के दुख की
आज के वारिसों को
मेरी फटी गुदड़ी
मैली-कुचैली!

हरियल जंगल में

हरे-हरे जंगलों में
झरे हुए
सागौन के पत्तों सरीखी
टूटी-फूटी वे झोपड़ियाँ!
जंगल के जंगली आदमी
कन्दमूल खाने वाले
पर

न बचा कन्द और न बचा मूल
कब से हो चुके सब गायब
भूख के मारे सट गया है पेट
पीठ से
हरे-हरे जंगल के नंग-धड़ंग बच्चे
आदिम साम्यवाद और गुलामी का
खेल रहे थे खेल–
मिट्टी में
झोपड़ी के सामने!

'पहाड़ हिलने लगा है' कविता-संग्रह से
अनुवाद : निशिकान्त ठकार

निर्मला पुतुल की तीन कविताएँ

ये वो लोग हैं जो...

ये वो लोग हैं जो
मुझे देख नाक-भौं सिकोड़ते हैं
और अपनी गोरी चमड़ी से
ढके चलते हैं अपना कालापन

ये वो लोग हैं जो दिन के उजाले में
मिलने से कतराते
और रात के अँधेरे में
मिलने का माँगते हैं आमन्त्रण

ये वो लोग हैं जो रात काल बादा ओढ़े
शहर के आखिरी छोर पर
गिरा अपने अन्दर की सारी गन्दगी
गला रहे है हमारी बस्तियाँ
ये वो लोग हैं जो खींचते हैं
हमारी नंगी-अधनंगी तस्वीरें
और संस्कृति के नाम पर
करते हमारी मिट्टी का सौदा
उतार रहे हैं बहस में हमारे ही कपड़े

ये वो लोग हैं जो
हमारे ही नाम पर लेकर
गटक जाते हैं हमारे हिस्से का समुद्र

ये वो लोग हैं जो मुँह पर

करते हैं मेरी बड़ाई और...
पीठ पीछे की फुसफुसाहट में देते हैं
बदनाम, बदचलन औरत की संज्ञा

ये वो लोग हैं जो
हमारे बिस्तर पर करते हैं
हमारी बस्ती का बलात्कार
और हमारी ही जमीन पर खड़े हो
पूछते हैं हमसे हमारी औकात!

ये वो लोग हैं जो
मेरी कविताओं में भी तलाशते हैं
मेरी देह।

अरावली उद्घोष, अंक-68 से

सन्ताल परगना

सन्ताल परगना
अब नहीं रह गया सन्ताल परगना!
बहुत कम बचे रह गए हैं
अपनी भाषा और वेशभूषा में यहाँ के लोग

बाजार की तरफ भागते
सब कुछ गड्डमड्ड हो गया है इन दिनों
यहाँ/ उखड़ गए हैं बड़े-बड़े पुराने पेड़
और कंक्रीट के पसरते जंगल में
खो गई है इसकी पहचान
कायापलट हो रही है इसकी
तीर-धनुष, मांदल-नगाड़ा-बाँसुरी
सब बटोर लिये जा रहे हैं
लोक संग्रहालय
समय की मुर्दागाड़ी में लादकर
इसकी बेहतरी के लिए
कुकुरमुत्ते की तरह उगी संस्थाओं में

तथाकथित राष्ट्रीय संगोष्ठी
समाज सेवक हैं
अफसर हैं, चमचे हैं, ठेकेदार हैं, बिचौलिये हैं/ और
वे सबके-सब
हाथों में खुली रंगीन बोतलें लिये
बना रहे हैं राउंड-टेबिल पर योजनाएँ

बोतलों में नशा है
नशे में तैरती
गदराई देह वाली कई-कई आदिवासी लड़कियाँ हैं/
आदिवासी लड़कियों के पास सपने हैं/
सपनों में अधूरी इच्छाएँ हैं/ भूख है
भूख में दूर तक पसरी
उबड़ खाबड़ धरती है
धरती पर काले नंगे पहाड़ हैं
पहाड़ पर वीरानियाँ...

बस!!!
और क्या है सन्ताल परगना में?
उतना भी बचा नहीं रह गया 'वह'
सन्ताल परगना में
जितने की उनकी संस्कृति के
किस्से!

अरावली उद्‌घोष, अंक-82 से

एक खुला पत्र अपने झारखंडी भाइयों के नाम

यह खुशी से नाचने का वक्त तो जरूर है
भाई मंगल बेसरा, चुड़का सोरेन
पर थोड़ा सुस्ताकर बहुत कुछ सोचने
का भी वक्त है यह
माफ करना, मैं तुम्हारी खुशी में खलल
नहीं डालना चाहती
न ही इरादा है कोई सलाह-मशविरा

देने का मेरा
पर एक छोटी-सी बात
जो कहने से खुद को रोक
नहीं पा रही हूँ मैं
कि यह खुशी से नाच-नाचकर पगलाने का
वक्त नहीं है
यह वक्त है–
बहुत कहने-सुनने, करने और गुनने का भी
कहो और पूरी ताकत से कहो जो कहना चाहते हो
तुम! वरना पछताओगे एक दिन
बहुत कुछ बोलकर चाहकर
कुछ न बोल पाने का दर्द भोगते!
यह सच है कि आज वे
आँखें नहीं हैं
जिन आँखों ने देखा था पहली बार
अलग राज्य का सपना
सुराज का सपना/जमीन जंगल पर
अपने राज का सपना
सूदखोरी, शोषण और अत्याचार
से मुक्ति का सपना
पर उन सपनों को ढोने वाली
हजार-हजार
आँखें हैं तुम्हारे आस-पास
तुमसे ढेर सारी उम्मीदें लगाए
कितनी लड़ाइयाँ लड़ीं तुमने
कितने बलिदान दिए
समय के साथ तुम्हारे संघर्ष बदले
तेवर बदले/परिस्थितियाँ बदलीं, नायक बदले
उनके तौर-तरीके बदले
उनका चरित्र बदला
बावजूद नहीं बदले कभी तुम्हारे सपने!
तुम कई-कई बार गिरे, गिरे फिर उठे
फिर-फिर उठे

फिर उठे, फिर गिरे
कई-कई बार कमजोर किया तुम्हें
तुम्हारे ही भाइयों ने अपनी ही जमीन पर
वे तुम्हारे विरोधी थे कल तक
दुश्मन थे तुम्हारे
जिनसे मुक्ति चाहते थे तुम
पर कैसी विडम्बना है,
वह खड़े हैं आज सबसे आगे
तुम्हारी पंक्तियों में
तुम्हारा सबसे बड़ा हितैषी बनकर
वही तुम्हारे मार्गदर्शक होंगे
उन्हीं के हाथों में होगी तुम्हारे मस्तिष्क में
खुलने वाले तमाम कमरों की चाबियाँ
यह तय है कि सब कुछ वही तय करेंगे
उन्हीं के हाथों में होगा रिमोट
जब चाहेंगे बदल देंगे
चैनल और सब कुछ बदल जाएगा
एक झटके में, हमारे चाहने, न चाहने के बावजूद
यह तय है!
पुरखों के सपने रौंदते उन
झक-झक सफेद
कुरते वालों के पीछे
मत दौड़ो मेरे भाई! उन्हें पहचानो!
वे तुम्हारे सपनों को भुनाने वाले लोग हैं
उनके एजेंडे में दूर-दूर तक कहीं शामिल नहीं
आन्दोलन को जन्म देने वाली आँखों के सपने
वे कल तक पिछले दरवाजे से आते थे
तुम्हारी सभाओं में आते थे
अब सामने से आएँगे जेब में लाइसेन्स
लेकर
और मंचासीन होंगे तुम्हारे सामने
साथ होने का भरम देते हुए,
उन पर नजर रखना

उन्होंने ईजाद कर रखे हैं, चेहरे बदलने के
कई-कई तरीके
नजर रखना!
कि वे कब-कब और कितनी
बार बदलते हैं कपड़े
कब-कब लेते हैं करवट
कब ऊपर देखते हैं और कब नीचे,
नजर रखना!
अभी युद्ध विराम हुआ है भाई!
खत्म नहीं हुई है तुम्हारे हिस्से की लड़ाई
देखना वे फिर-सटने की कोशिश करेंगे
जो कल साथ छोड़ गए थे तुम्हारा
मंजिल नहीं है यह
जो दे रही मंजिल का भरम
ओ यात्री, एक पड़ाव है यह
तुम्हारी लम्बी यात्रा का
थक गए हो! थोड़ा सुस्ता लो!
पर देखना बेफिकर होकर
सो मत जाना मेरे भाई!
सो मत जाना...!

अरावली उद्घोष, अंक-72 से

महादेव टोप्पो की चार कविताएँ

प्रसंग : तुम आए हमारे पास

कविता-एक

तुम आए हमारे पास
सीखने हमारी भाषा
हमने भाषा ही नहीं
भाषा के साथ जीना भी सिखाया तुम्हें
तुम थे कलम के धनी
बन गए प्रसिद्ध भाषाविज्ञानी।

कविता-दो

तुम आए हमारे पास
सीखने हमारे नृत्य
हमने जीवन का आनन्द बताया।
माँदर की थाप नाचना सिखाया,
थिरकना सिखाया,
हम तो करीब के कस्बे से आगे बढ़े नहीं
लेकिन तुम हो अब
देश-विदेश की सैर करते
आदिवासी नृत्य-संगीत के अन्तरराष्ट्रीय विशेषज्ञ।

कविता-तीन

तुम आए हमारे पास
हमारा खान-पान जानने
हमने बताया तुम्हें सब कुछ
कौन से फल-फूल, कन्द-मूल
किस मौसम कैसे उगते हैं।

किसलिए खाते हैं, कैसे खाते हैं
इन सबसे कराया परिचय तुम्हारे
घर-आँगन से, जंगलों, पहाड़ों तक घुमाकर
तुम वर्णन सुनकर इनका
कुछ-कुछ लिखते रहते
वर्षों बाद मालूम हुआ
तुम हो गए, हो अब हमारे द्वारा प्रयुक्त
जड़ी-बूटियों के विशेषज्ञ
जिसके होते हैं लेख प्रकाशित
राष्ट्रीय-अन्तरराष्ट्रीय जर्नलों में
घूमते रहते हो देशी-विदेशी विश्वविद्यालय
और इन्हीं विषयों पर देने व्याख्यान
या कभी औषधि विज्ञान-संस्थानों में
हम तलाशते हैं तुम्हारे द्वारा बनाई दवाइयों को
कस्बे की दुकानों में
तुम्हारी दवाइयाँ माँगने पर दुकानदार
हमेशा करता है इनकार।

कविता-चार

तुम आए हमारे पास
सीखे तुमने हमारा रस्मो-रिवाज
सीखा कुछ देखा
जीने का ढंग हमारा
कुछ जोड़ा, कुछ घटाया
तुमने कागजों पर
कुछ इधर, कुछ उधर देखा तुमने
प्रकाशित कराई तुमने फिर
हमारे जीवन पर एक किताब
जिसमें फोटो है एक
गाँववालों का तुम्हारे साथ
पता चला तुम हो अब
किसी विश्वविद्यालय के प्रोफेसर
और हो प्रसिद्ध मानवविज्ञानी।

अरावली उद्घोष, जनवरी-अप्रैल 2004

डॉ. रमेशचन्द्र मीणा की दो कविताएँ

एकलव्य का अँगूठा

इतिहास के किस पन्ने पर
ढूँढ़ोगे एकलव्य का अँगूठा?
हर पन्ने पर होगा
धनुर्धर अर्जुन का गांडीव
घमंडी दुर्योधन की गदा
एक अदद गुरु द्रोण की गुरुता का मुखौटा
पर कहाँ मिलेगा
वह अँगूठा
जो माँगा था उसने
दक्षिणा में?
हर पन्ने पर मिलेगी
कृष्ण-सखा, कुन्ती-पुत्र
महाभारत विजेता अर्जुन की वीरता
शकुनी की गूढ़ चालें
धृतराष्ट्र का अन्धा पुत्र-मोह
इन बड़े-बड़े नामों के बीच
इतिहास के किस कोने में
तीन अक्षरों में सिमटा
कहाँ मिलेगा द्रोण, बताओ–
एकलव्य का अँगूठा?
सोचो तो सही द्रोण,
यदि एकलव्य दक्षिणा में
अँगूठा न देता
कहाँ होते तुम स्वयं और

कहाँ होती अर्जुन की वीरता?
इतिहास के पन्नों पर तब
ढूँढ़ते रह जाते हम तुम्हें द्रोण?
राजगुरु की गुरुता
महाभारत की विजय
सब कुछ उलट गया होता
सारा इतिहास ही तब
भरा होता।

अरावली उद्घोष, अंक-72 से

हम तुम्हें आदमी बना देंगे

वे आए–
हमें सभ्यता सिखाने
झोपड़ियों से निकालकर
अपटूडेट बनाने।
उन्होंने कहा–
तुम्हारी परम्पराएँ आदिम हैं
संस्कार आउडेटेड हैं
हम तुम्हें सभ्य बनाएँगे
शान से जीना सिखाएँगे
और कुछ ही सालों में
तुम्हें आदमी बना देंगे।
उन्होंने पहाड़ों को तोड़ा/जंगलों को काटा
हमारी झोपड़ियों पर/बुलडोजर चलाकर
कुछ सिक्के फेंक दिए
महुआ के पेड़ों के बदले
थमा दी दारू की बोतल।
अब वहाँ ऊँची-ऊँची चिमनियाँ
उगल रही हैं गाढ़ा धुआँ
पगडंडियाँ सड़कों में बदल गईं
और हम मजबूरी में
मजदूरों में बदल गए।
साहूकारों और दिकुओं के/भाग्य खुल गए

और हम निराधार बन गए
आदमी बनाने की ओट में
आज़ादी ही नहीं
सब कुछ छीन लिया
अस्मिता भी और अस्मत भी।
पहले वे हमें असभ्य बताते थे
और अब
हमारी ही नयी पीढ़ी के अपने
हमें असभ्य बताते हैं
समझ में नहीं आ रहा कि हम
पहले असभ्य थे
या अब असभ्य हैं?

अरावली उद्घोष, जनवरी-मार्च-2003

केदार प्रसाद मीणा की दो कविताएँ

आदिवासी-आदिवासी संवाद

यह मत भूलिए
हम आदिवासी हैं...
ठीक है आपकी भाषा में
एस.टी. ही सही
पर क्या
बार-बार आदिवासी कहे जाने पर
शर्म लगती है आपको...?

आपके हिसाब से चल रहा होगा
एस.टी. कहने से ही काम
हमारे हिसाब से नहीं चलता है...
इसलिए कि आपके लिए आदिवासी का मतलब
एस.टी. और एस.टी. का मतलब
आरक्षण होता है
और आरक्षण का मतलब होता है
नौकरी पदोन्नति वगैरह...

हमारे हिसाब से तो एस.टी. का मतलब
आदिवासी होता है
और आदिवासी का मतलब होता है
समता, स्वतन्त्रता, स्वायत्तता आदि...

क्या? होता कौन हूँ मैं!!
अरे, मैं वहीं से हूँ
जहाँ से कभी आप चले थे

आम मीणा आदिवासी हूँ मैं...
क्या आपने
हमारे बोलने का हक भी पेटेंट करा लिया
हमें चुप रहने को मत कहिए
हम जानते हैं
न तो "आर्य" का मतलब "श्रेष्ठ" होता है,
न "राजा" "ईश्वर का अंश" होता है,
न "ठंडा" का मतलब "कोकाकोला" होता
है...
नहीं, कैसे मान लेंगे
जब सैकड़ों सालों के षड्यन्त्र के बाद भी
अपने ही राजपाट के बावजूद
वे हमारे लिए
न 'श्रेष्ठ' हुए, न "ईश्वर के अंश"
फिर आप तो कर्मचारी या सेवक ही हैं
मोइनुद्दीन चिश्ती और औलिया जैसे तो नहीं
हैं...

देखिए, देख लेने की बात मत कीजिए
मुझे नहीं चाहिए आपकी सिफारिश
नहीं बनना मुझे कहीं अध्यक्ष-वध्यक्ष...,
ऐसे कैसे आप मुकदमे में फँसवा देंगे
पीछे पुलिस लगा देंगे, जमीन बिकवा देंगे
ठीक है, आप खरीदने-बेचने की ताकत रखते हैं
मान लिया, रहते हैं आपके कुत्ते ए.सी. में
हो जाएँगे कल आप मन्त्री भी, तो
क्या इसी आधार पर हम आपको
अपना संरक्षक कह दें...!!!

हाँ, शिकायत है...
यही कि अब आप 'दीकू' से हो गए हैं
न आप आदिवासी रहे
न हमें रहने देना चाहते हैं

कभी हमें क्षत्रिय बता देते हैं कभी ब्राह्मण...
यही तो आप नहीं समझ रहे हैं
आदिवासी का मतलब
“जंगली” होना नहीं होता है
और इसलिए ही तो आपने स्वीकार लिया
कि “आर्य” का मतलब “श्रेष्ठ” होता है।

विस्थापन

“अब कब आओगे?”
अपनी ‘कमांडर’ में जोर से
तीसरा गीयर डालते हुए
अचानक पूछा, शंकर ने।

मैं चौंक पड़ा
गाड़ी गाँव से दूर
बनास पुलिया पार कर रही थी
जनशताब्दी पकड़नी थी
सवाई माधोपुर स्टेशन से,
सवा सात बजे।

मैं दिल्ली के लिए
पहली बार नहीं चला था
लेकिन यह सवाल आज
पहली बार खड़ा हुआ।

उगते हुए सूरज को देख जब
पीछे बैठी अपरा चहकी
तो पता चला
इस सवाल के पहली बार
खड़ा होने की वज़ह
और पीछे कुछ छूट
जाने का भी अहसास हुआ।

वैसे अभी भी गाँव में
बहुत कुछ था मेरा
जैसे, रामसागर की प्लाळ थी
जंग खाती साइकिल थी
अनवरत भौंकती लँगड़ी कुतिया थी
और बस स्टैंड था
जहाँ कैलाश की पान की दुकान है,
नन्दू नाई बाल काटता है।

जहाँ छीनपाल बर्फ का जूस बेचता है
जहाँ "बना जी" चाय बनाते हैं
गाँव भर के बेरोजगार युवा जहाँ
करते हैं इन्तजार
सूर्योदय के बाद सूर्यास्त का।

और वहीं
तीन गाँवों के काँकड़ पर बसकर
पिताजी अपनी "मरजाद" बचा रहे हैं
अपनी दूसरी पत्नी के संग
अपने सुखों-दुखों के साथ।

फिर...।
फिर मैं क्यों नहीं आऊँगा
बार-बार यहाँ...
तो, फिर शंकर का यह सवाल...!
मेरी यह बेचैनी क्यूँ?
क्या पत्नी और बच्चों सहित
शहर में नौकरी पर चले जाना
फिर न लौटने की
या
गाँव वालों द्वारा भुला दिए
जाने की गारंटी है?
और क्या मेरी बैचेनी भी

इसी तर्क की गवाही है...?

पता नहीं, लेकिन
इस बार जब
हरिराम मीणा से बात होगी
तो मैं जरूर कहूँगा–
“सर”, अपने लेख के विस्थापित
छत्तीसगढ़ी और झारखंडी आदिवासियों
की लिस्ट में डाल दीजिए
मेरा भी एक नाम।

अनुज लुगुन की कविता

अघोषित उलगुलान

अल सुबह दांडू का काफिला
रुख करता है शहर की ओर
और साँझ ढले वापस आता है
परिन्दों के झुंड-सा,

अजनबीयत लिये शुरू होता है दिन
और कटती है रात
अधूरे सनसनीखेज किस्सों के साथ
कंक्रीट से दबी पगडंडी की तरह
दबी रह जाती है
जीवन की पदचाप
बिल्कुल मौन!

वे जो शिकार खेला करते थे निश्चिन्त
जहर-बुझे तीर से
या खेलते थे
रक्त-रंजित होली
अपने स्वत्व की आँच से
खेलते हैं शहर के
कंक्रीटीय जंगल में
जीवन बचाने का खेल।

शिकारी शिकार बने फिर रहे हैं
शहर में
अघोषित उलगुलान में

लड़ रहे हैं जंगल।

लड़ रहे हैं ये
नक्शे में घटते अपने घनत्व के खिलाफ
जनगणना में घटती संख्या के खिलाफ
गुफाओं की तरह टूटती
अपनी ही जिजीविषा के खिलाफ।

इनमें भी वही आक्रोशित हैं
जो या तो अभावग्रस्त हैं
या तनावग्रस्त हैं
बाकी तटस्थ हैं
या लूट में शामिल हैं
मन्त्री जी की तरह
जो आदिवासीयत का राग भूल गए
रेमंड का सूट पहनने के बाद।

कोई नहीं बोलता इनके हालात पर
कोई नहीं बोलता जंगलों के कटने पर
पहाड़ों के टूटने पर
नदियों के सूखने पर
ट्रेन की पटरी पर पड़ी
तुरिया की लावारिस लाश पर
कोई कुछ नहीं बोलता।

बोलते हैं बोलने वाले
केवल सियासत की गलियों में
आरक्षण के नाम पर
बोलते हैं लोग केवल
उनके धर्मान्तरण पर
चिन्ता है उन्हें
उनके 'हिन्दू' या 'ईसाई' हो जाने की।

यह चिन्ता नहीं कि
रोज कंक्रीट के ओखल में
पिसते हैं उनके तलवे
और लोहे की ढेंकी में
कुटती है उनकी आत्मा
बोलते हैं लोग केवल बोलने के लिए।

लड़ रहे हैं आदिवासी
अघोषित उलगुलान में
कट रहे हैं वृक्ष
माफियाओं की कुल्हाड़ी से और
बढ़ रहे हैं कंक्रीटों के जंगल,

दांडू जाए तो कहाँ जाए
कटते जंगल में
या बढ़ते जंगल में।

अशोक सिंह

तीर को कलम बनाने दो

बहुत कह चुके हो तुम
अब हमें भी कुछ कहने दो
तीर को कलम बनाने दो।
अब तक तो तुम कहते रहे
हम सुनते रहे, बस सुनते रहे
मन-ही-मन गुनते रहे
अब तुम सुनो, हमें अपनी कहने दो। तीर...
तुम्हारे हाथ में थमा कमान
हम बनते रहे तरकश के बाण
हमारा कन्धा, तुम्हारा निशाना
मुश्किल है तुम्हें समझ पाना
अब हमें खुद देखने-समझने दो। तीर...
मुद्दे हमारे, बयान तुम्हारे
पीड़ा हमारी, कथन तुम्हारे
अपने लहू की स्याही से अब
अपनी भाषा में यह सब लिखने दो। तीर...
मंच हमारा, झंडे तुम्हारे
भीड़ तुम्हारी, तुम्हारे ही नारे
बहस में भी बजें तुम्हारे नगारे
बस बहुत हुआ, अब रहने दो। तीर...
अन्न हमारा, गोदाम तुम्हारे
जमीन हमारी, दाम तुम्हारे
सबके सब इनाम तुम्हारे
नहीं चाहिए सलाह, जैसे भी हैं, रहने दो। तीर...

चीज हमारी, लेबल तुम्हारे
मेहनत हमारी, रंग-रोगन तुम्हारे
दुकानें तुम्हारी, बाजार भी तुम्हारे
अपने लेबल पर अब अपना दाम लिखने दो। तीर...
राज हमारा, शासन तुम्हारा
लोक हमारा, तन्त्र तुम्हारा
बन्द करो यह नाटक सारा
हम उन्मुक्त हवा हैं जिधर बहें, बहने दो।
तीर को कलम बनाने दो।

अरावली उद्घोष, अंक-89

खंड-छ

● दस्तावेज

प्रमुख के नाम पत्र - सिएथल

आज के समृद्ध अमेरीका की उपजाऊ एवं खनिज सम्पदा से भरपूर जमीन किसी जमाने में रेड इंडियन आदिवासियों की थी। उनसे वह पुश्तैनी धरोहर जबरन छीनी गई। हजारों रेड इंडियनों को मौत के घाट उतारा गया। इस आदिवासी समाज के इतिहास पुरुष सिएथल ने उस दौर की त्रासदी को कविता के रूप में प्रस्तुत अपने लम्बे भाषण में व्यक्त किया था।

एक परिचय

'प्रमुख के नाम पत्र' कई साल पहले लिखा गया था। लेकिन आज यह पत्र पहले से भी ज्यादा महत्त्वपूर्ण हो रहा है। इसके लेखक सिएथल, रेड इंडियन आदिवासी थे।

रेड इंडियन उत्तरी अमरीका के मूल निवासी हैं। करीब पाँच सौ साल पहले गोरों ने हजारों की संख्या में यूरोप से अमरीका की ओर आना शुरू किया... तलाश थी एक नये और खुशहाल जीवन की। जैसे-जैसे उनकी संख्या बढ़ी, जमीन की भूख भी बढ़ी और वे रेड इंडियनों की जमीन हड़पने लगे। इस मुद्दे को लेकर दोनों के बीच कई लड़ाइयाँ हुईं। लेकिन गोरों के ताकतवर और आधुनिक हथियारों के सामने उनकी एक न चली।

इन लड़ाइयों में रेड इंडियन आदिवासियों की वीरता और क्रूरता की अनेक रोमांचकारी कथाएँ प्रचलित हुईं। लेकिन एक ऐसा भी कबीला था जो शान्ति और अमन स्थापित करने के प्रयासों के लिए जाना गया। इसका श्रेय हमारे लेखक और उनके मुखिया, सिएथल को दिया जाता है। सिएथल गोरों के साथ मिल-जुलकर रहने में विश्वास रखते थे।

प्रस्तुत रचना को सिएथल ने रेड इंडियन की महासभा के सामने पढ़ा था। उनके विचार आज भी उतने ही खरे हैं जितने तब थे। हमारे पर्यावरण से जुड़ी हुई कई बातें–जिनका उन्हें अन्देशा था– आज हमारी आँखों के सामने घट रही हैं। आप भी इस पत्र को पढ़ें, और सोचें।

प्रमुख के नाम पत्र

गोरे राज्य के प्रमुख ने कहलवाया है–
कि वे हमारी जमीन खरीदना चाहते हैं।
उनके सरदार ने दोस्ती और भाईचारे का
सन्देश भी भिजवाया है।
यह उनका बड़प्पन है।
हम जानते हैं कि उन्हें हमारी दोस्ती की जरूरत नहीं,
लेकिन उनके प्रस्ताव पर हम विचार करेंगे,
क्योंकि, हम यह भी जानते हैं कि यदि जमीन नहीं बेची
तो तोपों सहित आ सकते हैं ये गोरे लोग।
किस तरह तुम बेच या खरीद सकते हो आकाश को?
या पृथ्वी के स्नेह को?
ये बात हमें समझ नहीं आती।
जब हवा की ताजगी
और पानी की स्फूर्ति
हमारी मिल्कियत नहीं
तो कैसे बेच सकते हो उनको?
इस जमीन का कण-कण हमें पूज्य है।
पेड़ों का एक-एक पत्ता, हरेक रेतीला तट,
शाम के कोहरे से ढका हुआ जंगल,
सपाट मैदान और भौरों का गुंजन,
ये सभी पवित्र हैं, पूज्य हैं।
हम आदिवासियों की यादों और जीवन से बँधे हैं।
ये पेड़ अपनी रगों में
हमारी अतीत की यादें सँजोए हुए हैं।
गोरे भूल जाते हैं मरने के बाद अपनी जन्मभूमि,
लेकिन हम नहीं भूलते अपनी मिट्टी मरने पर
भी।
यहाँ के सुगन्धित फूल हमारे सहोदर हैं।
ये हिरण, ये घोड़े, ये विशाल पक्षी–
सब हमारे भाई हैं।
पहाड़ों की चोटियाँ, मैदानों की हरियाली,

घोड़े और सवार के शरीर का पसीना
सब एक ही परिवार का हिस्सा हैं।
इसलिए, जब वॉशिगटन[1] का बड़ा सरदार[2]
जान से भी प्यारी हमारी जमीन माँगता है...
तो वो बहुत कुछ माँग लेता है।
बड़े सरदार ने कहलवाया है...
वो कुछ जमीन हमारे लिए अलग रखेगा,
जहाँ हम आराम से रह सकें।
सरदार यह भी कहता है–
कि वो हमारे पिता हैं और हम उसकी सन्तान।
हम तुम्हारे प्रस्ताव पर विचार करेंगे,
लेकिन ये काम हमारे लिए आसान नहीं।
क्योंकि जमीन हमारे लिए पवित्र है, पूज्य है।
नदियों और झरनों में बहता निर्मल जल,
केवल जल नहीं–हमारे पूर्वजों का लहू है।

यदि हम तुम्हें जमीन बेचते हैं
तो अपनी सन्तान को बताना
कि ये भूमि पूज्य है।
और कहना
कि झील में झलकती हरेक परछाई में छिपी है
आदिवासियों के जीवन की यादें और गाथाएँ।
पानी के कल-कल में सुनाई देती है
मेरे पूर्वजों की आवाज,
नदियाँ हमारी दोस्त हैं, प्यास बुझाती हैं,
इनकी लहरों पर खेलती हैं हमारी डोंगियाँ
और मिटती है हमारे बच्चों की भूख और प्यास।
इसलिए यदि हम तुम्हें जमीन बेचते हैं
तो तुम उसे वही प्यार और स्नेह देना
जो तुम अपने किसी प्रियजन को देते हो।

गोरों को आगे बढ़ता देख
हम आदिवासी हमेशा पीछे हटे हैं।

जैसे सूर्य के उदय होते ही
भाग जाता है पर्वतों से कोहरा।
यहीं बिखरी है हमारे पुरखों की राख,
औऱ ये पेड़, ये पर्वत, और धरती का ये भाग,
पवित्र हैं इन्हीं पर टिकी हैं
हमारे पूर्वजों की समाधियाँ।
हम जानते हैं कि गोरे
हमारे तौर-तरीकों को नहीं समझते,
उनके लिए सभी जमीन एक जैसी है।
नहीं लगाव किसी भी जमीन के टुकड़े के साथ–
वो अजनबी की तरह अँधेरे में आता है
और ले जाता है वो सब, जो उसे चाहिए।
जमीन उसकी दोस्त नहीं-दुश्मन है।
जिसे जीत कर वो आगे बढ़ जाता है
और छोड़ जाता है पीछे पिता की समाधि–
इसकी उसे कोई परवाह नहीं।
माँ समान धरती और पिता समान आकाश,
उसके लिए बेजान बाजारू चीजें हैं,
जिसे वो भेड़ों या चमकते मोतियों की तरह
खरीदता-लूटता और बेच देता है।
एक दिन आएगा जब
उसकी विशाल भूख सारी धरती निगल लेगी–
और रह जाएगी सिर्फ रेगिस्तान की बालू।

मैं समझ नहीं पाया,
शायद हमारे जीने का ढंग तुमसे अलग है।
तुम्हारे शहरों के नजारों को देख,
आँखों में चुभन होती है।
लेकिन शायद हम आदिवासी जंगली हैं,
असभ्य हैं,
जो तुम्हारी बातें नहीं समझ पाए।
तुम्हारे शहरों में कोई गली शान्त नहीं,
कोई ऐसी जगह नहीं जहाँ सुनाई दे

बसन्त में कोंपलों का खिलना,
या किसी कीट के पंखों की सरसराहट।

लेकिन मैं तो असभ्य हूँ
और इसलिए शायद नहीं समझता तुम्हारी बातें।

यहाँ का शोर कानों को चोट पहुँचाता है।
ऐसे जीवन का क्या अर्थ जहाँ इन्सान नहीं सुन सकता
व्हिप्पूरविल[3] के अकेलेपन का रुदन?
या रात को किसी पोखर में मेढकों का वाद-विवाद।
मैं एक आदिवासी हूँ इसलिए
तुम्हारी बातें नहीं समझता।
हमें तो सुहाती है हवा की वो मीठी धुन
जो तालाब की सतह को छूती हुई निकल जाती है
और बारिश में मिट्टी की भीनी-भीनी खुशबू,
या फिर पेड़ों की महक से भरी हुई बयार।
हमारे लिए हवा बहुत कीमती है।
क्योंकि सभी पशु, पक्षी, तरु, मानव–
उसी हवा में साँस लेते हैं,
सब उसी हवा को बाँटते हैं।
लेकिन गोरे लोग इस हवा की परवाह नहीं करते
वैसे ही जैसे मृत्युशैय्या पर पड़ा आदमी,
जड़वत हो जाता है दुर्गन्ध के प्रति।
फिर भी अगर हम तुम्हें अपनी जमीन बेचते हैं
तो जरूर याद रखना कि ये हवा
हमारे लिए बहुत कीमती है,
यह मत भूलना कि हवा जीवों का पोषण करती है,
और सबके साथ अपनी आत्मा बाँटती है
इसी हवा में हमारे पुरखों ने ली
अपनी पहली और आखिरी साँस
यही हवा देगी हमारे बच्चों को जीवनदान।
अगर हम तुम्हें अपनी जमीन बेच देते हैं
तो इसे अलग रखना/पवित्र रखना।

जहाँ तुम गोरे भी कर सको सुगन्धित बयार का अनुभव।
ठीक है, तुम्हारे प्रस्ताव पर विचार करेंगे।
लेकिन एक शर्त है मेरी–
इस धरती पर बसने वाले पशुओं को
समझोगे तुम अपना बन्धु।
मैं जंगली हूँ और शायद नहीं जानता
कोई और जीने का तरीका।

मैंने प्रेयरी[4] पर हजारों भैसों के विक्षिप्त शरीर देखे हैं,
जिन्हें गोरों ने बेवजह चलती गाड़ी से मार दिया था।
मैं सभ्य नहीं और नहीं समझ पाता–
कि कैसे धुआँ उड़ाती बेजान लोहे की गाड़ी,[5]
उस पशु की जिन्दगी से ज्यादा जरूरी है।
पशुओं के बिना मनुष्य क्या रह सकता है।
अगर पशु न रहे,
तो मनुष्य भी
अकेलेपन की पीड़ा से खत्म हो जाएगा।
और वैसे भी, जो पशुओं के साथ होगा
वही मनुष्य भी भोगेगा एक दिन।
आखिर, सभी कुछ तो जुड़ा है एक-दूसरे के साथ।

अपने बच्चों को जरूर सिखाना
कि जिस जमीन पर वो चलते हैं
वो हमारे पुरखों की राख से बनी है।
उस जमीन का आदर करना सीखें,
अपने बच्चों को यह भी बताना
कि ये मिट्टी हमारे कुटुम्बियों की गाथाओं से समृद्ध है,
कि धरती हमारी माँ है–
यह हमने अपने बच्चों को बताया और तुम भी यही बताना।

इन्सान ने नहीं चुना जीवन का ताना-बाना–
वो तो सिर्फ उसमें एक तिनका है।
उसके साथ वही होगा

जो वो करेगा ताने-बाने के साथ।
हम तुम्हारे प्रस्ताव पर विचार करेंगे
कि उन आरक्षित स्थानों में चले जाएँ,
जिसे तुमने मेरे लोगों के लिए अलग रखा है।
हम अलग रहेंगे और शान्ति से रहेंगे।
इसका कोई महत्त्व नहीं कि कहाँ बिताते हैं अपने शेष दिन।
हमारे बच्चों ने हमारी पराजय को देखा है,
हमारे योद्धाओं ने लज्जा के कड़वे घूँट पिए हैं।
पराजय ने उन्हें उदासीन बना दिया है–
आलस्य को शराब में डूबोते हैं और
खत्म करते हैं वे अपना शरीर।
अब कुछ फरक नहीं पड़ता कि
कहाँ बिताते हैं हम बाकी के दिन–
वैसे भी हम गिनती में ज्यादा नहीं।
चन्द घंटे, कुछ और साल और फिर
उन महान कबीलों की कोई सन्तान शेष ना रहेगी
जो कभी बेधड़क इस धरती पर घूमते थे।
और अब छोटी टुकड़ियों में भटकते हैं
घने जंगलों के बीच
कौन शोक मनाएगा उनके लिए?–
जो उतने ही ताकतवर और आशावादी थे
जितने आज तुम हो।
पर क्यों करूँ मैं शोक अपने कबीले के अन्त का?
आखिर कबीला है क्या–लोगों का एक समूह–लोग आते हैं, चले जाते हैं,
जैसे सागर की लहरें।
ये गोरे लोग भी
बच नहीं सकते उस साझी नियति से
जो सबकी एक है।
शायद इसीलिए हमारा रिश्ता बन्धुओं का ही है–
पर यह तो आने वाला समय ही बताएगा।

एक बात हम जानते हैं–हम सबका भगवान एक है।
गोरे लोग भी शायद एक दिन ये बात जान जाएँगे।

क्या तुम सोचते हो कि वो सिर्फ तुम्हारी मिल्कियत है?
हमारी जमीन की तरह?
जो तुम ले लोगे हमसे एक दिन?
नहीं। ये मुमकिन नहीं।
क्योंकि वो हम दोनों को एक नजर से देखता है
उसके लिए यह धरती अमूल्य है।
और इस वसुन्धरा को हानि पहुँचाना
उसके रचयिता का तिरस्कार होगा।
एक दिन गोरे लोगों का भी अन्त आएगा,
शायद और जातियों से भी पहले।
अपने वातावरण को यदि दूषित करोगे,
तो देखना, किसी रात
तुम्हारा दम उसी गन्दगी में घुट जाएगा।
पर अपने विनाश में भी तुम चमकोगे,
उस भगवान के दिए हुए तेज से,
जो तुम्हें धरती पर लाया,
और किसी विशेष उद्देश्य से
धरती का और आदिवासियों का शासक बनाया।
यह नियति हमारे लिए एक रहस्य बन गई है–
क्योंकि जब भैंसों का वध होता है,
जंगली घोड़ों को पालतू बनाया जाता है,
जंगल के हर कोने में घुस जाती है इन्सानी भीड़ की गन्ध,
और पहाड़ों का सुन्दर दृश्य ढँक जाता है
टेलिफोन के तारों से–
तब नियति को हम समझ नहीं पाते।
कहाँ गई हरियाली? कहाँ गए विशाल पक्षी?
कहाँ गए दौड़ते घोड़े, वो शिकार का खेल?
जीने का तो अब अन्त आ गया है,
और शुरू हो गई है जिन्दा भर रहने की कोशिश।

जमीनें बेचने के प्रस्ताव पर विचार करेंगे,
तब शायद–अपनी मर्जी से,
तुम्हारी दी गई जमीन पर काट सकें आखिरी दिन।

जब धरती पर से अन्तिम आदिवासी भी मिट जाएगा,
तब ये समुद्र तट और बीहड़ वन,
मेरे लोगों की आत्मा सँजोकर रखेंगे।
मेरे लोग इस धरती को उतना ही प्यार करते हैं,
जितना माँ की धड़कन को एक नवजात शिशु।
इसलिए अगर हम तुम्हें जमीन बेचते हैं
तो वैसे ही प्यार करना उसे, जैसे हमने किया।
वैसे ही सँवारना, जैसे हमने सँवारा।
अपनी पूरी ताकत, दिलो-दिमाग से
सँभालकर रखना इसे अपने बच्चों के लिए।
और प्यार करना उतना...
जितना परम पिता हमसे करता है।
एक बात हम जानते हैं–
हम सबका भगवान एक है–
और ये भूमि उसे बहुत प्यारी है
गोरे लोग भी बच नहीं सकते
उस नियति से–जो सबकी एक है।
अन्ततः शायद हम बन्धु हैं।
यह समय ही बताएगा।

अनुवाद : सरला मोहनदास

टिप्पणी-1. वाशिंगटन : उत्तरी अमरीका की राजधानी। 2. बड़ा सरदार : वाशिंगटन क्षेत्र का पहला सरदार। 3. व्हिप्पूरविल : उत्तरी अमरीका में पाया जाने वाला एक जानवर। 4. प्रेयरी : उत्तरी अमरीका के घास के मैदान। 5. लोहे की गाड़ी : रेल गाड़ी। (साम्य-23 से साभार)

अप्पदीपो भव

इस विचार को अपने दिमाग से बिल्कुल निकाल दो कि तुम्हारी गरीबी को भगवान या कोई बड़ा नेता दूर कर देगा। अपनी गरीबी को दूर करने के लिए, अपने हितों की रक्षा करने के लिए और अपना उद्धार करने के लिए तो तुम्हें स्वयं जुटना पड़ेगा, संघर्ष करना पड़ेगा। भगवान का भजन करते रहने से, तीर्थ-यात्रा करने से, धर्म-ग्रन्थों का पाठ करने से या तथाकथित धर्मगुरुओं के पैरों में माथा टेकने से क्या हो जाने वाला है? इससे न तुम्हारे बन्धन कटेंगे, न तुम्हारी आवश्यकताएँ पूरी होंगी और न तुम्हारी गरीबी ही दूर होगी। तुम्हारे बुजुर्ग लोग सदियों से इन कामों को करते आ रहे हैं। इससे क्या कुछ अन्तर पड़ा? अहद करो कि तुम अपने पुरखों की तरह शोषित-उत्पीड़ित एवं दलित अवस्था में नहीं रहोगे।

– डॉ. भीमराव अम्बेडकर

अरावली उद्‌घोष, अंक-80

• • •

शिक्षा : एक शक्तिशाली हथियार

Education is the most powerful weapon which you can use to change the world.

शिक्षा सबसे शक्तिशाली हथियार है जिसे आप दुनिया बदलने के लिए इस्तेमाल कर सकते हैं।

– नेल्सन मंडेला

लेखकों का परिचय

डॉ. अरुण वाघेला, अध्यक्ष, इतिहास विभाग, गुजरात युनिवर्सिटी, अहमदाबाद।

डॉ. कामिनी दशोरा, आसिस्टन्ट प्रोफेसर, समाजशास्त्र विभाग, आदिवासी आट्‌र्स एण्ड कॉमर्स कॉलेज, सन्तरामपुर

श्री किलराजसिंह डामोर, उपप्रमुख, गुजरात आदिवासी विकास परिषद, दाहोद

श्री वनराजसिंह डामोर, प्रमुखश्री, गुजरात आदिवासी विकास परिषद, दाहोद

डॉ. अभय परमार, प्राचार्य, आदिवासी आट्‌र्स एण्ड कॉमर्स कॉलेज, सन्तरामपुर

डॉ. किशोरसिंह राव, प्राचार्य, एस.डी.पटेल आट्‌र्स एण्ड सी. एम. पटेल कॉमर्स कॉलेज, आंकलाव, गुजरात

डॉ. विमल गढवी, एसोसियेट प्रोफेसर, हिन्दी विभाग, आट्‌र्स कॉलेज, मालवण (गुजरात)

डॉ. कुबेर डिंडोर, वर्तमान सांसद, 123-सन्तरामपुर विधानसभा

डॉ. केशुभाई देसाइ, सुप्रसिद्ध गुजराती लेखक, गान्धीनगर, गुजरात

डॉ. प्रवीण दरजी, पद्मश्री साहित्यकार, लुणावाडा, गुजरात

श्री खंडुभाई परमार, निवृत्त अध्यापक, मनोविज्ञान विभाग, आदिवासी आट्‌र्स एण्ड कॉमर्स कॉलेज, सन्तरामपुर

डॉ. दिनेशचन्द्र चौबीसा, प्राचार्य, आदिवासी आट्‌र्स एण्ड कॉमर्स कॉलेज, भिलोडा, गुजरात

प्रा. शकुन्तला बलात, एसोसियेट प्रोफेसर, इतिहास विभाग, आदिवासी आट्‌र्स एण्ड कॉमर्स कॉलेज, सन्तरामपुर

प्रा. भारती धनुला, आसिस्टन्ट प्रोफेसर, इतिहास विभाग, आदिवासी आट्‌र्स एण्ड कॉमर्स कॉलेज, सन्तरामपुर

डॉ. भगवानदास पटेल, संशोधक-आदिवासी साहित्य, अहमदाबाद

डॉ. भरत मेहता, प्रोफेसर, गुजराती विभाग, एम.स. युनिवर्सिटी, बडौदा

श्री हरिराम मीणा, हिन्दी के प्रसिद्ध राष्ट्रीय आदिवासी लेखक, 21, शिवशक्तिनगर, किंग्स रोड, अजमेर हाई-वे, जयपुर-302019 मो. 94141 24101 ईमेलः hrmbms@yahoo.co.in

डॉ. खन्नाप्रसाद अमीन, मो. 09824956974

श्री रणेन्द्र, प्रसिद्ध आदिवासी लेखक

श्री दयाशंकर, अध्यक्ष, स्नातकोत्तर हिन्दी विभाग, सरदार पटेल विश्वविद्यालय, आणन्द, गुजरात

श्री दिलीप मेहरा, प्रोफेसर, स्नातकोत्तर हिन्दी विभाग, सरदार पटेल विश्वविद्यालय, आणन्द, गुजरात

डॉ. आई.एल. राठवा, एसोसियेट प्रोफेसर, हिन्दी विभाग, आदिवासी आर्ट्स एण्ड़ कॉमर्स कॉलेज, सन्तरामपुर

अनुवादक-परिचय

डॉ. गिरीश रोहित, अध्यक्ष, हिन्दी विभाग, आर्ट्स कॉलेज, खम्भात, गुजरात

श्री अश्विन मकवाणा, अध्यापक, लिम्बू फलिणा प्राथमिक शाला, अभलोड़, ता. गरबाड़ा, जि. दाहोद

प्रो. पार्वतीबेन गोसाई, आसिस्टन्ट प्रोफेसर, अनुस्नातक विभाग, सरदार पटेल विश्वविद्यालय, आणन्द, गुजरात